경북대학교학술총서 16

르네상스 시대 영국시의 이해

- 와이어트에서 밀턴까지 -

최 재 헌

경북대학교출판부

최재헌

경북대학교 영어영문학과 및 동 대학원 졸업. 문학박사.
미국 오리건 주립대학 및 노스캐롤라이나 주립대학 교환교수.
현 경북대학교 영어영문학과 교수, 밀턴과근세영문학회 회장.

주요 저서 및 논문

『다시 읽는 존 밀턴의 실낙원』(2004년 문화관광부 우수학술도서)
『밀턴의 이해』(공저)
『세계 30대 시인선』(공저)
『영미시 오디세이』
『포스트모던 시대의 영미시』(공저) 외 논문 다수

E-mail : choijh@knu.ac.kr

경북대학교학술총서 16

르네상스 시대 영국시의 이해

초판 1 쇄 2005년 6월 25일
초판 3 쇄 2012년 2월 12일

지 은 이 최재헌
펴 낸 이 함인석
펴 낸 곳 경북대학교출판부

등 록 일 1973년 10월 10일㉱97호
주 소 대구광역시 북구 대학로 80번지
전 화 053-950-6741~3
팩 스 053-953-4692
이 메 일 press@knu.ac.kr
홈페이지 http://knupress.com

값 16,000원

ISBN 89-7180-163-8 93840

머 리 말

본 저서는 1500년경부터 1660년경에 걸친 영국 르네상스 시대 시를 그 시대적 배경과 문학사적 흐름을 바탕으로 하여 분석하고 연구한 성과를 담고 있다. 14세기 말 이탈리아에서 시작하여 16세기까지 서유럽에서 계속된 르네상스 시대는 인류 역사상 유래가 없을 정도로 회화와 조각, 건축, 문학 등 예술이 찬란하게 꽃피운 시기라고 할 수 있다. 그러나 영국에서의 르네상스 문학은 16세기에 들어서야 시작되어 존 밀턴을 마지막으로 막을 내리게 된다.

르네상스인들은 새로운 세계의 발견과 함께 인간 본질에 대한 새로운 인식에 도달하였으며, 인생과 사상, 종교와 예술 분야에서 얽매이지 않는 자유로운 인간 정신을 마음껏 표현하고 있다. 르네상스 시대 영국시는 이탈리아 르네상스의 영향을 받아 혼란스러우면서도 무한한 다양성을 지닌 새로운 주체의 심리적 가능성을 다루고 있으며, 과거를 혁신적으로 재건하려는 문화적 환경과 역사 속에서 고립되고 분열된 자아를 발견한 르네상스적 역사의식을 보여주고 있다. 이 시대의 많은 문학 텍스트는 급격히 변화하는 궁정이라는 문화장치를 중심으로 생산되었으며, 현대와 마찬가지로 냉혹하고 불확정적인 세계에서 살아가는 압박감을 드러내고 있다.

지금까지 와이어트와 서리에서 시작하여 밀턴에 이르는 르네상스 시대 영국시인들에 대한 연구는 이들이 르네상스 시대라는 특정한 역사적 순간에 글을 쓴 작가들이라는 사실에 크게 주의를 기울이지 않았다고 할 수 있다. 이 시대에 유럽에서는 코페르니쿠스의 지동설 등 당시의 천문학을 비롯한 과학이 인간과 지구가 세계의 중심이라고 생각하던 확고한 믿음을 전복하여 인간을 탈중심화시킨 급격한 변화의 소용돌이가 일어나고 있었다. 인간 정신에 큰 변화를 가져온 이 시대에 씌어진 영국시를 이러한 사회적, 정치적, 문화적 역사의 한 양상으로 보고 접근할 때 르네상스 시대 텍스트를 오늘날의 관점에서 새롭게 조명할 수 있다. 즉 이 시대에 생성된 텍스트를 당대의 극적인 문화적, 정치적 변화를 고려하면서 읽음으로써 우리는 튜더 왕조와 스튜어트 왕조 시대 영국인들의 경험과 우리 자신의 경험을 비교할 수 있으며, 나아가 문화적으로나 역사적으로 우리와 다른 타자성을 지닌 과거에 대하여 다시 읽기를 시도할 수 있을 것이다.

르네상스 영시는 16세기 초 와이어트와 서리 백작이 이탈리아로부터 소네트 형식을 영국에 도입하면서 시작된다. 따라서 본서에서는 영국 서정시의 중요한 형식으로 자리를 잡게 된 소네트 형식에 대해 먼저 살펴보고, 스펜서와 시드니, 셰익스피어 등 16세기 주요 시인들의 작품을 논한다. 이어서 17세기의 대표적인 형이상학파 시인 던과 허버트, 마벨, 그리고 존슨을 비롯한 왕당파 시인, 그리고 마지막으로 르네상스의 마지막 시인이자 최고의 시인인 밀턴의 시세계를 조망한다. 르네상스 시대를 대표하는 이들 영국 시인들의 문학세계를 가능한 한 쉽게 해설하면서, 시의 이해에 필수적인 주제와 자주 논의되는 비평적 문제들을 최근의 다양한 비평적 방법론으로 다시 읽으려는 것이 본 학술서가 지향하는 바이다.

이 책의 출판에 앞서 지난 겨울방학동안 매주 세미나를 하며 정성을 다하여 원고를 읽어준 최정미와 신미진, 손민지 등 대학원생들과, 지금은 안식년을 맞은 남편을 따라 미국에서 지내고 계신 정은숙 선생님, 그리고 곧 오랫동안 꿈꾸어 왔던 미국으로의 유학을 떠나는 이

지언과 캐나다에서 유학하고 있는 박미라, 이들 모두에게 이 자리를 빌려 고마움을 표한다. 아울러 늘 자신의 자리에서 최선을 다하며 본인이 마음껏 연구하고 집필할 수 있도록 격려하며 자극을 준 사랑하는 두 딸 나은이와 선이, 그리고 아내에게 고마움을 느낀다. 또한 이 책의 출판을 도와준 경북대학교출판부 관계자들에게도 깊이 감사하는 바이다. 늘 강한 분으로만 생각했으나 어느덧 팔순을 맞이하신 존경하는 아버님께 이 책을 바친다.

복현 연구실에서

최재헌

경북대학교학술총서 ⑯

르네상스 시대 영국시의 이해 · 차례

제1장 소네트란 무엇인가?

1

소네트(sonnet)는 복잡한 각운 형식에 의해 연결된 14행의 약강 5보격(iambic pentameter) 시행으로 구성된 한 개의 연(stanza)으로 씌어진 서정시다. 소네트는 '소리'를 뜻하는 이태리어 'suono'에 작다는 의미의 지소사가 붙은 'sonnetto'에서 파생된 말로서 '작은 소리'(a little sound)라는 뜻을 지닌다. 원래 이 말은 음악 반주가 따르는 다양한 종류의 짧은 시들을 의미했으며, 처음에는 길이나 압운 형태에 대해 정해진 요건이 없었다. 그러다가 13세기 중엽 아레조(Fra Guittone d'Arezzo)에 의해서 처음으로 오늘날의 이탈리아식 소네트(Italian sonnet)와 유사한 형식의 소네트가 씌어졌다.

중세 시대의 기사도 전통에서 궁정의 귀부인에게 기사가 바치는 헌신과 흠모를 주제로 한 소네트는 베아트리체(Beatrice)를 찬미하는 단테(Dante)와 라우라(Laura)를 연모하는 페트라르카(Petrarch, 1304-74)를 거치면서 이른바 '페트라르카 형식'으로 정립되었다. 페트라르카는 오비디우스(Ovid)의 『사랑의 기술』(*The Art of Love*)을 모델로 하여 이상화된 여성에 대한 남성들의 일방적이고도 맹목적인 사랑을 주제로 하여 시를 썼는데 이것이 바로 르네상스 문학의 꽃이라 불리는 소네트의 시작이다. 영시의 새로운 경향은 이탈리아의 시를 모방함으로써 전개되었는데, 단테나 페트라르카가 사용하였던 형식은 원래 18행으로 이루어져 악기의 반주에 맞추어 노래로 부르도록 의도된 일종의 연가(戀歌)였다. 따라서 주제는 주로 남녀간의 사랑과 관련된 것이었다. 페트라르카의 소네트에서 남성들은 흔히 침통한 실의에 빠져 상심하고 사랑의 하소연을 하며, 여성들은 냉정하고 도도하다. 그 주제와 기법 등을 간단히 살펴보면 먼저 이상화된 여성의 아름다움에 대한 찬양과 사랑에 빠진 남성의 정신적 혼란을 그리고 있는 점을 들 수 있다. 그리고 남성의 병적인 심리상태를 묘사하기 위해 "차가운 가슴"(cold heart)이나 "믿음직한 두려움"(trusty fearfulness), "기분 좋은 고통"(pleasing pains), "사랑하는 미움"(loving hate) 등과 같은 모순어법(oxymoron)을 자주 사용한다. 또한 "눈물의 비"(a rain of tears)나 "내 한숨이 상선을 침몰시켰다"(My sighs drowned merchants ships)와 같은, 과장법의 일종인 페트라르카풍의 기상(petrarchan conceit)을 자주 사용하는 점이 두드러진다.

여성에 대한 일반적인 인식은 중세에서 르네상스로 넘어오면서 큰 변모를 겪게 된다. 중세에는 여성을 에덴 추방의 원인인 이브(Eve)의 후손으로 부정적인 시각에서 바라보았지만, 르네상스 시대에는 인간의 구원을 약속한 예수나 인류에게 희망을 주는 성모 마리아(Maria)의 현현으로 여성을 긍정적으로 바라보기 시작했다. 이에 르네상스 시대의 여성들은 순결하고 아름다우며 성스러운 대상으로 이상화되고 동정녀 마리아에게 바치던 흠모와 존경을 받을 자격을 갖게 된다. 이러한 인식의 변화가 르네상스 시대의 문학 작품 속에 드러나게 된 것이다. 여성의 이상화된 아름다움과 냉혹함으로 인해 사랑에 빠진 남성이 잠 못 이루고 몸부림치는 상황을 내용으로 한 이 소네트는 특히 영국에서 선풍을 일으키는데, 이는 아마도 엘리자베스 여왕에 대한 국민들의 왜곡된 갈망이 가장 큰 원인으로 생각된다. 페트라르카식 사랑법은 엘리자베스 여왕이 죽고 17세기 사실주의 문학의 선구자격인 존 던(John Donne)에 의해 철저히 부정될 때까지 이어진다.

소네트는 16세기 초 토머스 와이어트(Thomas Wyatt, 1503-42)

와 서리 백작(Henry Howard, Earl of Surrey, 1517-47)에 의해 영국에 도입되어 영국 서정시의 중요한 형식으로 자리를 잡게 된다. 이 소네트는 중세 문학의 전통 가운데 하나인 궁정식 사랑(courtly love)[1]의 전통을 따르는 시로 시작하여 사랑에 빠진 남자의 희망과 고통을 다루었으나, 점차 그 주제와 어조, 언어, 구조 등에서 많은 변화를 겪게 된다. 이 소네트는 17세기 중엽 밀턴(John Milton) 이후로 100여 년간 거의 잊혀질 정도로 암흑기를 맞이하였다가, 19세기에 들어서면서 다시 유행하기 시작하여 오늘날까지 많은 시인들에 의해 꾸준히 씌어지고 있다.

2

영시에서 소네트의 각운(rhyme)은 두 개의 주요 패턴 중 하나를 따르는 것이 통례이다. 와이어트에 의해 영국에 도입된 이탈리아식 소네트는 14세기의 이탈리아 시인 페트라르카의 이름을 따서 페트라르카풍의 소네트(Petrarchan sonnet)라고도 하는데, 8행 연구(octave)와 6행 연구(sestet)로 나뉜다. 8행 연구는 a b b a a b b a 라는 각운 형식을 취하고, 6행 연구는 c d e c d e 또는 c d c d c d 등 여러 가지

1) 중세 서 유럽의 서정시와 기사도 로망스(Chivalric Romance)에 널리 표현된 연애 철학으로, 귀족 연인들의 관계를 결정하는 정교한 규약들을 포함하고 있다. 궁정식 사랑에서 자주 등장하는 관례는 11세기 후반에서 12세기에 걸쳐 프랑스 프로방스의 음유시인들인 트루바두르(Troubadour)에 의해 발전되었다. 궁정식 사랑에서 사랑에 빠진 남자는 그의 애인을 이상화하고 우상화하며 그녀의 온갖 변덕에 완전히 굴종하는데, 이들은 흔히 총각 기사와 유부녀 사이이다. 사랑하는 남자는 오만한 애인의 변덕으로 몸과 마음이 고뇌와 병에 시달리면서도, 기사들의 전투에서 명예를 지키고 궁정의 예법에 충실하며 그녀에게 헌신적이다. 영문학에서 이런 관례는 중세 로망스인 『가웨인 경과 녹색의 기사』(*Sir Gawain and the Green Knight*)와 초서(Chaucer)의 『트로일러스와 크리세이더』(*Troilus and Criseyde*), 그리고 엘리자베스 시대 소네트 시인들의 페트라르카풍의 주제와 기상에서 찾아볼 수 있다.

변형의 다양한 형식을 취하며 보통 두 개의 3행 연구(tercet)로 나뉜다. 그러나 이탈리아의 시인들도 이러한 형식을 엄격히 고수하지는 않았으며, 특히 6행 연구에서 압운은 상당히 자유로운 형식을 취하였다. 이탈리아식 소네트는 대체로 8행 연구에서 문제나 상황과 사건을 진술하고 6행 연구에서 해결하는 구조로 되어 있다. 이 페트라르카의 형식은 후에 밀턴과 워즈워스(William Wordsworth), 로제티(D.G. Rossetti)와 같은 시인에 의해 사용되었다.

16세기에 서리 백작과 실험적인 시인들은 셰익스피어풍의 소네트(Shakesperean sonnet)라고도 하는 영국식 소네트(English sonnet)라는 새로운 형식을 개발했다. 이 소네트는 3개의 4행 연구(quatrain)과 1개의 매듭짓는 2행 연구(couplet)로 나뉘며, a b a b c d c d e f e f g g 라는 각운 형식을 취하는데 대단한 유행을 일으키게 된다. 그리고 여기서 하나의 중요한 변형인 스펜서풍의 소네트(Spenserian sonnet)가 생겨나는데, 이 소네트에서 스펜서(Edmund Spenser)는 a b a b b c b c c d c d e e 와 같이 4행 연구의 각운을 다음 4행 연구가 이어 받도록 함으로써 조화롭게 연결된 가락과 같이 음악적인 효과를 지니는 뛰어난 형식을 개발했다. 이 영국식 소네트는 느슨한 구조의 4행 연구에 이어서 앞서 제기된 문제와 갈등을 해결하고 매듭짓거나, 경구시(epigram)에서와 같은 반전을 보이는 2행 연구로써 한층 극적인 효과를 자아낸다.

3

페트라르카의 선례를 따라 엘리자베스 시대의 여러 시인들은 연인들 간의 관계에서 보이는 다양한 특성과 관계의 발전을 탐구하고 보여줌으로써 일련의 소네트들을 연결시킨 소네트 연작(sonnet sequence)

혹은 소네트 군(sonnet cycle)을 썼다. 이러한 소네트 연작에는 시드니(Sidney)의 『아스트로필과 스텔라』(*Astrophil and Stella*, 1591)와 스펜서의 『아모레티』(*Amoretti*, 1595), 그리고 셰익스피어(Shakespeare)의 연작이 있다.

17세기 시인 존 던은 『거룩한 소네트』(*Holy Sonnets*)에서 지금까지 소네트의 표준적인 주제였던 세속적인 사랑에서 다양한 종교적 주제로 옮겨갔다. 그리고 밀턴도 다른 진지한 주제들에까지 그 범위를 넓혔다. 소네트는 영국 신고전주의 시대에 일시적으로 쇠퇴했던 것을 제외하고는 로빈슨(E.A. Robinson)과 오든(W.H. Auden), 딜런 토머스(Dylan Thomas) 등과 같은 현대 시인들에 이르기까지 인기 있는 형식으로 남아 있다. 원래 다양한 각운 형식을 취하며 시작되었던 소네트는 시행도 15행이나 16행으로 늘어나기도 했다. 심지어 20세기 초에는 실험적인 시인 홉킨스(G.M. Hopkins)의 뒤를 이어 많은 현대 시인들에 의해서 10음절의 약강 음보가 파괴되기도 하였다. 오늘날의 시인들은 자신들의 목적에 맞게 음보와 강세, 각운 등을 사용하는 경향이 강하다.

소네트는 그 이름에도 불구하고 노래가 아니며, 또한 성격상으로도 서정적이라기보다는 극적이다. 소네트는 외부 세계의 장면이나 이미지에서 시작하여 이를 함축적인 표현이나 상징 등을 사용하여 마음이나 감정의 상태와 비교하고, 유추를 통해 현재의 특별한 상황이나 보편적인 상황에 대한 통찰이나 깨달음을 반영하고 묘사하는 특징을 지니고 있다. 마음속의 갈등을 객관화하여 이에 대한 해결점을 제시하는 소네트의 구조는 일반적으로 서정시에 비해 논리적이고 극적이며, 생각이 지적이고 상당히 압축되어 있으며, 언어와 이미지가 선명하고 간결하며, 균형 잡힌 통일성이 있다.

제2장 튜더왕조 초기의 궁정 시인들

- 와이어트와 서리 -

1

와이어트(Sir Thomas Wyatt, 1503-42)와 서리(Henry Howard, Earl of Surrey, 1517-47)는 튜더왕조 초기(Early Tudor)의 궁정 시인들이다. 이들이 살았던 튜더 왕조는 랭커스터(Lancaster)가(家)와 요크(York)가 사이에 벌어진 30여년에 걸친 소위 장미전쟁(Wars of the Roses)이 끝나고 헨리(Henry) 7세가 1485년 즉위하면서 시작되어 엘리자베스(Elizabeth) 1세가 서거하는 1603년까지 삼대에 걸쳐 영국을 통치했다. 긴 왕권쟁탈전으로 인해 피폐하고 분열된 지방 귀족들은 왕권에 더 이상 효과적으로 대항할 수 없었고 교회도 왕권과 긴밀하게 결탁하고 있었기에, 튜더 정권은 과거 어느 왕조보다도 질서가 잡힌 강력한 정권이 될 수 있었다. 한편 헨리 7세가 즉위하기 직전에 윌리엄 캑스턴(William Caxton, 1422-91)에 의해 인쇄술이 도입되어 1530년경에는 반 이상의 국민이 글을 읽을 수 있었던 것으로 추정된다. 책이 대량으로 공급되어 책값이 싸짐에 따라 문학을 향유하는 층이 그만큼 많아지게 된 셈이다.

프랑스와 이탈리아 등에서 외교관으로 생활하기도 하면서 이탈리아의 서정시에 매혹된 와이어트와 영국을 대표하는 귀족 가문 출신의 서리는 그때까지 영시에 존재하지 않았던 새로운 형식들을 영국에 도입했다. 사랑의 슬픔을 주제로 읊은 이탈리아 시인 페트라르카의 14행시 소네트를 소개함으로 말미암아 침체되었던 영시는 다시 청신한 서정성을 찾게 되었다. 서리와 와이어트는 고전적인 균형감각과 고상한 시어, 우아함과 함께 영시와 영어가 지금까지 지니지 못한 문체적 특성을 지닌 페트라르카에게 흥미를 느껴 그의 시를 번역했으나 사실은 영국의 현실에 맞게 개작하였다고 할 수 있다. 이는 영시에 새로운 형식미를 부여했을 뿐 아니라, 허구나 알레고리에 의지하지 않고 시인 자신의 감정과 정서를 직접적으로 표현할 수 있는 중요한 계기를 마련해주었다. 또한 14행이라는 제약된 행수와 엄격히 규제된 운율은 섬세한 음악성과 아울러 정교하고 압축된 표현과 적절한 묘사와 비유 등 새로운 예술적 기교를 낳게 했다. 특히 남성적이고 솔직한 시인으로서 빠르고 힘찬 리듬의 시를 주로 쓴 와이어트가 소네트를 영국에 소개함으로써 대담하고 참신한 이미지와 다양한 은유를 영시에 끌어들인 공적은 높이 평가받을만하다. 타고난 실험가인 그의 덕분으로 영시는 중세의 우의(allegory)시와 교훈시에서 벗어나, 개인의 감정을 솔직하게 표현하면서 힘차고 참신한 격조를 지닌 새로운 형식의 소네트를 가지게 된 것이다.

그 당시 귀족사회에서는 시를 필사본(manuscript)으로 돌려 읽었고 필요한 사람은 그것을 손으로 베꼈다. 와이어트나 서리의 경우에도 그러하였는데, 이 경우 시는 필사자나 수집자의 기호나 의도에 맞게 개작되거나 고쳐지기도 하였다. 와이어트가 죽은지 15년이 되던 1557년 리처드 토틀(Richard Tottel)이 서리 백작과 와이어트 등의 시를 담은 『토틀 문집』(*Tottel's Miscellany*)을 출판함으로써 일반인들도 그의 시를 손쉽게 접할 수 있게 되었다. 일관성 있는 시어와 규칙적인 강세를 유지하면서 유창하고 음악적인 시를 쓴 서리와 달리, 와이어트는 규칙적인 강세와 유창한 리듬에 크게 관심을 두지 않았기에 그의 다소 거칠고 기운찬 운율을 토틀의 직원들이 매끈하고 부드럽게 다듬기도 하였다.

16세기 초에 지적이고 심리적인 변화와 함께 정치적, 사회적인 격변을 겪은 영국에서 살았던 와이어트와 서리는 날카로운 역사의식을 가지고 자신들을 고립되고 유동적이며 분열된 존재로 묘사하면서 불안정한 자아에 대한 새로운 인식을 보여주고 있다. 자아와 주체를 새롭게 발견한 이탈리아 르네상스의 영향을 받아 16세기 영국의 시들은 혼란스러우면서도 잠재적으로 무한한 다양성을 지닌 새로운 주체의 심리적 가능성을 다루고 있는데, 와이어트와 서리의 시는 과거를 혁신적으로 재건하려는 문화적 환경과 역사 속에서 고립되고 분열된 자아를 발견한 르네상스적 역사의식을 보여주고 있다. 우리는 이들의 시에서 역사를 재현하는 매개로서 소네트라는 시 형식이 빚어내는 긴장 또한 발견할 수 있을 것이다.

이 시대의 문학 텍스트는 급격히 변화하는 궁정이라는 문화장치를 중심으로 생산되었으며, 그 시대인들은 현대인들과 마찬가지로 냉혹하고 불확정적인 세계에서 압박감을 느끼며 살아가고 있었다. 야심있고 정치적으로 촉망받는 궁정인이었던 와이어트와 서리의 시들은 이들이 살았던 세계에서 느낀 욕망과 공포, 책략, 그리고 성공과 실패에 대해 생생하게 말해주고 있다(Heale 2). 따라서 이들의 텍스트는 당대의 극적인 문화적, 정치적 변화를 고려하면서 읽어야 할 필요성이 있다. 이러한 시를 분석하면서 튜더 왕조 초기의 국왕을 섬기던 상류 계급의 귀족들과 우리 자신의 경험을 비교하는 한편, 문화적으로나 역사적으로 우리와 다른 타자성을 지닌 과거에 대하여 젠더와 권력과 욕망이라는 핵심적인 문제를 중심으로 다시 읽기와 재해석을 시도해 보자.

1530년대와 40년대에 궁정인들에 의해 씌어진 시는 전통적인 사랑에 대한 주제는 물론이고 공공연하게 정치적인 주제도 빈번하게 다루고 있다. 그리고 시인 자신들의 승진과 공적인 이미지 만들기에 관심을 두고 시를 쓰는 경우도 많았다. 헨리 치하의 궁정과 오늘날 우리가 살고 있는 문화적 상황이 닮았다는 사실에 미루어, 튜더 시대 초기시가 지닌 활력과 현대적인 근심, 협상과 조정 등에 대한 새로운 의미를 찾을 수 있을 것이다. 이러한 맥락에서 그린블라트(Stephen Greenblatt) 같은 비평가도 와이어트의 시가 헨리 8세의 궁정의 여러 가지 제약 하에 문학적·사회적 정체성을 형성하면서 그 시대의 디스코스에 깊이 얽혀 있는 것으로 읽고 있다(Greenblatt 2; 154).

1980년에 출간된 그린블라트의 『르네상스시대의 자아 형성』(*Renaissance Self-Fashioning*)은 일반적으로 신역사주의 비평의 초석을 다진 비평서로 평가되고 있다. 문학과 문화에 대한 분석을 담고 있는 이 책은 문학과 역사를 관련짓되, 문학을 역사의 반영으로 보거나 역사를 문학을 위한 하나의 문맥 정도로 보는 태도에 머물지 않는다. 오히려 이는 어떻게 문학이 역사 속에 스며들어 있으며 작가와 사건이 동등하게 역할을 하는 보다 큰 의미의 망 속에 참여하고 있는가, 그리고 어떻게 역사 그 자체가 하나의 텍스트가 되는가를 이해하려고 하는 읽기 전략을 채택하고 있다.

2

와이어트의 시 가운데 가장 많이 알려진 「그들이 나로부터 도망친다」("They Flee from Me")에 나타나 있는 욕망과 분노는 매우 모호한 성격을 띠고 있다. 그 원인 중의 하나는 "그들"이 누구인지 한마디로 말하기 어렵다는 데 있다.

맨발로 내 방에 살금살금 걸어 들어와
때로 날 찾던 그들이 나로부터 도망친다.
상냥하고 고분고분하고 온순했던 그들이
이제는 거칠어지고 기억하지 못한다,
언젠가 내 손에서 빵을 얻기 위해
스스로를 위험에 처하게 했던 사실을. 이제는 헤매고 다니네,
계속 변하며 분주히 찾으면서.

이렇게 달라진 것이 차라리 다행스럽다,
스무 배나 더 잘됐어. 그러나 한번은 특히
얇은 옷을 걸치고 즐거운 모습으로
느슨한 가운이 어깨 아래로 흘러내릴 때
길고 가녀린 두 팔로 날 껴안고는
너무나 달콤하게 입 맞추며
상냥하게 말했었지. "여보, 어때 좋아요?"

그건 전혀 꿈이 아니었어, 난 활짝 깨어 누워 있었어.
그런데 모두들 내 친절로 인해
이상하게도 저버리는 것이 유행이 되어버렸어.
그래서 나는 그녀의 선의로 가도 좋다는 허락을 받았고
그녀 또한 변덕 부릴 허락 받았지.
그러나 그녀가 내게 너무나 잘 해줬기에
나는 기꺼이 알고 싶다네, 그녀는 어떤 보상을 받았는지를.

They flee from me, that sometime did me seek,
With naked foot stalking in my chamber.
I have seen them, gentle, tame, and meek,
That now are wild, and do not remember
That sometime they put themselves in danger
To take bread at my hand; and now they range,

Busily seeking with a continual change.

Thankèd be fortune it hath been otherwise,
Twenty times better; but once in special,
In thin array, after a pleasant guise,
When her loose gown from her shoulders did fall,
And she me caught in her arms long and small,
Therewithall sweetly did me kiss
And softly said, "Dear heart, how like you this?"

It was no dream, I lay broad waking.
But all is turned, thorough my gentleness,
Into a strange fashion of forsaking;
And I have leave to go, of her goodness,
And she also to use newfangleness.
But since that I so kindly am servèd,
I fain would know what she hath deservèd.

첫 연에서 시인의 방에 "살금살금 걸어 들어와" "내 손에서 빵을 얻기 위해 스스로를 위험에 처하게 했던" 그들은 새인지, 사슴인지, 아니면 여인들인지 분명하지 않다. 그러다가 2연에서 "그들"은 "그녀"(she)로 바뀌고 있다. 마지막 연에서 화자는 이상한 꿈같은 이미지가 사라져버린 후 잠에서 활짝 깨어 누워 있는데, 버림받은 상태로 슬픔에 잠겨 분노를 삭이고 있다. 여기서 남성 화자는 여성의 부정함에 대해 불평을 하고 있는데, 와이어트의 시는 전통적인 젠더 구별을 뒤섞어서 혼란스럽게 하고 있다. 즉 변덕스러운 여인은 전형적으로 여성혐오주의자들이 비판하는 여성의 모습을 하고 있으나 남성의 적극적인 자유를 침해하고 있다. 한편 남성 화자는 힐이 지적한 바와 같이 전통적으로 여성에게 부여되었던 수동적이고, 힘이 없고, 집에 틀어박힌 위치를 차지하고 있다(Heale 51).

이 「그들이 나로부터 도망친다」는 소위 제왕운(rhyme royal)이라고 하는 압운 형식을 취하고 있다. 이 형식은 초서(Chaucer)가 영시에 처음 소개하였는데 그 독특한 이름은 후에 스코틀랜드 왕 제임스 1세가 사용한데서 유래되었다고 한다. 제왕운은 한 연이 a b a b b c c 라는 각운 형식을 지닌 7행의 약강오보격(iambic pentameter)으로 되어 있다. 시는 애인들을 한때 자신의 손에서 먹이를 구하기 위해 찾아오곤 했던 야생 사슴에 비유한다. 그러나 2행에서 "맨발"로 걸어 들어온다고 함으로써 이 사슴이 실제로는 여성임을 암시하고 있다. 그리고 앞뒤에 사용된 "seek"이나 "stalking"이라는 단어는 누가 사냥꾼이고 누가 포획물인지를 불분명하게 하는데, 이들은 각각 사냥감을 추적하도록 하는 명령이나 사냥감에 접근하는 모습을 연상시키기 때문이다. "상냥하고 고분고분하고 온순했던" 그들이 "이제는 거칠어"져서 "헤매고 다니네, / 계속 변하며 분주히 찾으면서"라는 첫 연의 마지막 행들에 사용된 "wild"나 "range", "seeking", "change" 등 사냥과 관련된 단어들은 사냥의 대상이었던 이들이 이제는 사냥의 주체가 되어 사냥감을 찾아 돌아다니는 상황의 반전을 보여주고 있다. 여기서 "change"는 사냥감을 따라가다가 우연히 마주친 다른 동물이라는 의미도 있다. 지금은 이 사슴들이 다른 곳에서 먹을 것을 찾고 있다는 것은 이전의 연인들이 자신을 떠나 여러 남성들과 교제하고 있음을 말해주고 있다.

그리고 "특히"(in special) 기억에 남는 사랑의 순간을 강렬한 노스탤지어로 묘사한 둘째 연에서 여인은 대담하게 화자를 유혹하고 있다. 화자는 "이렇게 달라진 것이 차라리 다행스럽다"면서 "스무 배나 더 잘됐어"라고 허세를 부리지만, 곧 자신이 여성의 성적 유혹 앞에

꼼짝하지 못하고 빠졌던 특별한 순간에 대한 기억에 잠기고 있다. 여기서 연인들의 과거는 여인이 어깨로부터 흘러내리는 느슨한 얇은 옷을 걸친 유혹자이면서 동시에 관음증적인 응시(voyeuristic gaze)의 대상으로서 상상되는 매우 성적이며 애매한 희열의 순간에 대한 남성 연인의 기억을 통해 여과되고 있다. 한편 남성 연인은 점잖고 부드러운 모습의 가면으로 여성을 소유하고 싶은 자신의 욕망과 분노를 가린 약탈자(predator)의 속성을 지니고 있기도 하다. 이러한 상충되는 남성성의 판타지와 관련하여 보면, 욕망의 대상이 되면서 가장 두렵게 느껴지기도 하는 여인은 매혹적으로 야생적이고 길들여지지 않고, 미개하면서 지나치게 교양 있고, 유혹자이면서 동시에 유혹의 대상인 매우 복합적인 양상을 띠고 있다(Heale 53). 이 여인은 시의 화자를 “Dear heart”라고 부르고 있는데, 이는 사슴과 수사슴을 뜻하는 “deer”와 “hart”를 연상시키는 펀(pun)으로 볼 수 있다.

3연은 앞서 언급한 꿈같은 일이 실제로 있었던 일임을 “no dream”과 “broad waking”이라는 강세가 연속적으로 이어지는 단어들을 통해 강조하고 있다. 그러나 바로 뒤에 휴지부를 둠으로써 지금 현실은 완전히 바뀌어버렸음을 부각시킨다. 이 시에서는 사랑에 빠진 사람이 굴욕과 창피를 느끼며 고통스러워하는 시점을 통해 남성과 여성, 야생의 상태와 길들여진 상태, 자연스러움과 문명, 안과 밖 사이의 차이와 구별이 지속적으로 혼란되고 해체되고 있다(Heale 52). 야생동물과 여성들에게서 흔히 찾아볼 수 있는 자연스러운 변덕을 여인의 “이상한 유행”과 “변덕”이라고 표현함으로써 이를 당대의 궁정에서 유행하는 새로운 풍속도와 연결짓고 있다. 이와 대조적으로 버림받은 연인의 “친절”은 그의 수동적인 태도를 완곡어법으로 나타낸 것이며, 새로운 풍조를 좇는 여인의 “변덕”에 의해 파괴되어버린 구식으로 교육받은 그의 정중함이나 예의를 뜻하는 것으로 볼 수 있을 것이다.

“kindly”라는 단어는 여성과 야생 동물의 본성을 나타내는 ‘자연스럽게’(naturally)라는 의미와, ‘점잖은’(gentle) 행동의 표시인 ‘예의바르게’(courteously)나 ‘신중하게’(considerately)라는 의미를 지닌다. 후자의 의미는 아이러니하게 들리는데, 왜냐하면 여인의 행동이 자연스러울 수는 있지만 점잖은 것은 아닐 수 있기 때문이다. 이처럼 시에서 여성은 길들여지지 않은 난폭한 존재이면서 동시에 이전의 낡은 기사도적인 덕목을 대체한 변덕스러운 부도덕이라는 새로운 궁정의 행동 양식을 따르는 존재로 묘사되고 있다고 하겠다.

시의 화자는 “모두들 내 친절로 인해 / 이상하게도 저버리는 것이 유행이 되어버렸어”라며 상대의 성적인 배신에 대해 분개한다. 자신이 친절하게 잘 대해줬는데도 불구하고 변덕스러운 여성이 부도덕하게 그를 떠나버렸다는 것이다. 그는 마지막 행에서 비난하는 어투로 “나는 기꺼이 알고 싶다네, 그녀는 어떤 보상을 받았는지를”이라고 묻고 있다. 그러나 시 전체를 통해 어디에서도 “그녀”의 변명이나 반응은 찾아볼 수 없다. 그녀는 남성지배적인 문화에서 자신의 입장을 대변할 기회를 갖지 못하고 있는 것이다(Greenblatt 151).

한편 이 시에 사용되고 있는 애매한 언어는 변덕스러운 여성과 신의 없는 궁정인 모두에게 적용될 수 있으며, 이로 인해 시는 젠더와 권력과 욕망이 서로 얽혀 있는 특별한 세계를 제시하고 있다. 와이어트의 시에 등장하는 많은 여성은 궁정의 영광과 착취, 불확실성 등을 구체적으로 표현하거나, 전통적으로 사랑스러운 애인의 모습을 했다가 금방 잔인하고 무관심한 얼굴을 하는 변덕스러운 운명의 여신을 나타내고 있다. 그리고 와이어트가 누렸던 부와 권력을 한순간에 재앙으로 변하게 하는 것도 궁정의 여인이다. 와이어트는 이러한 여인이 1526년에 헨리 8세의 눈에 들게 된 앤 볼린(Anne Boleyn)이라는 사실이 너무 분명하게 드러나지 않도록 시행을 개작하기도 하였다. 실제로 그는 그녀와 1520년대 초에 은밀한 관계를 가졌던 사실로 인해 1536년 5월 체포되어 투옥되었으며, 1530년대 말 아들에게 보낸 편지에서 자신이 직면하고 있는 "수많은 위험과 적과 증오와 투옥과 악의와 분노"에 대해 쓰고 있다(Muir 39). 그의 시는 자신이 살면서 경험한 이러한 불안과 걱정, 배신을 고통스러운 어조로 자세하게 그리고 있다. 그러나 와이어트의 시에 등장하는 남성 화자가 종종 보여주는 강한 여성혐오주의적 시각은 당시의 여성 독자들에게서는 물론이고 오늘날 페미니스트들의 비판의 대상이 되고 있는 바, 권력과 욕망을 둘러싼 이들 시에서 젠더 문제는 다시 짚어볼 필요가 있을 것이다.

3

궁정인이면서 외교관이었던 와이어트의 시는 언어와 권력 사이의 밀접한 관련성을 표현하고 있다. 그는 음모로 가득 찬 궁정의 냉혹한 현실 속에서 자신이 겪은 경험을 바탕으로, 말과 언어의 의미가 언제든지 변할 수 있으며 예의와 우호적인 행동 이면에는 적의와 공격이나 나약함과 불안감이 숨겨져 있음을 날카롭게 인식하고 있었다(Greenblatt 145). 헨리 8세와 앤 볼린의 관계와 연관지어 자주 논의되는 페트라르카의 190번 시(Rime 190)를 개작한 「사냥하려고 하는 자는 누구나」("Whoso List to Hunt")는 이러한 특성을 가장 잘 보여주는 시로서, 「그들이 나로부터 도망친다」와 함께 읽을 때 여러 가지 흥미로운 사실을 제시해준다.

> 사냥하려고 하는 자는 누구나, 암사슴이 어디 있는지 난 알지,
> 그러나 난, 아아, 더 이상 쫓지 않으리.

부질없는 수고로 나는 너무 지쳐
가장 멀리 뒤쳐진 사람 중 하나가 되었네.
내 지친 마음은 결단코 사슴에 끌리지 않지만
사슴이 앞에서 달아날 때
난 숨을 헐떡이며 따라가네. 그러니 난 이제 그만두어야지,
마치 그물로 바람을 잡으려는 것 같으니.
사슴 사냥이란 내게는 물론 누구에게나
부질없는 시간 낭비다.
그리고 사슴의 고운 목둘레엔
또렷한 글자가 금강석으로 새겨져 있다.
"난 시저의 것이니 손대지 마세요,
온순한 것 같지만 붙잡기엔 너무 거칠어요."

Whoso list to hunt, I know where is an hind,
But as for me, alas, I may no more.
The vain travail hath wearied me so sore
I am of them that farthest cometh behind.
Yet may I, by no means, my wearied mind
Draw from the deer, but as she fleeth afore,
Fainting I follow. I leave off therefore,
Since in a net I seek to hold the wind.
Who list her hunt, I put him out of doubt,
As well as I, may spend his time in vain.
And graven with diamonds in letters plain
There is written, her fair neck round about,
"*Noli me tangere*, for Caesar's I am,
And wild for to hold, though I seem tame."

이 시에도 등장하고 있는 사슴은 앤 볼린을 지칭할 수도 있지만,

남성들이 서로 경쟁하고 이기는 자에게 보상을 제공하는 체제 속에 사는 모든 궁정의 여인들을 상징하기도 한다. 이 암사슴 혹은 여성은 잘 달아나고 변덕스러우며, 보석으로 장식한 탐나는 대상이며, 바로 잡힐 듯 눈앞에 있으면서도 잡으려면 손으로부터 멀리 떨어져 있는 여성이나 부와 세속적인 성공과 같은 매우 복합적인 성격을 지니고 있는 존재이다. 따라서 이 시의 "그녀"(she)가 앤 볼린과 같은 특정 여성을 지칭하는지, 남성들이 상으로 받고 싶어 하는 탐나는 여성들인지, 아니면 궁정을 섬긴 보상으로 주어지는 세속적인 호의나 혜택을 말하는지 단정하기 힘들다. 그러므로 이 사슴을 앤 볼린이나 그 누구라고 단정을 내리는 것은 함축적이고 암시적인 와이어트의 시가 지니는 강렬한 힘과 묘미를 반감시킬 우려가 있다. 실제로 시에는 당대의 어떤 특정한 권력과 인물을 분명하게 언급한 부분도 없다.

여기서 화자는 암사슴을 사냥하면서 다른 남성에게 말을 하고 있는데, 이 암사슴은 사냥감이 된 여성처럼 묘사되고 있다. 시에서 여성은 독자로서나 사냥꾼으로서도 배제되어 있으며, 자신의 목둘레에 새겨진 말조차 한 마디도 하지 않는다는 점에서 아무 정체성도 지니지 못하는 존재라고 할 수 있다. 그녀는 단지 가장 강하고 능력 있는 남성에게 주어지는 상으로서의 역할만 할 따름이다.

이 당시 사냥은 궁정인들이 즐겨하던 가장 남성적인 오락 가운데 하나였다. 그러나 사내다움과 활력에 넘치는 이 사냥에 참가한 시의 화자는 사냥에 실패한 남성이며, 여성을 길들이는 것이 "그물로 바람을 잡으려는 것" 같다며 자신의 무능함을 한탄하고 있다. 사냥이라는 경쟁에서 이긴 자는 암사슴을 얻게 될 것이지만, 시의 마지막 행은 이 사슴이 다루기도 힘들고 부정하다는 사실을 암시해주고 있다. 따라서 시는 남성의 복수심에 찬 여성혐오적인 공격을 기저에 깔고 있으면서, 동시에 이러한 여성에게 구애한다는 사실이 화자 자신을 부끄럽게 만들지만 그 같은 행동을 그만 둘 수도 없는 것에 대한 혐오와 지친 감정을 드러내고 있는 것이다(Heale 57).

시 전체에 걸쳐 화자의 이러지도 저러지도 못하는 상태가 계속되고 있다. 시는 그가 사냥을 그만두지 못하면서도 이제 "더 이상 쫓지 않으리"라고 결심하는 것으로 시작한다. 그러나 무심결에 "아아"(alas)라며 자신의 슬픔을 드러냄으로써, 애써 무관심해지려고 다짐한 마음이 처음부터 흔들리고 있음을 보여준다. 화자는 "가장 멀리 뒤쳐진" 상태로 사냥에 참여하고 있다고 함으로써, 자신이 지쳐있으며 사냥의 수고와 노력이 공허하고 덧없음을 말하고 있는 듯하다. 그럼에도 불구하고 그는 사냥을 완전히 포기하지 못하고 사슴이 앞에서 달아나자 "난 숨을 헐떡이며 따라가네"라고 고백하고 있다. 그러나 곧 이어 같은 행에서 그는 "난 이제 그만 두어야지"라고 포기를 선언함으로써 팽팽하게 긴장이 감도는 병치 구문을 통해 서로 상반되는 의지를 표현하고 있다. 사슴 사냥이 "그물로 바람을 잡으려는 것" 같아서 "부질없는 시간 낭비"임을 화자가 다시 한 번 강조하지만, 독자는 그가 결코 사냥을 그만둘 수 없고 자기 마음을 사슴에게서 완전히 멀리할 수 없다는 인상을 지울 수가 없다. 시는 계속해서 사슴 사냥으로부터 자신을 자유롭게 하려는 화자의 시도를 기록하고 있음에도 불구하고, 자신이 처한 막다른 골목에서 벗어나지 못하는 그의 강박관념 또한 보여주고 있는 것이다(Greenblatt 147).

와이어트의 이 시는 페트라르카의 원작을 성적인 사냥의 주제로 바꾸고 있는데, 유명한 마지막 부분의 "난 시저의 것이니 손대지 마세요"라는 구절은 페트라르카의 시에서는 원래 "어느 누구도 나를 만지지 못하게 하세요, 나를 자유로운 상태로 두는 것이 시저의 뜻이니까요"(Let no man touch me, for Caesar's will is that I remain free)라고 되어있다. 원작에서는 사랑하는 여성이 누리고 있는 절대적 자유와 그녀를 손에 넣기 힘들다는 사실을 말하고 있으나, 와이어트의 번역시는 그녀가 시인보다 훨씬 큰 권력을 가진 자의 소유물이 되었음을 강조하고 있다(Greenblatt 146). "난 시저의 것이니 손대지 마세요"라는 시행은 성경의 두 장면을 연상시키는데, 그 하나는 겟세마네 동산에서 부활한 예수가 막달라 마리아에게 아직 자신의 몸에 손대지 말라(*Noli me tangere*)고 한 것이다. 다른 하나는 시저에게 세금을 바치는 것이 합당한지를 묻는 물음에 동전에 새겨진 형상과 글이 시저의 것이면 시저에게 바치고 하나님의 것은 하나님에게 바치라고 예수가 대답하는 장면이다. 앞의 장면은 손으로 만질 수 없는 예수의 신비로움과 같은 속성을 여성에게서 느끼게 하지만, 뒤의 장면은 그와 대조적으로 동전과 같이 이 세상에 속한 부의 상징으로 여성을 전락시키고 있다. 즉 전자는 여성을 성자나 여신과 같이 이상화하는 느낌을 가지게 하지만, 후자는 부와 권력에 종속된 모습을 연상시킨다. 힐이 말한 바와 같이 궁정 체제 속에서 여성이 지니는 이러한 양면적인 정체성이 타인에 대한 경고이면서 동시에 자신의 종속을 상징하는 목걸이를 통해 잘 나타나 있다고 하겠다(Heale 57-8).

그러나 우리는 여기서 목걸이에 새겨진 "온순한 것 같지만 붙잡기엔 너무 거칠어요"라는 다음 구절에 주목할 필요가 있다. 암사슴은 바람처럼 자유분방하고 잡기 힘든 거친 존재이지만, 그가 지니고 있는 다이아몬드 목걸이는 이 사슴이 길들여진 동물이라는 사실을 아울러 말해주고 있다. 즉 이 사슴이 인간에게 길들여진 동물임을 알리는 목걸이가 동시에 그가 난폭하다는 사실을 말해주고 있다는 사실이 아이러니하다. "붙잡기엔 너무 거칠어요"(wild for to hold)라는 구절은 물론 사로잡기 힘들다는 뜻을 지니고 있지만, 이 암사슴이 어떤 제약도 받지 않고 자유로이 다니고 제 멋대로 하기에 통제가 불가능하다는 사실 등 다양한 의미를 함축하고 있다. "거친"(wild)이라는 단어는 교묘하게 잘 도망간다는 뜻과 함께 문명이나 길들어진 상태에서 벗어나 야생의 상태에 살고 있는 위험한 존재라는 의미도 내포하고 있다(Greenblatt 147). 즉 이 사슴이 문명사회의 관습의 테두리 밖에서 인간의 속박과 제약을 벗어나 살고 있는, 방종하고 음탕하며 사나울 수도 있는 존재라는 것이다.

이런 의미에서 "거친"이라는 단어는 위험을 알리는 말이며 사냥꾼을 사냥감으로 변모시키는데 결정적인 역할을 한다. 이 위험은 끌리는 마음을 억제할 수 없으면서 손에 넣을 수도 없는 암사슴의 아름다움이나 타자성 등 그의 야생성 때문만이 아니라 "시저"의 권력으로 인해 존재하는 것이다. 시저가 달아준 목걸이는 사냥을 멈추게 할 뿐만 아니라, 이 암사슴을 사냥감에서 애완동물이나 왕의 소유물로 변화시켜주고 있다고 하겠다(Greenblatt 148). 이처럼 "거친"이라는 단어의 의미에 가해지는 미묘한 유희야말로 와이어트의 애매하면서도 함축적인 표현이 지니는 힘의 절정을 보여준다.

와이어트는 궁정인과 외교관으로서 권력을 추구할 때 요구되었던 정치적 수완을 연애와 이러한 성적인 사랑을 다룬 시에서도 보여주고 있다. 그의 시에서 정치적으로나 성적으로 지배하고 소유하려는 목표가 사냥이나 다이아몬드 목걸이 등과 같은 강렬한 이미지로 제시되고 있으나, 이러한 목표를 공공연하게 보다는 암시적으로 드러내는 경우가 많다. 이러한 암시를 통해 좌절과 걱정, 멸시 등의 감정을 표현하고 복잡한 반응을 불러일으키면서 자신이 의도한 목적을 달성하려는 와이어트의 시는 그만큼 외교적이라고 할 수 있다.

페트라르카의 원래 시가 지니고 있는 초월적 이상주의는 와이어트의 시에서 지치고 쓰라린 감정이 강조되면서 냉소주의로 바뀌고 있다. 다시 말해서 시의 초점이 이상화된 여성에서 사냥이라는 냉혹한 환경 속에서 사냥꾼의 무리로부터 뒤로 처져 체념하고 있는 시인의 마음으로 옮겨진 것이다. 이처럼 「사냥하려고 하는 자는 누구나」는 매혹에서 쓰라림으로, 갈망에서 지침으로, 그리고 사냥에 참여하였다가 환멸에 빠진 시인 자신의 마음속에서 일어난 드라마를 기록하고 있다. 그러나 시인이 환멸과 실망에 빠진 책임은 그 자신에게도 있다. 왜냐하면 암사슴은 사냥의 대상인 야생 동물이므로 성질이 거칠다는 것은 새삼스러운 사실이 아니기 때문이다. 따라서 시가 이상주의에서 환멸로 나아갈 것이라는 사실은 시의 첫 행부터 벌써 정해져있었다고 말할 수 있다.

4

1530년대의 많은 궁정 시인들은 남녀간의 사랑과 궁정의 정치를 같은 맥락에서 다루는 경향을 보여주고 있다. 서리의 경우 시적 화자의 고상하고 성실한 인격과 수동적인 고뇌는 와이어트의 시에서 찾아볼 수 있는 한층 공격적이고 냉소적인 특성과는 상당히 다르다. 야심적인 욕망을 신비화하고 달리 빗대어 표현하는 이들 두 시인의 매우 상이한 전략은 같은 페트라르카의 140번 소네트(Rime 140, "Amor, che nel penser mio vive e regna")를 번역한 다음 두 시를 통해 비교해 볼 수 있다. 모든 번역은 동시에 해석 행위를 수반하기 때문에 이들의 번역을 통해 16세기 초 사회가 근본적인 변화를 경험한 시기를 살았던 르네상스인의 생각과 그 시대상을 엿볼 수 있을 것이다. 서리의 「내 생각 속에 지배하며 살면서」("Love, That Doth Reign and Live within My Thought")에서 사랑은 연인의 몸을 지배하는 기사도 시대의 왕과 같다.

내 생각 속에 지배하며 살면서
사로잡힌 내 가슴속에 자리를 마련한 사랑은
그가 나와 싸웠던 무기로 무장하고서
자주 내 얼굴에 그의 깃발을 꽂네.
그러나 내게 사랑과 견뎌야 할 고통을 가르친 그녀는
내 회의에 찬 희망과 뜨거운 욕망을
부끄러워하는 표정으로 감추고 삼가야 한다며
그녀의 미소 띤 은총을 순식간에 노여움으로 바꾸네.
그러자 겁쟁이 사랑은 재빨리 마음속으로
도망쳐 거기 숨어 한탄하며
제 목적을 잃어버린 채 얼굴조차 보이지 않네.
내 군주의 죄 때문에 나는 죄 없는 고통을 참아야 하네.
그러나 내 군주에게서 발걸음을 옮기지 않으리,
사랑으로 끝맺는 죽음은 달콤할 것이기에.

Love, that doth reign and live within my thought,
And built his seat within my captive breast,
Clad in the arms wherein with me he fought,
Oft in my face he doth his banner rest.
But she that taught me love and suffer pain,
My doubtful hope and eke my hot desire
With shamefast look to shadow and refrain,
Her smiling grace converteth straight to ire.
And coward Love, then, to the heart apace
Taketh his flight, where he doth lurk and plain,
His purpose lost, and dare not show his face.
For my lord's guilt thus faultless bide I pain,
Yet from my lord shall not my foot remove:
Sweet is the death that taketh end by love.

서리의 시는 시작 부분의 "지배"한다거나 "자리"를 잡는다는 표현에서 볼 수 있듯이 상당히 귀족적인 분위기를 띠며, 이 작은 기사도의 세계에서 의인화된 사랑은 연인의 "군주"(lord)로 묘사되고 있다. 시의 시작부분에서 시인은 사랑과의 결투에서 패하여 정복당하고 포로가 된 연인의 복종을 강조하고 있다. 그러나 자신의 봉건군주로부터 인정받은 연인의 욕망은 미소 띤 은총 속에 강한 분노를 감춘 여인의 반응에 접하게 되고, 이 여성의 힘 앞에 사랑은 도망쳐버린다. 여인은 연인의 "뜨거운 욕망"을 거절함으로써 기사와 같은 사랑을 비극적으로 충실히 섬기고 있는 연인 위에 군림할 권위를 획득하고 있다. 기사가 군주를 섬기듯 사랑을 충실하게 섬기는 서리의 연인은 비록 자신의 주인이 비겁하다는 사실과 자신이 죽을 것이 확실한 상황에서도 충성을 다하고 있다.

마지막 시행에서 갑작스럽게 죽음이 도입되면서 연인의 성격도 변하여 그는 봉건시대의 하인의 모습을 띠게 된다. 시의 퍼소나인 연인과 그의 여인, 그리고 자신의 군주 사이의 갈등이 정치적인 종속이나 복종의 형태로 그려지고 있는 것이다. 이처럼 서리의 시는 봉건적인 권력을 여성에게 부여하지 않고, 사랑 그 자체를 봉건체제에서의 상전으로 삼고 있다. 권력관계가 두 남성 인물 사이의 관계로 바뀌면서 여성 인물은 두 남성 보다 열등한, 철저히 침묵하는 위치로 전락하고 권력관계에서 배제되고 있다(Innes 34-5). 여성은 더 이상 시에서 적극적인 역할을 하지 못하고 힘도 없는 미미한 존재에 불과하게 된 것이다.

5

와이어트의 「내 생각 속에 거하는 오랜 사랑은」("The Long Love

That in My Thought Doth Harbor")의 세계는 서리의 세계와는 사뭇 다르다. 여기서 사랑은 군주가 아니라 "주인"(master)으로서, 지배하는 것이 아니라 "거하고" 있다. 또한 아주 미끄럽고 규칙적인 강세와 전통적인 의인법, 기사도 문학에 흔히 등장하는 낭랑한 표현들 대신, 약강격과 강약격 사이를 오가는 리듬의 변화와 연속적인 음절에 오는 이중 강세, 중간 휴지(caesura), 여성운(feminine rhymes) 등을 접하게 된다. 서리의 시가 약강오보격에서 벗어나는 경우가 거의 없을 정도로 아주 규칙적인 리듬을 취하고 있는 반면, 와이어트의 시는 대부분의 행에서 강세가 5개가 아닐 정도로 약강오보격에서 크게 벗어나고 있으며 자유로운 리듬을 택하고 있다. 이를 통해 와이어트는 다음과 같이 특별히 강조하고 싶은 부분을 보다 자유롭게 강조하면서 고뇌에 찬 단호한 화자의 목소리를 창조하고 있다.

내 생각 속에 거하고
내 마음을 거처로 삼고 있는 오랜 사랑은
뻔뻔스런 구실로 내 얼굴에 침입하여
깃발을 날리며 거기 진을 친다.
나에게 사랑과 고통을 가르친 그녀는
내 신뢰와 욕망의 방종함이
이성과 염치와 존경으로 억제되어야 한다며
사랑의 대담함에 불쾌함을 느낀다.
그로 인해 사랑은 고통스러워하고 울부짖으며
자신의 시도를 포기한 채 마음의 숲으로 달아나버리고
거기 숨어서 모습을 나타내지 않네.
내 주인인 사랑이 두려워하니 난 어쩌지,
들판에서 그와 함께 살다 죽는 수밖에.
충성스레 살다 죽는 인생은 좋은 것이니.

The long love that in my thought doth harbor,
And in mine heart doth keep in his residence,
Into my face presseth with bold pretense
And therein campeth, spreading his banner.
She that me learneth to love and suffer
And will that will my trust and lust's negligence
Be reined by reason, shame, and reverence
With his hardiness taketh displeasure.
Wherewithal unto the heart's forest he fleeth,
Leaving his enterprise with pain and cry,
And there him hideth, and not appeareth.
What may I do, when my master feareth,
But in the field with him to live and die?
For good is the life ending faithfully.

강세가 연속적으로 오는 첫 행의 "long love"와 9행의 "heart's forest"에서는 시의 움직임이 느리고 천천히 읽히면서 자연스럽게 강조되고 있다. 그리고 3행 "Into my face presseth with bold pretense"는 동사를 가운데 둔 두 개의 전치사구로 이뤄짐으로써 "presseth"가 핵심어로 부각되고 있다. 이러한 강조는 바로 앞의 단어 "face"에 강세가 오면서 이어지는 강세 음절 "presseth" 앞에서 자연스럽게 숨을 쉬게 됨으로써 한층 강화되고 있다. 이 행과 다음 행에서 사용된 "presseth"나 "campeth", "spreading"과 같은 물리적인 행동을 나타내는 동사들은 시를 역동적으로 만들고 있다. 서리의 시에서는 같은 깃발을 "날리지" 않고 꽂는다(rest)고 표현함으로써 와이어트에 비해 덜 활동적이고 약한 느낌을 준다(Barber 20-21).

서리의 시가 군주인 사랑과 정복당한 신하인 순진한 연인 사이의 결별을 바탕으로 전개된 것과 대조적으로, 와이어트의 시는 시작부터 이러한 구별이 모호하다. 의인화하여 표현된 2행에서부터 와이어트의 사랑은 뻔뻔스러운 구실로 연인의 생각을 점령하여 거주하고 있는 반역자이며 침입자의 모습을 하고 있다. 화자는 이 사랑이 이성적으로 억제되어야 함에도 불구하고 "욕망의 방종함"(lust's negligence)으로 자제력을 잃은 결과 생겨나게 되었다고 말한다. "뜨거운 정욕"(hot desire)이라는 서리의 다소 전통적인 구절에 비해 "욕망의 방종함"이라는 노골적이고 통렬한 자기비판을 수반하는 표현은 가히 충격적이라고 하겠다. 서리의 여인의 경우에는 연인이 욕망을 감추기를(shadow) 바람으로써 외양에 보다 신경을 쓰고 있는 반면, 와이어트의 여인은 그의 욕망을 억제하고 통제하기를 원한다. 여기서 억제한다는 동사(reined)는 바버가 지적한 바와 같이 말을 타는 것이 일상이었던 와이어트의 시대에는 강렬한 물리적 느낌을 제공하면서 오늘날보다 훨씬 살아 움직이는 은유로 받아들여졌을 것이다(Barber 21-22).

불쾌해하는 여인 앞에서 사랑이 달아나는 9행에서 시의 반전이 일어나는데, 서리는 겁쟁이 같은 사랑이 마음속으로 도망쳐 거기 "숨어 한탄하며"(lurks and plains)라고 우아하게 묘사하고 있다. 반면 와이어트는 "고통스러워하고 울부짖으며"(pain and cry)라는 생생하고 강렬한 표현을 사용하고 있다. 그러나 우리는 이들 두 시인의 차이를 페트라르카의 원래 시에는 없고 와이어트가 덧붙인 "마음의 숲"이라는 복합적인 의미를 담고 있는 구절에서 극명하게 볼 수 있다. 페트라르카는 사랑이 마음으로 도망친다고 단순히 말하고 있다. 16세기 초 영국인에게 이 숲이 어떤 의미를 지녔을 것인지 바버가 주장한 역사적 상상력을 사용해서 한 번 생각해보자(Barber 21). 이들에게 숲은 어둠과 그 속에 맹수나 산적과 같은 위험이 도사리고 있는 불확실성의 세계라고 할 수 있다. 숲은 만약 그 속에서 길을 잃는다면 죽을 수도 있으나, 한편으로는 범법자들이나 도피자들이 은둔하거나 피할 수 있는 은신처이기도 하다. 이곳은 시의 문맥에서 말하자면 여인이나 이성의 권위가 쉽게 접근할 수 없는 곳이며, 문명이나 궁정의 예법과는 거리가 먼 조야한 욕망이 들끓는 곳이라고 할 수 있다. 또한 숲은 왕이 사냥할 때 쓸 사슴(hart/heart)을 보호하기 위해 법으로 특별히 정한 왕의 영역이기도 하다. 이처럼 서리의 연인이 자신의 군주인 사랑에 단순히 기사와 같은 충성을 바치는 반면, 와이어트의 연인은 여인에게 충실할 의무를 지니면서 한편으로는 반역자이고 군주이기도 한 사랑에 의해 점령당한 한층 애매한 위치를 차지하고 있다. 이 사랑의 속성이 애매모호하여 연인은 딜레마에 처하게 된다. 즉 이 사랑이 마음의 숲에 거하는 주인인지, 아니면 뻔뻔스러운 구실로 연인에 대한 권리를 주장하는 침입자인지 불분명하므로 이 사랑에 대해 그가 어떤 충성이나 태도를 취해야 할지도 명확하지 않기 때문이다. 와이어트는 어두운 속성과 위험, 그리고 이성과 문명을 짓밟으려고 위협하는 이해하기 힘든 욕망을 지닌 인간의 마음을 숲을 통해 탁월하게 포착하고 있다. 이처럼 그의 시는 인간의 내면적인 삶과 인간 마음의 모호함과 불안정성을 다루고 있는 점이 특징이다.

시의 마지막 부분에서 서리의 화자는 군주의 죄 때문에 죄 없는 자신이 고통을 당한다며 일어난 일에 대한 도덕적 책임을 회피하고 있다. 군주인 사랑은 바로 시적 화자 자신의 욕망이 투사된 사랑인데도 불구하고 죄 있는 자는 자기 군주라고 강변하고 있는 것이다. 서리의 시는 "sweet"이나 "death", 그리고 "love" 같은 핵심어로 마무리하고 있는데, 사랑 때문이라면 죽어도 달콤하다며 죽음을 지나치게 미화하면서 자기 탐닉에 빠진 듯한 느낌을 준다. 한편 와이어트의 시도 죽음을 이야기하고 있지만 "good"과 "life", "faithfully" 등의 단어를 통해 삶을, 그것도 도덕적인 삶을 강조하고 있다.

이들 두 소네트 번역은 원작을 매우 상이하고 독자적인 방식으로 변형시킨 훌륭한 시이지만, 대체로 서리의 시가 와이어트의 시보다 내용과 정신이 원래 시에 더 가까우며 매끄럽고 우아하다. 이는 서리가 소네트라는 형식을 완전히 이해하면서 좌절된 성애에 대한 기록을 비극적인 귀족의 이야기로 재치 있게 변모시키고 있음을 보여주고 있다. 또한 그의 시는 일관되게 일인칭 화자가 억압적인 여인이나 운명적인 기사도의 규약 등 문제성을 다분히 안고 있는 권위에 대해 변함없이 자신의 고결하고도 비극적으로 충성을 바치는 마음을 품위 있는 한탄으로 강변하고 있다. 이와 달리 와이어트의 시는 강렬한 리듬과 놀라운 단어의 병치, 그리고 사랑과 연인과 여인 사이의 긴장을 발전시키면서 원작의 구조를 위협하고 있다(Heale 96). 즉 원시의 소재를 취하여 자신만의 리듬을 창조하고, 자기비판을 가하며, 확실한 도덕적 자세와 인간 마음의 어두운 속성을 보여주는 등 새롭고 독자적인 놀라운 세계를 창조하고 있다. 모순과 아이러니로 가득 찬 그의 복잡한 드라마는 "나"라는 화자의 일관성을 해체하고 전복시키고 있다. 이 일인칭 화자의 자리는 상대적이며 그 입지가 끊임없이 흔들리고 있다. 이러한 사실은 압운을 통해서도 반영되고 있는데, 서리의 경우 압운이 정확하게 일치하여 매끄러운 균형감과 음악적인 효과를 주고 있다. 이와 대조적으로 와이어트의 시는 압운이 정확하게 일치하지는 않음으로써 확신과 자신감이 결여되어 있음을 보여준다. 그러나 끝까지 충성을 다하다가 사랑과 함께 죽겠다고 각오하는 마지막 두 행에서는 의도적으로 정확한 압운을 밟고 있음은 주목할 만하다.

제3장 엘리자베스 시대 소네트 시인들

- 시드니와 스펜서 -

1

엘리자베스 시대의 궁정시인이면서 정치가, 군인, 시인으로 추앙받던 필립 시드니(Sir Philip Sidney, 1554-86)는 귀족 명문가 출신으로 1579년에 문학자들의 모임인 '아레오파고스'(Areopagus)의 회원이 되어 시를 썼다. 그는 1568년부터 3년간 옥스퍼드대학에서 공부했으며, 그 뒤 1572년 5월부터 1575년 6월까지 유럽을 여행하면서 라틴어와 프랑스어, 이탈리아어에 대한 지식을 습득하였을 뿐만 아니라 유럽의 정치가들과 직접 교제하면서 정치를 배웠다. 영국에 돌아온 그는 탁월한 궁정인으로서 이따금씩 외교사절 노릇을 하며, 스펜서(Edmund Spenser) 같은 젊은 문인들을 적극 후원하기도 하였다. 그가 32세의 나이로 저지대지방의 전투에서 전사했을 때 온 영국이 그의 죽음을 애도했다고 한다. 16세기라는 문화적 배경에서 그가 지닌 다채로운 경력과 지위는 그 시대와 시를 이해하는데 있어서 매우 중요한데, 그의 비극적인 죽음은 엘리자베스 시대의 이상주의의 죽음을 알리는 징후라고 평가하는 이들도 있다(Waller 139).

시드니는 편협한 청교도적 관점에서 시인과 배우들을 공격한 글에 자극을 받아 『시의 옹호』(*An Apology for Poetry*, 1595)를 집필하였는데, 이 글을 통해 그는 시와 문학의 효용을 옹호하면서 시가 철학이나 역사보다 교훈(teaching)과 즐거움(delight)을 더 줄 수 있다는 주장을 펴고 있다. 이는 르네상스라는 시대적 환경 속에서 플라톤(Plato)과 아리스토텔레스(Aristotle), 그리고 호라티우스(Horace)와 같은 고대의 권위 있는 비평가들의 생각을 정리한 절충적인 성격의 글이다. 이 비평문은 사실상 영어로 씌어진 첫 문학론으로 평가되며 르네상스 시대의 고전적 가치와 이상에 대한 웅변적인 옹호라고 할 수 있다. 또 다른 그의 대표작으로는 산문으로 씌어진 목가적 로망스(pastoral romance)인 『아카디아』(*The Arcadia*, 1590)가 있다. 누이동생인 펨브로크(Pembroke) 백작부인에게 헌정된 이 기사도 로망스는 목동들의 낙원인 아카디아를 배경으로 궁정식 사랑과 수난 등을 그리고 있다.

시드니의 가장 유명한 시집인 『아스트로필과 스텔라』(*Astrophil and Stella*, 1591)는 영국 최초의 위대한 소네트 연작(sonnet sequence)으로 108편의 소네트와 11편의 노래들을 담고 있다. 이들 시는 1581년과 1583년 사이에, 그것도 주로 1582년 여름에 대부분이 씌어졌다고 한다. 다른 페트라르카풍의 소네트들이 그러하듯이 이 시의 주인공 아스트로필(Astrophil; Starlover)이 스텔라(Stella; Star)에게 바치는 사랑 노래가 그 내용인데, 아스트로필이라는 이름에는 시인 자신의 이름 필(Phil)이 포함된 것으로 미루어 시드니가 실제로 사랑했던 한 여성에 대한 감정과 사연이 담겨 있는 것으로 추정된다. 시인이 사랑했던 여인은 에섹스 백작(Earl of Essex)의 딸로서 리치 부인(Lady Rich)이라고 하는 페넬로피 드브루(Penelope Devereux)였다고 전해진다. 그녀는 아버지가 죽고 난 후 시드니의 숙모에 의해 길러지던 중 시인이 21세이고 페넬로피가 13세 되던 해에 처음 만나 서로 사랑하게 된다. 이들은 엘리자베스 여왕의 반대로 결혼에 이르지 못하고 1581년에 그녀는 리치경(Lord Rich)과 결혼하게 된다. 시드니 또한 다른 여자와 결혼을 했지만 평생 동안 이 여인을 잊지 못하고 그녀를 위해 시를 썼다고 한다.

시의 형식은 페트라르카의 소네트와 유사하게 8행 연구(octave)와 6행 연구(sestet)로 이루어진 구성을 하고 있다. 페트라르카풍의 소네트에서는 8행 연구에서 단순히 수동적인 자세에서 문제를 제기하거나 상황이나 사건을 진술하고, 6행 연구에서 이를 능동적으로 합리화하거나 해결하는 구조를 취하고 있다. 따라서 시의 진행과 의미에 전환점이 되는 '볼타'(volta)는 8행 연구의 마지막 행에 온다고 할 수 있다. 그러나 시드니는 8행 연구와 6행 연구로 나뉘는 각운 형식을 취하면서도, 갈등을 해결하는 새로운 결말을 보여주는 전환점을 8행뿐만 아니라 시의 마지막 2행 연구(couplet)에도 오도록 함으로써 이전의 소네트 형식에 혁신을 가하고 있다. 시를 마무리 짓는 2행 연구가 새로운 결말과 해결을 제시하는 구조는 바로 영국식 소네트(셰익스피어풍의 소네트)의 특징이기도 하다. 대체로 페트라르카풍의 소네트 형식을 취하면서도 영국식 소네트와 같이 시의 결말을 제시하는 2행 연구로 마무리 짓는 구조를 시도하고 있다는 점에서 시드니는 매우 전통적이면서도 독창적이고 실험적인 시인으로 평가된다. 그런데 우리는 여기서 소네트라는 다소 엄격한 형식이 갖는 이점에 대해 잠시 생각해 볼 필요가 있을 것 같다. 14행에 규칙적으로 각운을 밟는 소네트의 구조는 시의 주제를 다룰 때 종종 나타날 수 있는 감정적인 혼돈에 질서와 절제를 부여할 수 있다는 점을 들 수 있을 것이다. 다시 말해서 형식이 주는 규칙성이 시인이 경험하는 복잡하고 혼란한 정신상태에 평온함과 고요함을 가져다준다는 말이다.

이 시집에서 아스트로필의 역할을 맡은 시드니는 지금까지 페트라르카의 전통에 따른 인습적인 표현을 사용하지 않고, 독창적이고 가슴속에서 우러나오는 시를 쓰겠다고 한다. 그는 극적인 표현을 구사하는 능력으로 소네트에 활력과 신선함을 불어넣었는데 구어체 표현의 대화를 사용하고 14행 내에서 시의 극적인 상황을 한껏 고양시키는 시를 쓰고 있다. 시인이 죽은 지 5년 후에 『아스트로필과 스텔라』가 출판되면서 와이어트와 서리 이후로 오랫동안 거의 잊히다시피한 소네트에 대한 관심이 다시 살아나게 되었다. 이후 스펜서(Edmend Spenser)의 『아모레티』(*Amoretti*, 1595)와 셰익스피어(William Shakespeare)의 『소네트 시집』(*The Sonnets*, 1609) 등의 소네트 연작시집들이 계속 출판되었으며, 오늘날까지 시드니의 연작 소네트는 영문학사에서 가장 영향력 있는 시작품으로 남아 있다.

2

시드니의 소네트 연작은 소설이 아니므로 뚜렷한 줄거리를 지니고 있는 것이 아니다. 시인은 다만 이 연작 시편들을 통해 자신이 겪은 일련의 감정적 위기와 안팎으로 느끼는 갈등, 그리고 이루지 못할 사랑에 대한 쓸쓸한 명상을 표현하고 있다. 『아스트로필과 스텔라』 가운데 가장 널리 읽혀지는 시의 하나인 아래의 1번 소네트에서 시의 화자 아스트로필은 스텔라의 매력에 푹 빠져서 그녀의 호감을 사려는 희망을 품고 시를 통해 자신의 사랑을 보여주기로 마음먹는다. 그러나 이것이 여의치 않자 다른 시인의 시를 베끼려는 헛된 시도를 해보지만 결국 고통과 수심에 싸여 어쩔 줄 몰라 할 때 시신(Muse)의 충고를 듣게 되는 과정을 담고 있다. 따라서 이 연작 시편은 시인이 시신의 충고를 받아 들여 자신의 마음속을 들여다보고 시를 쓴 결과물이라고 할 수 있을 것이다.

진실로 사랑하며 즐겨 그 사랑을 시로 나타내어
사랑하는 그녀가 내 수고에 약간의 즐거움을 느끼고
즐거움에 내 시를 읽고, 읽음으로 나를 알고
앎으로 나를 동정하고, 동정에서 호의를 갖도록,
  고뇌에 찬 슬픈 표정을 그리는 데 알맞은 말을 찾았네.
그녀의 마음에 들 멋진 어구를 궁리하며
때로 다른 사람의 책을 뒤적이며 열정에 타는
내 머리를 적셔줄 신선한 비를 찾기도 하였네.
  그러나 독창성이 지탱하지 못해 말은 자꾸 절룩거리고
자연의 총아인 독창성은 계모인 노력의 매를 피해 달아나고
다른 사람들의 시는 늘 나에게 낯설기만 하였다네.
그래서 생각은 많으면서 고통 가운데 어쩔 줄 몰라
  게으른 펜을 물어뜯으며 홧김에 자신을 매질할 때
  시신이 말하길, "바보야, 네 마음속을 보고 글을 써야지."

Loving in truth, and fain in verse my love to show,
That the dear she might take some pleasure of my pain,
Pleasure might cause her read, reading might make her know,
Knowledge might pity win, and pity grace obtain,
  I sought fit words to paint the blackest face of woe:
Studying inventions fine, her wits to entertain,
Oft turning others' leaves, to see if thence would flow
Some fresh and fruitful showers upon my sunburned brain.
  But words came halting forth, wanting Invention's stay;
Invention, Nature's child, fled step-dame Study's blows,
And others' feet still seemed but strangers in my way.
Thus great with child to speak, and helpless in my throes,
  Biting my trewand pen, beating myself for spite,
  "Fool," said my Muse to me, "look in thy heart and write."

이 시는 한번쯤 연애편지를 써 본 사람이라면 누구나 겪었을 법한 보편적인 경험을 노래하고 있기 때문에 그만큼 독자들에게 쉽게 와 닿는 작품이다. 약강 6보격(iambic hexameter)에 a b a b a b a b c d c d e e 라는 각운 형식을 밟고 있는 이 소네트는 창작과정의 어려움을 생생하게 묘사하고 있다. 사랑하는 여성의 마음을 얻기 위해 시를 쓰려던 화자는 다른 사람의 책에서 좋은 구절을 베껴보려고 한다. 이전 작가들을 모방함으로써 재치 있고 유능한 시인으로 보이려는 이러한 시도는 아리스토텔레스의 모방이론(mimetic theory)을 반영하는 것으로 볼 수 있다. 이에 대해 시인은 "다른 사람들의 시는 늘 나에게 낯설기만 하였다네"라며 다른 사람의 시와 발을 동시에 의미하는 "feet"에 대한 말장난(wordplay)을 통해 이것이 아스트로필에게 아무 도움이 되지 못하고 방해만 될 따름이라는 생각을 밝히고 있다.

시가 교훈과 함께 즐거움을 제공해야 한다고 시드니가 『시의 옹호』에서 한 주장 역시 이 1번 소네트에 나타나 있다. 즉 아스트로필은 자신의 시를 통해 스텔라가 "내 수고에 약간의 즐거움을 느끼고/즐거움에 내 시를 읽고, 읽음으로 나를 알"게 될 것이라는 희망을 밝히고 있음을 볼 수 있다. 그리고 시를 읽음으로써 자기를 동정하고 호의를 갖게 되기를 원하며, 이러한 자신의 목적을 이루기 위해 적절한 말을 찾아 애쓰는 것도 『시의 옹호』에서 시가 갖는 "감동시키는 효과"(moving effect)를 얻기 위해서인 것이다.

"생각은 많으면서 고통 가운데 어쩔 줄 몰라"라며 시를 쓰는 창작의 고통을 아기를 낳을 때의 진통에 비유하기까지 한 화자는 "게으른 펜을 물어뜯으며" 자신의 무능을 자책하기에 이른다. 그때 그의 어리석음을 꾸짖으며 "네 마음속을 보고 글을 써야지"하고 시신이 충고하는 소리를 듣게 된다. 책을 통해서가 아니라 자신의 진정한 경험과 사랑에서 시가 탄생한다는 생각은 그 당시로서는 독창적이고 새로운 생각이라고 할 수 있다. 그리고 이 부분에서 대화하듯이 구어체의 문체를 도입한 것이나 평이하고 활기찬 시어를 구사함으로써 살아있는 인간의 생생한 목소리를 창조한 것은 매우 혁신적이라고 하겠다.

3

이번에 읽을 31번 소네트는 시인이 자신이 앓는 사랑의 열병을 하늘의 달도 같이 겪고 있다고 생각하여, 떠오르는 창백한 달이 외로운 침대로 가기 싫어 억지로 걸음을 옮기는 것처럼 묘사하고 있다. 이 시작 부분은 워즈워스(Wordsworth)에게 깊은 감명을 주어 그가 자신의 소네트에서 이 구절을 사용하기까지 하였다고 한다.

아, 달님아, 너 슬픈 발걸음으로 하늘을 오르고 있구나,
　말없이 창백한 얼굴을 하고!
　그래, 하늘나라에서조차 분주한 궁사가
날카로운 화살을 시험한단 말인가?
물론, 사랑에 오래도록 익숙한 눈으로
　사랑을 판단하건데 너도 사랑을 앓고 있음이 분명하구나.
　너의 표정에서 그걸 읽을 수 있어. 수심에 잠긴 너의 고운 모습이
너처럼 사랑을 앓는 나에게 네 신세를 알려준다네.
　그러니 같은 처지에, 오 달이여, 내게 말해다오
거기서도 변함없는 사랑을 단지 어리석은 것으로 여기며,
그곳의 미인들도 여기서만큼 거만한가를?
사랑 받기는 좋아하면서

사랑에 사로잡힌 애인들을 멸시한단 말인가?
거기서도 배은망덕을 미덕이라 부른단 말인가?

With how sad steps. O Moon, thou climb'st the skies,
How silently, and with how wan a face!
What, may it be that even in heavenly place
That busy archer his sharp arrows tries?
Sure, if that long-with-love-acquainted eyes
Can judge of Love, thou feel'st at Lover's case;
I read it in thy looks: thy languished grace,
To me that feel the like, thy state descries.
Then even of fellowship, O Moon, tell me
Is constant love deemed there but want of wit?
Are beauties there as proud as here they be?
Do they above love to be loved, and yet
Those lovers scorn whom that love doth possess?
Do they call virtue there ungratefulness?

시인은 전통적인 소네트라는 형식을 통해 개인적이며 주관적인 감정을 표현하고 있다. 여러 번 등장하는 "나"(I)와 "나를"(me)과 같은 호칭은 이러한 시의 개인적인 내용을 강조하고 있는 한편, "달"과 큐피드("분주한 궁사")라는 전통적인 이미지는 시인이 불행한 사랑과 아름답지만 사랑에 마음이 없는 여인들에 관한 오래전부터 세워진 시적 전통에서 시를 쓰고 있다는 점을 강조한다(Garrett 40).

시인은 자신을 달과 연관시키고 그 자신과 달이 겪고 있는 상황(case) 사이에서 유사성을 이끌어냄으로써 시를 시작하고 있다. 그는 사랑하는 여인이 자기를 불쾌하게 여기는 것 때문에 어두운 그늘 속에 있는 것처럼, 달이 "창백한 얼굴"을 한 것도 태양 빛과 따스함을 받지 못해서라고 상상한다. 달도 자기처럼 슬픔으로 말이 없는 것처럼 보이고, 마지못해 쓸쓸한 침실로 올라가듯이 하늘로 외로운 발걸음을 느리게 옮기고 있는 것으로 여긴다. 화자는 여기서 달님 또한 큐피드의 화살을 맞고 인간인 엔디미온(Endymion)을 사랑함으로써 고통을 당한 희생자라는 신화적 사실을 말하고 있다. 그래서 "하늘나라에서조차" 사랑의 신이 활동하고 있다고 이야기하는 것이다. 그러나 8행 연구의 시작 부분에서 시의 화자가 자신과 달 사이에 설정한 연결고리는 다소 희미하고, 어조 또한 "~하단 말인가?"와 같이 주저하는 말투로 이야기하고 있다. 그러다가 5행에 접어들면서 "그래"(Sure)라며 보다 확신에 찬 단언하는 어조로 옮겨가고 있다. 그는 달에게서 고통당하는 한 동료의 모습을 발견한다. 달의 외모로 미루어 달이 처한 실연의 상태를 어렴풋이 짐작하고 있는 것이다.

시의 화자는 달이 자신과 마찬가지로 불행한 사랑의 사연을 겪고 있는 공통점이 있다는 처음의 조심스러운 짐작에서 출발하여 점점 자신감을 가지다가, 6행 연구에 접어들면서는 확신에 찬 어조로 용감하게 이야기하고 있다. 이제 화자는 자신을 달과 동등한 위치에 놓고 "같은 처지"의 동등한 상태를 주장하고 있는 것이다. 달의 입장에서 보면 지상의 가치는 보잘것없는 것으로 보일 수 있다. 달의 영역인 하늘에서는 사랑의 불변성은 최고의 미덕으로 간주되고 이 세상에서처럼 어리석게 여겨지지 않으리라는 것이다. 더욱이 하늘의 관점에서는 이 세상 미인들의 거만함은 잔인함으로 여겨질 수 있으며, 배은망덕이 미덕이라고 불리지 않고, 사랑하는 사람이 사랑받는 사람으로부터 비웃음을 당하지 않을 것이라고 강변하고 있다.

이처럼 시드니는 6행 연구에서 변덕스러운 여인이 행한 불합리한 행동과 자신의 사랑에 대한 부당한 대우에 대해 달과 하늘의 최고 권위를 끌어들이고 초자연적인 무게를 더하여 항변하고 있는 것이다. 여기 동원되고 있는 수사적 의문들은 모두 '아니오'라는 대답이 나올 것들이다. 앞서 조용한 어투로 슬픔에 잠겨 우울하게 이야기하던 말투도 억눌린 분노 속에 매우 신랄하고 아이러니한 어조로 바뀌고 있다. 시 전체를 통해 볼 때 개인적인 목소리와 전통적인 목소리 사이가 대립되며 나란히 등장함을 알 수 있는데, 시인의 독특한 감정은 "날카로운 화살"을 가진 "분주한 궁사"나 "오래 사랑에 익숙한 눈"과 같은 상투적인 구절들과 병치되고 있다.

달은 지구에서 가장 가까우며 그만큼 불완전한 천체라고 할 수 있다. 그럼에도 불구하고 흔히 "달 아래"(sublunary)라고 말하는 지상에 있지 않고 지구 밖 하늘에 존재하면서 비교적 숭고함도 지니고 있다. 그리고 시에서는 가장 높은 위치인 하늘에 위치하고 있다. 이렇게 볼 때 달은 천상과 지상의 속성을 함께 지니고 있다. 지구와 가까이 있어서 지상의 감정을 같이 느낄 수 있는 한편, 천체에 속해 있으므로 시인의 사랑 문제에 대해 신의 관점에서 정의 내리고 벌을 내릴 수도 있는 것이다. 이처럼 시인은 달의 이미지를 선택함으로써 인간과 자연계의 결합뿐만 아니라 인간과 초자연적 세계와의 가까운 관계를 암시하고 있다(Garrett 42).

그러면 여기서 시드니 당시의 문화적·정치적 환경 속에서 시를 잠시 분석해보기로 하자. 이 시에는 시인이 말년에 경험한 불안한 정치적 입지와 거기서 느끼는 긴장과 갈등, 불만 등이 드러나 있는 것으로 읽을 수 있는데, 이는 엘리자베스 시대의 귀족적 이상이 지닌 허구성에 대한 고발로 읽을 수도 있을 것이다. 시드니는 아스트로필이 스텔라에게서 느끼는 성애적인 감정의 틀을 빌어 개인적인 욕망과 공적인 의무감 사이에서 느끼는 갈등과 정치적 좌절감 등을 표현하고 있는 것 같다. 「31번 소네트」도 엘리자베스 시대 궁정인의 입장을 고려하여 읽을 때는 단순히 남녀 관계에서 느끼는 개인적인 욕망과 갈등, 번민, 자기분열 등을 노래한 것이 아닐 수 있다는 접근이 가능하다. 시드니는 시 속에 궁정인들이 겪는 유혹과 고뇌, 책략과 기쁨 등을 치밀하고 교묘하게 드러내고 있어서, 독자들이 이러한 맥락을 무시하지 않을 때 텍스트가 지닌 다층적이고 풍요로운 의미의 층을 제대로 읽어낼 수 있을 것이다.

르네상스 시대 영국 궁정에서의 성의 정치라는 맥락에서 볼 때 이 시는 사랑과 종교와 정치라는 강력한 문화적 담론이 서로 영향을 주고받는 매우 심각한 궁정의 게임을 그려내고 있다고 하겠다(Waller 154-55). 이러한 관점에서 월러는 시드니의 『아스트로필과 스텔라』야말로 엘리자베스 시대의 영시를 대표할 뿐 아니라 페트라르카의 정신을 귀족적인 영국의 문화에 접목시킨 최초의 뛰어난 시라고 평가하고 있다(Waller 140). 시적이고 성애적인, 그리고 정치적, 종교적, 문화적인 다양한 담론의 흐름 속에서 강력한 힘을 지닌 언어를 통해 이 사랑시 모음집은 오늘날에도 여전히 감동적이고 즐거움을 주는 작품으로 남아있다는 것이다. 『시의 옹호』와 『아스트로필과 스텔라』는 문학의 효용과 책임뿐만 아니라 보다 넓은 의미의 사회적 참여에 대한 시인의 선언서와 같은 성격의 글이다. 시드니는 시를 통해서 사회문화적인 생각과 이상을 펼쳐보려고 시도하였던 것이다. 우리가 읽은 두 편의 시만을 가지고는 그의 시 세계 전반에 대한 평가를 내기기는 힘들 것이다. 그러나 영국 르네상스 시대에 차지했던 시드니의 문학적·문화적 위치와 그가 문학과 엘리자베스 궁정의 가치를 개혁하려는 이상을 품었던 인물임을 고려할 때, 그를 단순히 뒤틀리고 편집적인 사랑을 노래한 시인으로 바라보는 것을 넘어선 보다 풍요로운 읽기가 열려질 것이다.

4

에드먼드 스펜서(Edmund Spenser, 1552-99)는 런던 출생으로 초서와 셰익스피어, 밀턴과 함께 영국의 4대 시인이라고 일컬어진다. 그는 자신의 걸작 『양치기의 달력』(*The Shepheardes Calender*, 1579)을 시드니에게 헌정하였으며, 아일랜드에서 여생의 대부분을 보내면서 『요정 여왕』(*The Faerie Queene*, 1590)을 집필하였다. 그는 아일랜드의 아가씨 엘리자베스 보일(Elizabeth Boyle)과 사랑에 빠져 결혼하였는데 이는 소네트 연작인 『아모레티』(*Amoretti*, 1595)와 『결혼축가』(*Epithalamion*, 1595) 속에 기념되어 있다. 만년에 영국의 아일랜드 통치에 흠집을 남긴 빈번한 폭동의 와중에 자신의 집이 약탈당하고 불타서 가족과 함께 런던으로 피신하였으며 거기서 1599년에 사망하여 웨스트민스터 성당의 시인묘지(Poet's Corner)에 묻혔다.

『양치기의 달력』은 스펜서의 처녀작으로 한 달에 하나씩 해서 모두 12개로 된 목가적 대화시(pastoral eclogue)로 구성되어 있다. 각 대화시의 첫 머리에는 시의 등장인물이나 주제를 나타내는 목판삽화가 실려 있고, 그 페이지 상단의 구름 속에는 해당되는 달의 12궁 그림이 그려져 있다. 대화시란 베르길리우스(Virgil) 등이 즐겨 사용했던 고전적 형식인데 대개는 목동들 사이의 대화를 통하여 소박한 삶의 분위기와 감정, 그리고 태도 등을 표현한다. 그러나 흔히 목가적 대화시는 이상적인 세계를 그려 보임으로써 현실적인 세계를 비판한다. 그래서 다른 르네상스 시인들과 마찬가지로 스펜서의 경우에도 대화시가 때때로 교훈적이 되든지 풍자적이 된다. 대화시는 소박한 목동들을 그리는 척하면서도 실제로는 당대의 사건에 대해서 비평을 가하는 것이다.

스펜서는 자신의 야심작이자 르네상스 영시를 통틀어 가장 길면서도 위대한 서사시적 로망스(epic romance) 『요정 여왕』에 20여년의 세월을 바쳤다. 모두 12권으로 계획되었지만 6권밖에 완성하지 못했다. 첫 세권은 1590년에 출판되었고, 나머지는 1596년에 나왔다. 스펜서가 롤리(Ralegh)에게 보낸 서론적 성격의 편지에서 설명한 바와 같이, 『요정 여왕』은 이상적인 기사(an ideal knight)의 인품을 나타내 보여 주는 것이며, 각 권마다 거룩(Holiness), 절제(Temperance), 순결(Chastity), 우정(Friendship), 정의(Justice), 예의(Courtesy) 등 완벽한 기사도 정신의 12가지 자질 중 하나씩 다뤄지도록 구상되었다. 영국 르네상스 시문학을 대표하는 『요정 여왕』에는 이탈리아와 프랑스 등지에서 자국어로 행해지던 여러 가지 문학적 실험들과 인문주의 운동을 통해 발굴된 고전 그리스와 로마 문학의 요소, 그리고 종교적으로는 개혁적인 청교도 이상주의와 르네상스 시대에 새롭게 조명된 신플라톤주의, 중세로부터 이어받은 전통 등이 한데 녹아있다.

소네트 연작인 『아모레티』는 '작은 사랑의 노래'(little love poems)라는 뜻으로 이탈리아어의 'amoretto'에서 유래하였다. 『아모레티』는 사랑의 소망과 절망, 그리고 성취의 기쁨을 노래한 89편의 소네트로 구성되어 있으며, 『결혼축가』와 함께 시인의 두 번째 부인인 엘리자베스 보일에 대한 사랑과 구애를 노래한 작품이라고 알려져 있다. 여기서 스펜서는 당대에 유행하던 소네트라는 정형시의 형식을 나름대로 개조하여 자신이 표현하고자 하는 내용을 정교하고도 분명하게 그려내고 있는데, 그 기법의 탁월함이 오늘날 현대시와 자유시에 익숙해져 있는 우리에게 새롭고 신선하게 다가온다. 스펜서가 자신의 소네트에서 사용한 각운 형식은 abab bcbc cdcd ee로 영국식 소네트에 변형을 가한 것인데, 세 개의 4행 연구가 서로 연속되는 각운을 사용해서 음악적 효과를 높이는 특징이 있다.

16, 17세기에 스펜서는 격조 높고 고풍스러우며 아름다운 시어와 세련된 취향의 회화적인 묘사와 더불어 진지한 도덕적 사상 등으로 인해 시인들의 스승이면서 권위 있는 사상가로 인정받았다. 18세기에 이르기까지 밀턴이나 셰익스피어와 함께 스펜서풍의 시어와 스타일, 여러 형식의 알레고리 등은 문인들에게 많은 찬사와 모방의 대상이었다. 19세기에 이르러 스펜서의 영향은 워즈워스와 셸리(Shelley), 키츠(Keats), 바이런(Byron), 테니슨(Tennyson) 등에게서, 그리고 20세기에는 예이츠(Yeats)에게서도 강하게 드러난다. 문인이라는 직업조차 존재하지 않았고 글을 쓴다는 행위가 취미 이상의 의미를 지니기 어려웠던 근대초기 영국의 상황에서 스펜서는 한 시대를 살아가는 시인으로서 자신에게 주어진 문학적 소명을 철저하게 자각하고, 창조적인 실험정신으로 시인의 사회적 책임과 문학의 효능에 대한 강한 신념을 예술작품으로 구현하고자 했다.

5

스펜서의 소네트에서는 주요 메타포가 시가 시작되면서 바로 제시되는 경우가 많은데 「소네트 34번」에서도 화자는 자신의 처지를 마치 항로를 잃고 표류하는 배에 비유하고 있다.

넓은 바다를 별의 안내를 받아
항해하다가 폭풍이 믿을만한 안내자를
흐리게 하여 항로를 벗어나
멀리 표류하는 배와 같이,

찬란한 빛으로 날 인도하던
별이 구름에 가려
나 역시 어둠과 불안 속을 헤매네
주위에 깔린 숨겨진 숱한 위험 속을.
그러나 나는 믿네, 이 폭풍이 지나가고 나면
내 삶의 길잡이인 북극성이
다시 빛을 발하고 날 굽어보며
아름다운 빛으로 어두운 내 슬픔 밝혀 주리라.
그때까지 난 떠돌리라, 근심에 싸여 쓸쓸히
남모르는 슬픔과 상념에 잠겨.

Lyke as a ship that through the ocean wyde,
By conduct of some star doth make her way,
Whenas a storme hath dimd her trusty guyde,
Out of her course doth wander far astray.
So I whose star, that wont with her bright ray,
Me to direct, with cloudes is overcast,
Doe wander now in darknesse and dismay,
Through hidden perils round about me plast.
Yet hope I well, that when this storme is past
My Helice the lodestar of my lyfe
Will shine again, and looke on me at last,
With lovely light to cleare my cloudy grief.
Till then I wander carefull comfortlesse,
In secret sorrow and pensivenesse.

시의 서두에서 제시된 배와 별에 대한 비유는 두 번째 4행 연구에서도 등장하고 있다. 그러나 자신이 처한 어려움은 단순히 "폭풍"이라는 비유에 머물지 않고 "어둠과 불안"이나 "주위에 깔린 숨겨진 숱한 위험"이라고 보다 구체적으로 제시된다. 이 폭풍과 별의 비유는 세 번째 4행 연구에서도 다시 나오면서 폭풍이 지나가고 나면 북극성과 같은 그녀가 "아름다운 빛으로 어두운 내 슬픔 밝혀 주리라"는 희망을 피력한다. 마지막 2행 연구에서는 그때까지는 "슬픔과 상념에 잠겨" 쓸쓸히 방황하리라며 마무리하고 있다.

다음의 67번 소네트는 사냥의 비유를 통해 두 번째 부인 엘리자베스 보일에 대한 사랑을 노래하고 있는데, 여기서도 사냥꾼에 대한 비유가 첫 행에 바로 등장하고 있다.

> 사냥감이 달아나는 것을 보고
> 그 놈에게 속아 숨을 헐떡이는 사냥개와 함께
> 힘든 추격 후 그늘진 곳에 앉아
> 쉬는 사냥꾼처럼,
> 오랫동안 부질없이 뒤쫓다가
> 기진맥진하여 추격을 그만두었을 때,
> 가까운 시냇가에서 갈증을 축일 양으로
> 순한 사슴이 갔던 길로 되돌아 왔네.
> 거기서 부드러운 눈빛으로 날 쳐다보며
> 달아날 생각 않고 겁 없이 머물러 있었네.
> 난 약간 떨고 있는 사슴을 붙잡아
> 그녀의 호의로 그녀를 단단히 묶었네.
> 이상도하지, 그토록 난폭하던 짐승이
> 자신의 의지에 속아 넘어가 그리도 쉽게 잡히다니.

> Lyke as a huntsman after weary chace,
> Seeing the game from him escapt away,
> Sits downe to rest him in some shady place,
> With panting hounds beguiléd of their pray:

So after long pursuit and vaine assay,
When I all weary had the chace forsooke,
The gentle deare returnd the selfe-same way,
Thinking to quench her thirst at the next brooke.
There she beholding me with mylder looke,
Sought not to fly, but fearelesse still did bide:
Till I in hand her yet halfe trembling tooke,
And with her owne goodwill hir fyrmely tyde.
Strange thing me seemed to see a beast so wyld,
So goodly wonne with her owne will beguyld.

중세와 르네상스 시대 시인들이 흔히 그랬듯이 시의 화자는 시의 앞부분에서 자신을 사냥꾼에, 그리고 애인을 사슴에 비유하고 있다. 냉담한 여인이 그의 구애를 받아주지 않아서 낙담하고 있는 모습이 묘사되어 있다. 두 번째 4행 연구에서는 지쳐서 구애를 포기해버린 그에게 지금까지 냉담하게 대하며 자신을 피해 다니던 여인이 제 발로 돌아온 모습을 보여준다. 세 번째 4행 연구에서 사랑을 갈구하면서도 몹시 수줍어하는 이 여인을, 그리고 마지막 2행 연구는 사슴을 잡는 데 성공한 화자의 기쁨과 의아함을 표현하고 있다.

6

연인들이라면 한 번쯤은 바닷가 모래사장에 사랑하는 사람의 이름을 써보고 얼굴도 그려보고 했던 적이 있을 것이며, 이러한 장면은 드라마나 노랫말에서도 자주 등장하고 있다. 75번 소네트에는 바로 이러한 아름다운 장면을 통해 자신의 사랑을 받아들여 달라는 소망과 그 사랑이 영원히 변치 않기를 바라는 마음을 담고 있다.

어느 날 모래사장에 그녀의 이름을 썼더니
파도가 밀려와 지워 버렸네.
또 다시 그녀의 이름을 써 봤지만
파도는 밀려와 내 수고를 삼켜버렸네.
그녀의 말, "부질없는 사람, 덧없이 죽을 나를
불멸케 하려고 헛되이 애쓰다니요.
나도 이 파도처럼 사라지고
내 이름 역시 마찬가지로 씻겨나가고 말텐데요."
내가 대답하길 "그렇지 않아요. 하찮은 자들이야 흙으로 돌아가
죽을지라도 그대 이름은 영원히 살아남으리.
내 시가 그대의 고귀한 미덕을 영원하게 하고
하늘에 당신의 빛나는 이름을 적을 테니까.
죽음이 온 세상을 정복한다 해도
우리 사랑은 살아서 삶이 다시 새로워질 것이요."

One day I wrote her name upon the strand,
But came the waves and washèd it away:
Agayne I wrote it with as second hand,
But came the tyde, and made my paynes his pray.
"Vayne man," sayd she, "that doest in vaine assay,
A mortall thing so to immortalize,
For I my selve shall lyke to this decay,
And eek my name bee wypèd out lykewize."
"Not so," quod I, "let baser things devize,
To dy in dust, but you shall live by fame:
My verse your vertues rare shall eternize,

And in the heavens wryte your glorious name.
Where whenas death shall all the world subdew,
Our love shall live, and later life renew."

시간의 무자비한 파괴를 뛰어넘는 사랑과 이를 가능하게 해주는 위대한 시라는 주제는 셰익스피어가 가장 즐겨 다루던 주제이기도 한데, 스펜서는 이를 풍성하게 울리는 소리의 효과를 이용하여 잘 표현하고 있다. 시 전체를 통해서 "day"와 "name", "away", "Agyne", "tyde", "pray", "Vayne", "assay" 등에서 반복되고 있는 /ei/나 /ai/ 같은 음이 두드러지게 공명하고 있다. 이들은 마치 'aye' 같이 들리면서 함께 어우러져서 'forever'와 'Alas!' 혹은 'yes'와 같은 의미를 전달하고 있다. 다시 말해서 시에 등장하는 연인들은 시와 함께 사랑의 생명이 영원하리라는 것(forever)과 죽을 인간의 운명을 불멸케 하려는 노력 자체가 부질없다는 사실(Alas)과 함께, 자신들의 사랑과 사랑하는 사람이 틀림없이 영원할 것이라는 다짐에 대한 긍정(yes)을 동시에 전하는 음향효과를 자아내고 있다. /ei/라는 음은 각운에서 조차 나타나기 때문에 그 효과가 더욱 크다고 할 수 있다. 왜냐하면 각운을 밟는 "away"와 "prey", "assay", "decay" 등은 모두 인생무상과 관계있는 말들이기 때문이다. 이는 마지막 2행 연구의 "subduw"와 "renew"와 더불어 모음으로 끝난 운이라는 점에서 공허감과 무상함을 느끼게 하면서, 동시에 모음운은 소리의 특징이 막힌데 없이 퍼져나간다는 점에서 영원한 지속을 느끼게 하는 이중효과를 갖는다. 죽음을 뛰어넘는 명성과 영광은 없다는 가슴 아픈 진리와 함께 예술은 영원할 수 있다는 희망적인 진리를 동시에 표현하기 위해 시인은 죽음을 상징하는 바다를 마주한 연인들의 대화 장면을 아주 극적으로 이용하고 있다고 하겠다. 죽음과 명성의 관계를 설명하기 위하여 시인은 죽음의 상징인 바다 이미지와 명성의 표상인 이름 글자의 이미지를 합쳐서, 바닷물(죽음)이 밀려오는 모래 위에 쓴 이름(명성)이라는 새 이미지를 끌어내고 있는 것이다.

제4장 사랑에 빠진 목동의 초대와 아가씨의 대답

- 말로와 롤리 -

1

크리스토퍼 말로(Christopher Marlowe, 1564-93)는 셰익스피어보다 두 달 먼저 켄터베리의 구두장이의 아들로 태어났다. 케임브리지의 코퍼스 크리스티 칼리지(Corpus Christi College)를 졸업하고 런던에 머무르면서 희곡을 쓰기 시작했으며, 몇 차례 관직에 근무한 것으로 추정된다. 때로는 다혈질적인 성격과 격렬하고도 불명예스러운 행동 때문에 당국과 마찰을 빚기도 했다. 그는 한 술집에서 일어난 술값 시비로 살해되었다.

6년도 채 안되는 극작 경력이지만 그의 작품들은 다양하고 훌륭하다. 그가 케임브리지를 떠나기 전에 쓴 듯한『탬벌레인 대왕』(*Tamburlaine the Great*)은 극작품 중 최초의 작품으로 1587년 말엽에 상연되었다. 넘치는 에너지와 야망을 지닌 한 인물이 절대적 권력을 끊임없이 추구하려는 충동을 그린 이 극에 사용된 말로의 힘찬 시행(Marlowe's mighty line)이라고 하는 무운시 형식으로 인해 무운시는 엘리자베스 후기와 제임스 1세 시대 극작의 중요한 운율 형식으로 자리를 굳히게 되었다. 이 극이 엄청난 성공을 거두면서 말로는 그 후 몇 년 동안 극작에 몰두했다. 그의 작품 가운데 가장 유명한 극은『파우스터스 박사의 비극』(*The Tragedy of Dr. Faustus*)이다. 이 작품은 지식과 힘을 얻기 위해 악마에게 영혼을 팔아 의사에서 마법사로 변한 파우스터스 박사의 이야기를 다루고 있다. 『몰타의 유대인』(*The Jew of Malta*)은 몰타 섬이라는 비열한 사회에서 권력에 굶주린 인물인 유대인 바라바가 인간들에 의해 파멸되는 이야기이다. 말로의 3대 비극인 『탬벌레인 대왕』과 『파우스터스 박사』, 『몰타의 유대인』은 모두 맹렬하게 권력과 지식과 돈의 힘을 추구하는 주인공의 모습을 그리고 있다. 각 주인공은 인간 능력의 한계를 뛰어넘으려고 애쓰다가 파멸에 이르고 있다. 말로는 젊은 나이로 죽임을 당하기까지 많은 작품들을 썼다. 그 양이 방대할 뿐만 아니라 주제나 표현 방식도 폭이 넓었으며, 뛰어난 무운시를 구사하여 영국 연극계를 사로잡아 셰익스피어가 등장할 때까지 문단에서 탁월한 위치에 있었다.

2

지금은 말로가 극작가로 알려져 있지만 그를 대중적으로 유명하게 만든 작품은 「사랑에 빠진 목동이 그의 애인에게」("The Passionate Shepherd to His Love")이다. 이 시는 엘리자베스 시대에 가장 유명한 노래 가운데 하나로서 셰익스피어의 극에 시의 일부분이 인용되기도 한다. 롤리(Sir Walter Raleigh)가 이 시의 구절들을 모방하고 희화화시켜 「목동에 대한 아가씨의 대답」("The Nymph's Reply to the Shepherd")이라는 답시(response poem)를 써서 이 시는 더욱 유명해졌으며, 그 이후 오늘날까지도 수많은 시인들이 이에 대한 흥미로운 답시를 남기고 있다. 그러면 약강 4보격(iambic tetrameter)에 2행 연구씩 압운을 밟고 있는 6개의 4행시(quatrains)로 구성되어 있는 이 사랑의 시를 감상해보자.

어서 와 내 애인이 되어 나와 함께 살며
온갖 즐거움 같이 맛보자.
골짜기와 삼림과 언덕과 들
숲과 가파른 여러 산들이 베푸는.

바위에 함께 앉아
얕은 개울가에서 양떼를 치는
목동들을 보리라. 여울물 소리에 맞춰
새들은 아름답게 노래를 부르고.

난 그대에게 장미꽃 침대와
천 개의 향기로운 꽃다발과
꽃모자와 은매화 꽃잎으로 수놓인
스커트를 만들어 주리라.

가운은 예쁜 어린양에게서 뽑은
부드러운 털로 만들고
발이 시릴세라 털로 안을 댄 덧신은
순금 버클로 장식하고,

밀짚과 담쟁이 봉오리로 엮은 허리띠는
산호 고리와 호박 단추로 꾸미리.
이런 즐거움이 그대 마음에 든다면
어서 와 내 애인이 되어 나와 함께 살자.

시골 목동들은 춤추고 노래 부르리.
오월의 아침마다 그대를 기쁘게 하려고.
만약 이런 즐거움들이 그대 마음에 든다면
어서 와 내 애인이 되어 나와 함께 살자.

Come live with me and be my love,

And we will all the pleasures prove
That valleys, groves, hills, and fields,
Woods, or steepy mountain yields.

And we will sit upon the rocks,
Seeing the shepherds feed their flocks,
By shallow rivers to whose falls
Melodious birds sing madrigals.

And I will make thee beds of roses
And a thousand fragrant posies,
A cap of flowers, and a kirtle
Embroidered all with leaves of myrtle;

A gown made of the finest wool
Which from our pretty lambs we pull;
Fair lined slippers for the cold,
With buckles of the purest gold;

A belt of straw and ivy buds,
With coral clasps and amber studs:
And if these pleasures may thee move,
Come live with me, and be my love.

The shepherds' swains shall dance and sing
For thy delight each May morning:
If these delights thy mind may move,
Then live with me and be my love.

목동이 사랑하는 애인에게 평화로운 봄날 자연의 모든 즐거움으로 초대하고 있는 이 시에서 시인은 간결하고 음악적인 언어와 기발한 이미지를 통해 순수한 사랑의 목가적 서정시(pastoral lyric)를 창조해내고 있다. 목가 혹은 전원시는 전통적으로 이상화된 자연을 배경으로 하여 목동들과 전원에 사는 다른 사람들의 평화롭고 단순한 삶에 대한 도시 시인의 향수를 정교한 관례를 따라 노래하는 시다. 이 시에서도 이러한 목가의 관례에 따라 목동들의 힘든 노동과 추운 겨울에 대한 언급이 전혀 없으며, 단지 영원한 봄과 즐거운 놀이와 같은 삶에 대해서만 노래하고 있다. 목동은 풍요로운 자연에서 사랑하는 이를 위해 양털로 짠 잠옷과 침대, 꽃모자, 나뭇잎으로 수놓은 드레스 등을 만들어 주겠다고 약속하며, 다른 젊은 목동들도 이들을 즐겁게 하기 위해 춤추고 노래한다. 이 시는 전원적인 목가시의 기쁨을 언급하면서 초대를 반복하며 끝맺고 있다.

이 시에 등장하는 이미지는 모두 봄날의 자연과 음악에서 끌어 온 것들로서 영원히 끝나지 않을 봄에 대한 환상을 창조하고 있다. 시는 모든 감각에 호소하고 있을 정도로 매우 감각적이다. 예를 들어 두 번째 연에서 이들 연인이 함께 바위에 앉아서 "얕은 개울가에서 양떼를 치는 / 목동들을 보리라. 여울물 소리에 맞춰 / 새들은 아름답게 노래를 부르고"(Seeing the shepherds feed their flocks, / By shallow rivers to whose falls / Melodious birds sing madrigals) 라고 노래하는 장면에서 이는 두드러진다. "얕은 개울"이나 아름다운 노래를 부르는 "새들"은 순수하고 아름다운 자연을 대표하는 이미지들이다. 그리고 시에서 반복되어 사용되는 'f'나 'm'과 같은 두운과 리듬과 각운은 노랫말과 같은 서정시를 만들어 내고 있다. 특히 반복되는 치찰음 's'와 순음 'l', 그리고 'm'과 같은 소리는 물 흐르듯 하는 음악성과 함께 부드럽고 온화한 어조를 형성한다. 이처럼 짧고 규칙적인 시행과 반복되는 간단한 압운과 두운은 마치 이 시의 감미로운 호소를 하나의 노래처럼 들리게 한다. 실제로 이 시는 여러 작곡가들에 의해 음악으로 작곡되기도 하였다.

3

직접적이고 일상적인 회화체를 사용하여 젊음과 순수와 사랑을 노래한 이 시의 내용에 대해 젊은 여성이 대답하는 형식의 답가가 후대의 많은 시인들에 의해 씌어졌다. 그 가운데 대표적인 시가 롤리(1552-1618)가 쓴 「목동에 대한 아가씨의 대답」이다. 다재다능하였던 롤리는 군인이며 궁정인이고, 시인, 철학자, 탐험가, 식민지 개척자, 과학자, 그리고 역사가의 다양한 경력을 지닌 대표적인 르네상스 인이었다. 그는 1582년경에 영향력 있는 총신으로 발판을 굳히고 수익성 높은 독점 사업과 부동산 및 영향력 있는 직책을 손에 넣기 시작했으며, 아일랜드에서 활약한 대가로 뮌스터의 방대한 영지를 받기도 했다. 1583년에는 여왕의 후원으로 주류 생산과 모직물 수출에 대한 독점권을 차례로 따냈다. 그는 기사작위를 받은 지 2년 후인 1587년에 여왕의 근위대 대령이 되었다. 그는 1588년 초에 결혼했으나 여왕의 질투를 우려해 이 결혼은 비밀리에 이루어졌다. 그러나 1592년에 아들이 태어나면서 결혼 사실이 들통 나는 바람에 그는 아내와 함께 런던탑에 갇히는 신세가 되었다. 후에 풀려나긴 했으나 궁정에서의 지위를 회복하지는 못했다. 그는 신대륙에 식민지 건설을 추진하여 버지니아(Virginia)를 창설하였으나 정작 자신은 이 땅을 밟아보지 못했으며, 유럽에 담배를 도입한 것으로도 유명하다. 롤리는 1603년 왕을 폐위하려는 음모를 꾸몄다는 이유로 고발당해 1618년 제임스 1세에 의해 처형당할 때까지 런던탑에 수감되었다. 롤리의 작품은 1618년 이후에 수집·출판되었으며 그 가운데 대표작은 여왕에게 바친 장시 『신시아』(*Cynthia*)이지만 이 시는 현재 단편적으로 일부분만 남아있다.

4

이 롤리의 시는 말로의 시에서 목동이 제시한 사랑의 초대를 젊은 아가씨가 거절하는 내용의 서정시로서, 말로의 시에 대한 답가 가운데 가장 유명한 시이다. 처음에는 말로의 리듬과 각운뿐만 아니라 초대하는 시의 내용을 농담 섞인 조롱조로 모방하다가 현실적인 비판으로 돌아서고 있음을 볼 수 있다.

만약 세상과 사랑이 변함없이 젊고
목동의 말이 진실이라면,
이 즐거움에 내 마음이 이끌리어
함께 살며 그대의 애인이 되련만.

강물이 사나워지고 바위가 싸늘해지면
세월은 들에서 우리로 양떼를 몰아가고
나이팅게일도 노래를 잃고
남은 새들도 다가올 시름을 한탄하네.

꽃은 시들고, 무성한 들판은
변덕스러운 겨울의 심판에 굴복하네.
달콤한 말은 환상의 봄,
쓰라린 가슴은 슬픔의 가을.

그대의 가운과 신발, 장미꽃 침대,
모자와 스커트, 그리고 꽃다발은
곧 부서지고 시들고 잊혀지리니,
어리석을 땐 무르익으나, 정신 차리면 썩어버리네.

그대의 밀짚과 담쟁이 봉오리로 엮은 허리띠,
그대의 산호 고리와 호박 단추,
이 모든 것도 내 마음 끌지 못해
그대에게 가 그대 애인 될 수 없다오.

그러나 젊음이 오래가고 사랑도 언제까지나 자란다면,
기쁨이 끝이 없고 늙어도 아쉬움이 없다면,
그땐 이들 즐거움에 내 마음 동하여
함께 살며 그대 애인이 되련만.

If all the world and love were young,
And the truth in every shepherd's tongue,
These pretty pleasures might me move
To live with thee and be thy love.

Time drives the flocks from field to fold
When rivers rage and rocks grow cold,
And Philomel becometh dumb;
The rest complains of cares to come.

The flowers do fade, and wanton fields
To wayward winter reckoning yields;
A honey tongue, a heart of gall,
Is fancy's spring, but sorrow's fall.

Thy gowns, thy shoes, thy beds of roses,

Thy cap, thy kirtle and thy posies
Soon break, soon wither, soon forgotten—
In folly ripe, in reason rotten.

Thy belt of straw and ivy buds,
Thy coral clasps and amber studs,
All these in me no means can move
To come to thee and be thy love.

But could youth last and love still breed,
Had joys no date nor age no need,
Then these delights my mind might move
To live with thee and be thy love.

목동의 초대에 대해 대답하고 있는 아가씨는 먼저 "만약 세상과 사랑이 변함없이 젊고/목동의 말이 진실이라면" 목동의 초대에 응하여 그의 애인이 되어주겠다고 대꾸한다. 그러나 바로 이어서 2연에서 이들의 이상화된 환경과 사랑을 가로막는 시간이라는 현실적인 어려움에 대해 언급한다. 세월의 흐름이 동반하는 엄청난 변화와 시간의 파괴적인 힘은 "flocks"와 "from", "field", "fold"에서 반복되는 격한 파열음 'f'와 "rivers"와 "rage", "rocks", "grow" 등에 거듭 등장하는 'r'음에 의해 효과적으로 형상화되고 있다. 추운 겨울을 맞이하는 새들의 시름도 "complains"와 "cares", "come"에 반복되는 두운을 통해 강조되어 있다. 시 전체를 통해 롤리는 유난히 두운을 많이 구사하고 있는데, 이는 말로의 시 구절을 모방하면서 그에 반박하는 효과를 거두기 위한 의도로 파악된다.

목동의 초대에 대한 아가씨의 공격에 가까운 반박은 4연에 이르러 정점에 달한다. 아가씨는 목동이 약속한 행복의 근원이 될 선물들에 대해 조목조목 "thy"라는 말을 붙여가며 따지고, 이 모든 것들이 "곧" 부서지고 "곧" 시들고 "곧" 잊혀질 것들임을 환기시킨다. 그러면서 "어리석을 땐 무르익으나, 정신 차리면 썩어버리네"라며 목동이 제시한 환상에 기초한 행복의 허구를 신랄하게 논박하고 있다. 그러면서 "이 모든 것도 내 마음 끌지 못해/그대에게 가 그대 애인 될 수 없다오"(All these in me no means can move/To come to thee and be thy love)라고 결론을 내린다. 영원히 지속될 것 같아 보이는 봄과 청춘과 사랑이 결국 시간이 흘러감에 따라 기쁨도 끝이 나고 늙어가는 엄연한 현실 앞에 목동의 너무나 이상적인 제안은 현실성이 없는 것으로 비판을 받고 있는 것이다.

5

그러면 여기서 말로의 시에 대한 응답시 가운데 유명하고도 흥미로운 시 두 편을 잠시 감상하고 마무리하려고 한다. 먼저 17세기를 대표하는 시인 존 던(John Donne, 1572-1631)의 「미끼」("The Bait")라는 시를 읽어보자.

> 어서 와 내 애인이 되어 나와 함께 살며
> 새로운 즐거움 같이 맛보자.
> 명주 낚싯줄로 은 낚시하며
> 황금 모래밭 수정 시냇가에서.
>
> 해님보다 더한 그대 눈에 따뜻해진
> 시냇물은 속삭이며 흘러가고,
> 사랑에 빠진 물고기들이 머물며

낚아 달라고 애원하네.

그대가 옷 벗고 헤엄치면
사방에서 물고기 떼를 지어 몰려와서
사랑스레 그대에게로 헤엄쳐가네
잡히는 것보다 그댈 잡는 것이 더욱 기뻐서.

만일 그대가 해나 달에게
눈에 띄는 것 싫으면 그들을 어둡게 해버리고,
내가 그대의 벗은 몸을 바라봐도 좋다면
내겐 그대 있으니 해와 달이 필요 없어요.

다른 이들은 낚싯대를 잡고 얼어버리게 하고
조개껍질과 해초에 다리를 베게 하라.
아니면 그물을 치고 통발을 놓아서
불쌍한 물고기를 속여 잡아도 좋소.

거친 손으로 강둑의 진흙에 숨어 있는
고기들을 잡아내거나
또 묘한 속임수를 써서 명주실로 만든 가짜 미끼로
불쌍한 물고기의 헤매는 눈을 속여도 좋소.

그대에겐 그런 속임수가 필요 없소,
그대 자신이 바로 그대의 미끼니까요.
그런 미끼로도 잡히지 않는 물고기라면
아, 그야 나보다 훨씬 현명한 놈이지.

Come live with me, and be my love,
And we will some new pleasures prove
Of golden sands, and crystal brooks,
With silken lines, and silver hooks.

There will the river whispering run
Warmed by thy eyes, more than the sun.
And there the'enamoured fish will stay,
Begging themselves they may betray.

When thou wilt swim in that live bath,
Each fish, which every channel hath,
Will amorously to thee swim,
Gladder to catch thee, than thou him.

If thou, to be so seen, be'st loth,
By sun, or moon, thou darkenest both,
And if myself have leave to see,
I need not their light, having thee.

Let others freeze with angling reeds,
And cut their legs, with shells and weeds,
Or treacherously poor fish beset,
With strangling snare, or windowy net:

Let coarse bold hands, from slimy nest
The bedded fish in banks out-wrest,
Or curious traitors, sleavesilk flies
Bewitch poor fishes' wandering eyes.

For thee, thou need'st no such deceit,
For thou thyself art thine own bait,
That fish, that is not catched thereby,
Alas, is wiser far than I.

이 시의 첫 행은 말로의 「사랑에 빠진 목동이 그의 애인에게」의 첫 행을 그대로 사용하고 있다. 남녀 관계를 낚시에 비유하여 고기를 낚는 데 여자의 아름다움 그 자체가 미끼이므로 낚싯대나 다른 속임수도 필요 없다는 내용을 다루고 있으며, a a b b의 각운을 취하고 있다. 사랑을 하는데 있어서 여성은 자신을 미끼로 이용한다는 현실을 이야기하면서, 그런 미끼의 유혹을 피해 가는 물고기가 미끼인 여성에게 매혹되어 사랑에 빠져버린 시의 화자보다 훨씬 현명하다고 말함으로써 여성에게 약한 남성의 속성을 표현하고 있다. 여성의 눈에 의해 따뜻해진 시냇물에 몰려드는 물고기는 뭇 남성들을 의미하고, 여성은 낚시이며 미끼가 된다. 주목할 사실은 말로의 시를 패러디 한 이 던의 시에서 우리는 이상화된 전원생활에 대한 묘사는 찾아볼 수 없다는 것이다. 여성이 지닌 육체적 매력 앞에 남성들이 맥을 못추는 현실을 풍자한 이 시는 정신적 사랑을 노래한 페트라르크카풍의 시적 전통에 대한 조롱이라고 할 수 있다(이상엽 65).

말로보다 300여년 뒤 경제 공황으로 경제적인 황폐함을 경험하던 1935년에 영국의 루이스(C. Day Lewis) 또한 「어서 와 내 애인이 되어 나와 함께 살며」("Come, live with me and be my love")라는 시에서 다음과 같이 현대적인 반응을 노래하고 있다.

근심은 그대 아가씨의 이마에
주름진 화환을 만들 것이고, 그대 발엔
고통으로 신 신겨지고. 비단 옷이 아니라
고생이 그대 사랑스러움을 지치게 할 것이다.

Care on thy maiden brow shall put
A wreath of wrinkles, and thy foot
Be shod with pain: not silken dress
But toil shall tire thy loveliness.

IVDICIO PYLIVM, GENIO SOCRATEM, ARTE MARONEM,
TERRA TEGIT, POPVLVS MÆRET, OLYMPVS HABET
STAY PASSENGER, WHY GOEST THOV BY SO FAST,
READ IF THOV CANST, WHOM ENVIOVS DEATH HATH PLAST
WITH IN THIS MONVMENT SHAKSPEARE: WITH WHOME,
QVICK NATVRE DIDE WHOSE NAME, DOTH DECK Y^E TOMBE,
FAR MORE, THEN COST: SIEH ALL, Y^T HE HATH WRITT,
LEAVES LIVING ART, BVT PAGE, TO SERVE HIS WITT.

제5장 성과 사랑, 시간과 죽음에 대하여

- 셰익스피어의 소네트 -

1

윌리엄 셰익스피어(William Shakespeare, 1564-1616)는 대부분의 극을 시로 쓰기는 했지만, 극이 아닌 시들로서는 『비너스와 아도니스』(*Venus and Adonis*, 1593)와 『루크리스의 겁탈』(*The Rape of Lucrece*, 1594) 등 두 편의 장시와 『소네트 시집』(*Sonnets*, 1609)을 남기고 있다. 이 가운데 가장 문학적 가치가 높은 것은 154편의 소네트라고 할 수 있다. 셰익스피어의 소네트들은 그의 나이 30대 초반이었던 1595년과 1600년 사이에 씌어진 것으로 추정된다. 이 소네트 시집에는 시가 시작되기 전에 "To the Only Begetter of These Ensuing Sonnets Mr. W.H. All Happiness and That Eternity Promised By Our Ever-Living Poet Wisheth the Well-Wishing Adventurer in Setting Forth T.T."라는 헌정사가 붙어 있다. 원래 이 헌정사는 모든 단어가 대문자로 되어 있고, 각 단어 다음에 마침표가 찍혀 있으며, 동사 "Wisheth"가 문장 맨 끝에 놓인 구조를 하고 있는데 이 동사의 주어는 T.T.라고 할 수 있다. 이 헌정사는 흥미롭게도 마치 성배(Holy Grail)를 연상시키는 모양으로 다음과 같이 인쇄되어 있다.

TO. THE. ONLIE. BEGETTER. OF.
THESE. INSVING. SONNETS.
MR. W. H., ALL. HAPPINESS.

AND. THAT. ETERNITY.
PROMISED.
BY.
OUR. EVER. LIVING. POET.
WISHETH.
THE. WELL. WISHING.
ADVENTURER. IN.
SETTING.
FORTH.
T.T.

이를 번역하면 "다음에 실려 있는 소네트들의 유일한 획득자인 W.H.씨에게 영원한 시인에 의해 약속된 모든 행복과 불멸이 있기를 호의를 가진 모험적인 출판자는 바란다. T.T." 정도의 의미가 될 것이다. 그런데 이 헌정사는 시인 자신에 의해 씌어지지 않고 1609년의 4절판(quarto)의 편자로 알려져 있는 T.T.(Thomas Thorpe)가 쓴 것으로 되어 있다. 출판업자인 소프는 자신을 모험자라고 일컬음으로써, 이 소네트 시집을 출판하는 일이 사업가로서 일대 모험을 감행하는 일임을 말해주고 있다.

그렇다면 이 헌정사를 왜 시인 자신이 직접 쓰지 않았는지, 또 헌정의 대상인 W.H.가 누구인가 하는 문제는 여러 가지 설이 제시되고 있지만 아직도 풀리지 않는 수수께끼이다. 확실한 것은 셰익스피어가 자신의 소네트 시집을 사우스앰프튼 백작(Earl of Southampton)에게 헌정하지 않았다는 사실이다. 이 책이 출판될 당시는 역병이 돌던 시기이기도 하기 때문에 셰익스피어가 런던에 있지 않아서 출판업자가 대신 헌정사에 사인을 했을 가능성이 크다. 그런데 이 헌정사에 나오는 “the Only Begetter”를 어떻게 해석하느냐에 따라 시 해석과 권위가 크게 달라지게 된다. 이에 대한 대표적인 해석으로는 먼저 이 시집이 나오도록 영감을 준 후견인이나 이를 가능하게 한 사람(sole originator)이라는 견해와, 이 시집의 출판인에게 원고를 가져다 준 사람(sole procurer of the manuscript)이라는 견해가 있다(Burrow 380). 만약 전자의 해석을 따른다면 이 시집은 후원자의 도움을 받아 세상에 나오게 되었으며, W.H.씨는 소네트 1번에서 126번에 등장하는 젊은 친구와 동일 인물일 가능성이 많으며, 이 시집은 시인이 자신의 후원자에게 바치는 내용이므로 아첨하는 어조와 성격을 띠고 있다고 볼 수도 있다. 그러나 이 경우에도 의문은 남는다. 즉 만약 셰익스피어가 이 시집을 자신의 후견인에게 바치려고 했다면 왜 구태여 그의 이름을 분명하게 밝히지 않고 온갖 추측이 난무하도록 약자로 처리하게 했겠는가 하는 것이다. 그리고 만약 후자의 해석을 따른다면 이 시집의 원고는 시인이 아닌 다른 누군가에 의해 출판업자인 소프에게 전해졌으며, 그렇다면 이 텍스트의 권위는 진위가 문제시될 정도로 상당히 떨어질 우려가 있다. 이 경우 W.H.씨는 소네트가 다루는 내용과는 아무런 관계도 없게 된다. 셰익스피어의 소네트 시집의 헌사가 매우 애매하다는 사실은 시인이 이 시집에 표현된 내용을 지나치게 자신의 전기적인 사실과 동일시하는 것을 원치 않았다는 것을 반증한다고 볼 수 있다.

2

연작 소네트인 『소네트 시집』의 줄거리는 대체로 단순하며, 여기에 등장하는 인물은 시인 자신과 신분이 높고 잘 생긴 젊은 귀족(Young

Man) 친구와 살결이 검은 여인(Dark Lady), 그리고 후원자와 경쟁 시인 등이 있다. 이들 소네트는 내용상 크게 두 부분으로 나누어진다. 먼저 1-126번 소네트는 젊은 귀족을 중심으로 다루고 있으며, 이어지는 127-154번 소네트는 검은 피부의 여인을 주로 다루고 있다.

젊은이를 중심으로 한 이 소네트 연작의 앞부분은 두 가지 주제를 주로 다루고 있다. 즉, 1-17번 소네트에서는 귀족 친구의 젊음과 아름다움을 찬양하면서, 그가 비록 젊고 아름답기는 하나 시간의 파괴성에 의해서 상처받기 쉬우니 결혼해서 자녀를 낳음으로써 그 아름다움을 보존하라고 권하는 내용으로 되어있다. 그러나 18번 소네트부터 화자는 더 이상 젊은이에게 아이를 낳으라고 재촉하지 않는다. 이상적인 젊은이에 초점이 맞춰져 있기는 하지만 덧없는 인생과 시간의 파괴적인 힘이라는 모티브를 발전시켜 나간다. 그리고 이에 대항하는 방법은 오직 사랑과 우정의 힘과 시 밖에 없음을 강조하고 있다. 시 속에서 젊은이의 아름다움을 노래함으로써 그의 미가 영원성을 획득할 수 있다는 것이다. 이처럼 소네트의 전반부(1-126)에서는 주로 시인이 젊은 친구에게 찬사와 충고를 하면서 이 젊은이에 대한 플라톤적인 사랑의 이타적인 감정을 표현하고 있다.

마지막으로 127번에서 154번 소네트의 중심인물은 젊은이가 아니고 검은 피부의 한 여인이다. 이 여성은 얼굴색이 검으며 창녀와 같은 속성을 지니고 있다. 이 여성도 앞서의 젊은 친구와 마찬가지로 순전히 문학적 창조물일 가능성이 있다. 만약 셰익스피어가 실제 인물과 사건을 이야기하고 있다 할지라도, 이 여성이 누구인지를 알려주는 확실한 단서는 없다(Booth 549). 시인은 이 검은 여인이 젊은 귀족과 정사를 벌임으로 인해 심한 갈등에 빠지기도 한다. 지금까지 소네트에 등장하는 인물들을 시인의 전기적인 사실과 관련지으려는 많은 시도가 행해졌지만, 이들 대부분은 추측에 머물고 있으며 이러한 전기적 사실은 시를 이해하는데 반드시 필요한 것도 아니다. 시인은 자신의 친구를 끔찍이 아끼고 사랑하는데, 이 사랑은 우정 이상의 것으로 마치 애인에 대한 사랑을 방불케 한다. 그러나 친구는 시인을 배반하고 검은 여인을 빼앗게 된다. 시인은 몹시 상심하지만 관대한 마음으로 다시 친교를 회복한다.

셰익스피어 소네트의 가장 큰 특징은 전통적 소네트에서 벗어난 파격에 있다. 페트라르카 이후 거의 모든 소네트에 등장하는 인물은 시인과 그가 시를 바치는 이상화된 여인이었다. 그러나 셰익스피어는 소네트에서 아름다운 여인이 아니라 젊은 귀족에 대한 사랑을 이상할 정도로 모호하고 고통스럽게 기록하고 있다. 그리고 시인의 사랑을 받는 또 하나의 대상은 전형적인 미인의 모습과는 판이한 검은 피부의 여인이라는 점이 특이하다.

그러면 먼저 셰익스피어의 소네트 1번에서 17번을 중심으로 읽어보자. 이들 소네트의 중심 주제는 젊은이가 비록 아름답긴 하지만 시간의 흐름에 상처받기 쉽다는 것과, 그의 아름다움은 그의 미모를 닮은 어린아이를 낳거나 그 아름다움을 시인이 시로 노래함으로써 보존할 필요가 있다는 것이다. 「1번 소네트」는 젊은이에게 결혼하여 자손을 낳아 자신의 모습을 영속화시키도록 하고, 가장 "아름다운 사람"(fairest creature) 속에 있는 자신의 보물을 낭비하지 말라고 권하고 있다. 시인이 이처럼 결혼하도록 촉구하는 이유는 소네트 전체에 나타나 있는 시간이라는 파괴자의 무정하고 파괴적인 행위 때문이다. 셰익스피어는 이러한 시간의 파괴성에 대항하는 방법은 자손을 낳거나 영원히 남을 시를 통해서임을 강조하고 있다. 그러면서 「3번 소네트」에서는 부부관계를 밭가는 것에 비유한 성적이고 노골적인 표현을 사용하여 어느 여성이 그와 결혼하고 싶어 하지 않겠느냐고 반문한다.

아직 갈지 않은 자궁을 지닌 어느 아리따운 여성이
그대에게 가래질 받는 것을 천히 여기겠는가?
또 남자로서 누가 자애(自愛)의 무덤에 묻혀
후손의 대를 끊고 싶어 하겠는가?

For where is she so fair whose unear'd womb
Disdains the tillage of thy husbandry?
Or who is he so fond will be the tomb
Of his self-love, to stop posterity? (5-8)

인생을 "거대한 무대"(huge stage)에 비유하고 있는 「15번 소네트」에서는 "나는 그대의 사랑을 위해 시간에 대적하여 / 그가 그대 빼앗으려 할 때 그대를 새롭게 접붙이리라"(And all in war with Time for love of you, / As he takes from you, I engraft you new 15.13-14)라고 노래하고 있다. 앞서 밭가는 비유에 이어 이번에는 접붙이는 비유를 통해, 오래된 나무를 새로운 품종으로 접붙이듯이 자신의 시를 통해 그를 완전히 새롭게 하고 영원한 존재로 창조하겠다고 말하고 있다. 그러면 이 가운데 널리 읽혀지는 「12번 소네트」 전문을 자세히 감상해보자.

시간을 알리는 시계소리를 세며
빛나는 낮이 무서운 밤 속에 가라앉는 것을 볼 때에,
제비꽃이 한창 시절을 지나고
검은머리가 은백으로 덮이는 것을 볼 때에,
한때는 폭염으로부터 가축을 가려주던
높다란 나무가 잎이 다 떨어진 것을 볼 때,
또 여름의 푸르른 모든 것들이 다발로 묶여서

희고 뻣뻣한 수염을 달고 영구차에 실려 가는 것을 볼 때,
그때 나는 그대의 미에 대하여 묻노라
그대 시간의 폐허 속으로 가야만 하느냐고.
고운 것도 아름다운 것도 다 자신을 저버리고
다른 것들이 자라남을 보자 이내 죽어가야 하기에.
  시간의 낫이 그대를 베어 가려 할 때에
  막아낼 길은 없다네, 자식을 낳는 것밖엔.

When I do count the clock that tells the time,
And see the brave day sunk in hideous night;
When I behold the violet past prime,
And sable curls all silvered o'er with white;
When lofty trees I see barren of leaves,
Which erst from heat did canopy the herd,
And summer's green all girded up in sheaves,
Borne on the bier with white and bristly beard:
Then of thy beauty do I question make,
That thou among the wastes of time must go,
Since sweets and beauties do themselves forsake,
And die as fast as they see others grow,
  And nothing 'gainst Time's scythe can make defence
  Save breed, to brave him when he takes thee hence.

이 소네트에서 셰익스피어는 모든 자연의 대상이 시간의 흐름에 따라 파괴되고 죽어가는 현상에 대해 곰곰이 생각하고 있다. 시 전체가 하나의 긴 문장으로 되어있으며 첫 8행은 각각 4행의 두 종속절로 구성되어있다. 이들 시행에서 셰익스피어는 자연에 미치는 시간의 영향을 보여주는 몇 가지 개별적인 실례를 나열하고 있다. 주절은 세

번째 4행 연구(9-12행)에 등장하는데, 여기서 시인은 시간의 모진 파괴에 대한 일반적이고 전반적인 관점으로부터 이 시가 노래하고 있는 사람의 아름다움이 불가피하게 쇠퇴됨에 대한 개별적인 관점으로 초점을 좁혀 나간다. 8행까지 자연의 만물이 쇠퇴되는 것에 대한 관찰을 통하여 9-10행의 주절에서는 이 시가 바쳐진 사람의 아름다움과 활력도 어쩔 수 없이 시들어갈 것이라는 결론에 연역적으로 도달하고 있다. 마지막 2행 연구에서 이 비관적인 생각은 비록 희미하기는 하지만 한 줄기 위안을 얻게 된다. 즉 시간의 도전에 맞설 수 있는 유일한 방법은 자식을 낳는 것이라는 사실이다.

첫 8행의 주제는 모든 화려하고 활기찬 자연의 만물이 반드시 시들고 죽는다는 것이다. "When I do count the clock that tells the time"으로 시작되는 첫 행의 반복되는 두운 /k/와 /t/는 냉혹한 규칙성으로 인간의 수명을 재는 시계의 멈추지 않는 똑딱임을 형상화하고 있다. 시인은 시간의 파괴적인 영향이라는 주제를 나타내보이기 위해 다양한 이미지를 제시한다. 어둠과 무질서의 세력에 대항하여 용감한 투쟁을 벌인 낮의 햇빛조차도 매일 저녁 해가 짐과 동시에 어쩔 수 없이 스러져버린다. 찬란한 빛깔의 제비꽃도 절정의 때를 지나면 그 화려한 모습을 잃게 될 것이다. 이처럼 젊은이의 검은 머릿결도 점차 그 색과 생기를 잃어 처음에는 은색으로 바뀌다가 나중에는 생기 없는 흰색으로 변한다. 이러한 색의 단계적인 변화는 시간이 흐름에 따라 모든 살아있는 것들이 질적으로 쇠락하고 활력을 상실하게 됨을 나타낸다. 첫 번째 4행 연구에서 제비꽃이라는 식물의 이미지는 머리털이라는 인간의 이미지로 전환되고 있다. 이러한 방식은 시 전체를 통해 비슷하게 적용되고 있는데, 이는 자연계에서 일어나는 모든 일이 인간에게도 유사하게 일어날 수밖에 없으며 인간 조건이 매우 덧없고 일시적이라는 사실을 강조하고 것으로 볼 수 있다(Garrett 44).

두 번째 4행 연구에서는 계속해서 식물의 이미지로 시작한다. 당당하게 우뚝 솟은 나무들은 결국 잎을 다 빼앗기고 앙상한 가지만 드러내게 된다. 한 여름에 태양으로부터 소 떼를 보호해 주던 나무들이 매서운 겨울추위 앞에서 자기 몸조차 가리지 못하는 신세가 된 것이다. 시인이 강조하는 바는 비록 가장 장엄한 자연의 피조물이라도 궁극적으로는 시간의 파괴와 영향을 피할 수 없다는 것이다. 이 4행 연구는 특히 여름에 창조된 생명의 건강함이나 활력과, 이것들이 겨울철에 비참하게 죽어가는 것 사이의 대조에 의존하고 있다. 그래서 여름철에 무성했던 밀들은 계절이 바뀌면서 순식간에 시들어 계절이 바뀔 때 매장된다. 곡식은 베어져서 창고로 옮겨지고 더 이상 수액으로 푸르지 않고 수염 난 늙은이의 시체처럼 흰색으로 변한다는 사실을 추수의 이미지를 통해 생생하게 전달하고 있다.

세 번째 4행 연구에서는 이 시가 바쳐지고 있는 한 사람에게로 초점이 계속 좁혀지면서 일반적인 관찰로부터 개별적인 예로, 그리고 비인격적인 것에서부터 인격적인 것으로 시점이 옮아간다. 물질계의 모든 것들처럼 이 사람의 아름다움도 일시적인 생명력을 가지고 있을 따름이며, 그 자신도 언젠가는 늙어서 사막 같은 "시간의 폐허"(the wastes of time)에서 외로움과 황량함을 겪을 수밖에 없는 운명임을 "must"를 사용하여 강조하고 있다. 노년의 쓸쓸함을 강조하는 것은 바로 이 젊은이에게 시간의 영향에 대처하는 방안을 모색하여, 자식을 낳음으로써 자신의 아름다움과 활력을 후대에 이어가게 하라는 충고를 받아들이게 하는 화자의 전략이라고 할 수 있다. 마지막 2행 연구에서 시간은 추수하는 사람으로 등장한다. 시간은 앞서 낫을 가지고 "여름의 푸르른 모든 것들"을 베어버렸던 힘으로 결국 인간의 생명도 곡식과 마찬가지로 베어서 넘어뜨릴 것이다.

시간이 흐르면 개인에게 종말이 다가올 것은 필연적이므로 인간이 할 수 있는 최선의 방법은 자손을 낳아 자신의 맥을 이어감으로써 시간의 횡포에 저항하는 것임을 제시하고 있다. 이러한 인간의 노력과 저항은 어두운 악의 세력에 맞서는 모든 자연계의 투쟁과 맥을 같이 한다. 이는 2행에서 시의 화자가 서서히 밀려오는 어둠의 세력인 "무서운 밤"(hideous night)에 저항하는 낮의 노력을 묘사하면서 "brave"라는 형용사를 사용하고 있는 사실에서 드러난다. 죽음에 맞서는 인간의 몸부림은 햇빛이나 햇곡식의 생기와 꽃의 빛깔 같이 삶에 활기와 기쁨을 제공하는 자연의 모든 양상과 관련이 있으며, 세상의 악한 세력들이 지닌 무질서와 망각의 위협에 대항하는 영원한 투쟁임을 말하고 있는 것이다(Garrett 45-46). 이러한 투쟁이야말로 인간이 존엄성을 얻고 보람을 느낄 수 있는 용감하고 고귀한 투쟁임을 시의 화자는 주장하고 있는 것 같다.

3

이제 셰익스피어의 소네트에서뿐만 아니라 모든 영시 가운데서 가장 사랑받는 시로서, 영미인들이라면 "내 그대를 여름날에 비교해 볼까요?"(Shall I compare thee to a summer's day?)로 시작되는 시의 첫 부분을 외울 정도로 유명한 「18번 소네트」를 읽어보자.

내 그대를 여름날에 비교해 볼까요?
그대는 더 아름답고 더 온화하여라.
거친 바람이 5월의 고운 꽃봉오리를 흔들고
여름의 기한은 너무 짧기만 하네요.
때로 태양은 너무나 뜨겁게 비치고

종종 금빛 안색이 흐려지기도 하지요.
어떤 미인도 언젠가는 그 아름다움 시들고
우연이나 자연의 변화로 고운 치장 빼앗기리.
하지만 그대의 영원한 여름은 사라지지 않고
그대 지닌 아름다움도 잃지 않으리.
영원한 시 속에서 그대가 시간과 하나 될 때
죽음 또한 그대가 자기 그늘 속에 헤맨다고 뽐내지 못하리.
  인간이 숨을 쉬고 눈이 있어 보는 한
  이 시는 살아서 그대에게 영원한 생명 주리니.

Shall I compare thee to a summer's day?
Thou art more lovely and more temperate:
Rough winds do shake the darling buds of May,
And summer's lease hath all too short a date:
Sometime too hot the eye of heaven shines,
And often is his gold complexion dimmed,
And every fair from fair sometime declines,
By chance, or nature's changing course untrimmed:
But thy eternal summer shall not fade,
Nor lose possession of that fair thou ow'st,
Nor shall death brag thou wand'rst in his shade,
When in eternal lines to time thou grow'st,
  So long as men can breathe or eyes can see,
  So long lives this, and this gives life to thee.

이 시는 "내 그대를 여름날에 비교해 볼까요?"라는 질문으로 시작하여 "그대는 더 아름답고 더 온화하여라"고 바로 대답을 한 후, 여름날에 대한 일련의 반대상황을 제시함으로써 그 비교를 발전시켜 나간다. 시의 화자는 먼저 거친 바람이 5월의 고운 꽃봉오리를 흔든다는 사실을 들어 여름을 비판하고 있다. 영원한 봄을 즐겼던 인간이 타락하기 전 에덴동산과는 달리 여름은 온화하다 하여도 그 기간이 너무나 짧으며, 때때로 거친 바람도 불고 태양도 너무 뜨겁게 비치거나 구름에 가려 흐려지기도 하는 불완전한 계절인 것이다. 7-8행에서 시인은 여름이 만들어내는 온갖 아름다운 것들도 시간이 흐름에 따라 우연이나 자연의 변화로 그 아름다움이 변하고 덜 아름다워지게 된다고 단정을 내린다. 후반의 6행 연구에서는 자신의 "영원한 시"가 "그대"의 아름다움을 노래함으로 인해 사랑하는 사람도 시간을 초월하여 영원한 여름을 누리며 생명과 아름다움도 잃지 않을 것이라고 마무리하고 있다.

셰익스피어는 「18번 소네트」에서 시인의 관심의 대상이 되는 인물을 여름날에 비교하는 직유에 기초하여 시를 전개시키고 있다. 거친 바람이 5월의 꽃봉오리를 흔든다는 첫 번째 이미지를 직접적으로 언급한 후, 다음 행에서 시인은 "여름의 기한"이 너무 짧다는 은유를 사용하여 한 계절뿐만 아니라 한 해가, 궁극적으로는 인간의 삶 자체가 덧없고 무상하다는 사실을 이야기하고 있는 것이다. 그러나 시인은 애인의 아름다움이 자신의 시를 통해 길이 살아남을 것이라며 예술의 영원성에 대한 믿음 또한 밝히고 있다. 시인이 자기 시의 불멸성을 자랑하는 것은 르네상스 시대의 전통이며 이러한 전통은 고전으로까지 거슬러 올라가는 것이다.

「19번 소네트」 역시 게걸스러운 시간의 파괴성과 이에 맞서는 시의 영원성을 극적으로 노래하고 있다. 시간에 대해 "탐식하는 세월이여. 그대는 사자의 발톱을 무디게 하고, / 대지로 하여금 그녀의 아름다운 새끼들을 몽땅 삼켜버리게 하라"(Devouring Time blunt thou the lion's paws, / And make the earth devour her own sweet brood)고 함으로써 탐욕스럽게 세상에 존재하는 모든 것들을 삼켜버리고 잔인한 괴물 같은 존재로 묘사하고 있다. 이는 시간의 신인 그리스신화의 크로노스(Kronos)를 연상하게 한다. 신화에서 크로노스는 제우스의 아버지로서 누나 레아와 결혼하여 여러 자식을 낳지만, 자식을 낳기가 무섭게 이들을 삼켜버렸다고 한다.[2)]시의 화자는 이 시간에게 간청하기를 자기가 사랑하는 사람에게는 시간이 흔적을 남기지 말아달라고 한다. "오! 내 연인의 아름다운 이마에 너의 세월을 새기지 말고, / 너의 오래된 펜으로 그 얼굴에 주름을 긋지 말아다오"(O carve not with thy hours my love's fair brow, / Nor draw no lines there with thine antique pen)라며 펜으로 주름살을 긋는 것으로 표현한 것이 흥미롭다. 이는 시인 자신이 펜으로 시를 써서 자기 친구의 아름다움을 노래함으로써 "내 사랑은 영원히 내 시 속에서 젊게 살리라"(My love shall in my verse ever live young)라고 한 사실과 극적인 대조를 이루고 있다.

2) 크로노스(로마신화의 사투루누스)는 우라노스와 가이아의 아들인데, 아버지 우라노스가 아들을 모두 저승에 가두었으므로 노한 가이아는 막내 크로노스를 부추겨 우라노스의 남근을 도려내고는 패권을 빼앗게 한다. 지배자가 된 크로노스는 누이 레아와 결혼, 헤스티아 · 데메테르 · 헤라 · 하데스 · 포세이돈 · 제우스 등을 낳았다. 그러나 그는 자기 자식에게 왕위를 빼앗길 것이라는 양친의 예언 때문에 태어난 아들들을 즉시 삼켜버렸다. 제우스를 임신한 레아는 다음에 태어나는 아들만은 어떻게 해서든 생명을 구해야겠다는 생각에 어머니 가이아에게 도움을 청했다. 산기를 느끼자 레아는 길게 누워 있는 크레타 섬의 딕티 동굴로 찾아가 아이를 낳은 다음 그 아이를 쏙 빼닮은 돌멩이를 남편에게 건네주라는 가이아의 충고를 따랐다. 생명을 건진 제우스는 여러 신과 요정들의 보살핌을 받으며 크레타 섬의 이다 동굴에서 자랐다. 장성한 제우스는 아버지 크로노스와 10년 동안 패권다툼을 하게 된다. 그는 올림피아에 있는 크로노스 산으로 가서 크로노스와 대결을 벌여 레슬링 시합을 한 결과 이긴다. 아버지 크로노스가 쓰러지자 제우스는 약을 먹여 형과 누이들을 토하게 했다. 후일 바다의 지배자가 된 포세이돈, 불의 여신이 된 헤스티아, 제우스의 아내가 된 헤라, 농업의 신이 된 데메테르 순서로 나왔다. 그들은 제우스를 형 또는 오빠라 불렀다. 제우스는 이들의 도움을 받아 신들의 우두머리가 될 수 있었다.

4

셰익스피어의 소네트 가운데 가장 많은 논란거리가 되고 있는 시 가운데 하나가 바로 「20번 소네트」일 것이다. 이 시는 셰익스피어가 동성애를 고백한 것이라고 몇몇 학자들은 주장하며, 많은 독자들도 그가 동성애자일 것이라는 의심을 품어왔을 정도로 이 문제는 오랫동안 많은 논쟁을 불러 일으켰다. 그러나 셰익스피어가 동성애자인지, 양성애자인지, 이성애자인지에 대해서는 어떤 확실한 증거도 존재하지 않는다. 그러면 이 시의 전문을 읽어보자.

나의 정열을 지배하는 여성 같은 남성 그대는
자연의 손으로 화장한 여인의 얼굴을 갖고 있도다.
여자의 고운 마음씨를 지니고 있으면서도
부정한 여자와 달라 변할 줄을 몰라라.
여인의 눈보다 더 빛나는 그대의 눈은 거짓되게 움직이지 않고,
보는 것마다 금빛으로 물들인다.
매혹적인 용모를 지닌 아름다운 사나이로 모든 아름다움을 제어하며,
남성의 눈을 유혹하고 여성의 혼을 현혹시키도다.
그대는 처음에 여자로 태어날 것을,
자연이 만드는 도중 사랑을 느껴,
하나를 더 첨가하여 나를 실망시켰도다.
나에게는 아무 소용없는 물건을 달게 하여,
여자의 기쁨을 위하여 만들어진 그대이니.
그대의 사랑만이 내 것이요, 그대 사랑의 행위는 그들의 보배로다.

A woman's face with nature's own hand painted,
Hast thou the master mistress of my passion,
A woman's gentle heart but not acquainted

With shifting change as is false women's fashion,
An eye more bright than theirs, less false in rolling:
Gilding the object whereupon it gazeth,
A man in hue all hues in his controlling,
Which steals men's eyes and women's souls amazeth.
And for a woman wert thou first created,
Till nature as she wrought thee fell a-doting,
And by addition me of thee defeated,
By adding one thing to my purpose nothing.
But since she pricked thee out for women's pleasure,
Mine be thy love and thy love's use their treasure.

먼저 시의 화자는 "나의 정열을 지배하는 여성 같은 남성 그대는/ 자연의 손으로 화장한 여인의 얼굴을 갖고 있도다"라며, 여성은 화장하여 꾸민 얼굴로 아름답게 보이지만 자신이 사랑하는 남성은 자연 그대로의 타고난 아름다움을 지니고 있다고 말한다. 여기서 "passion"이라는 단어는 감정이나 사랑, 혹은 강렬한 사랑의 감정을 담고 있는 시(love-poem)나 연설을 의미한다. 그런데 바로 같은 행의 "남성 그대"(male mistress)라는 구절이 비평가들 사이에 동성애적인 함의를 지니고 있느냐 그렇지 않으냐 하는 논쟁의 핵심을 제공하고 있다. 어떤 비평가는 이 구절이 단지 여자처럼 곱상하게 생긴 친구의 외모를 지칭할 따름이라고 보거나, '궁정식 사랑'(courtly love)을 노래한 연작 소네트(sonnet sequence)에서 흔히 여성이 차지했던 자리와 역할을 이 남성 친구가 대신하고 있음을 강조하기 위해서일 뿐이라고 해석하고 있다. 이 구절이 동성애적인 의미를 담고 있는 것으로 보는 이들은 아마 "mistress"라는 단어가 사랑하는 여인이나 정부(concubine)를 의미하는 것으로 해석하여, 이 남성을 화자의 성적인 상대역으로 보기 때문일 것이다. 그러나 우리는 이 단어가 "정부"라는 의미로 사용된 것은 셰익스피어 시대 이후의 일이라는 사실을 기억해야 한다.

계속해서 "여자의 고운 마음씨를 지니고 있으면서도/부정한 여자와 달라 변할 줄을 몰라라"라고 말함으로써 친구가 외모뿐 아니라 마음씨도 여자보다 더 예쁘고 순수함을 강조하고 있다. 이처럼 친구가 여성적 외모와 고운 마음씨와 빛나는 눈을 지니고 있다며 여성적 자질을 열거하는 이면에는 여성혐오적인 생각이 깔려 있음에 주목해야 할 것이다. 앞서 여성의 얼굴은 화장하여 꾸민 얼굴임을 암시했듯이, 여성의 마음도 쉴 새 없이 새로운 남자를 찾아 굴리는 그들의 눈처럼, 비록 곱다고 할지라도 변덕스럽다는 것이다. 여성이 지닌 얼굴의 아름다움이 거짓되게 꾸며진 것이며 그녀의 마음도 부정하고 쉽게 변하는 것임을 "face"와 "false", "fashion" 등과 같이 'f'로 시작되는 두운을 사용하여 강조하고 있다. 5-12행에서는 젊은이가 남녀를 불문하고 사랑에 빠질 정도의 빼어난 아름다움을 지니고 있으며, 그가 화자 자신에게는 "아무 소용없는 물건"(penis)을 더 달고 태어났음을 불평하면서 그가 여성이었으면 하는 바람을 은연중 드러내고 있다. 여기서 성기를 나타내는 "thing"과 함께 사용된 "nothing"이라는 단어는 묘한 뉘앙스를 말장난을 통해 풍기고 있다. 즉 엘리자베스 시대에는 "nothing"이라는 단어가 여성의 성기(genitalia)를 나타내는 속어로 쓰였으며, 마지막 행의 "treasure" 역시 여성의 생식기에 대한 완곡어법이기 때문이다.

시를 마무리 짓는 이행연구(couplet)에서 화자는 "그대의 사랑만이 내 것이요, 그대 사랑의 행위는 그들의 보배로다"라고 말함으로써 아름다운 젊은이와의 정신적인 사랑에 만족하고 있음을 보여주고 있다. 즉 육체적인 사랑의 행위나 성적인 즐거움은 그 친구와 여성들 사이에서 행하고 누릴 것이고 자신과는 상관없는 일임을 분명히 하고 있는 것이다. 여기서 "사랑"(love)은 우정과 존경, 봉사 등의 의미가 합쳐진 의미라고 한다면, "사랑의 행위"(love's use)는 성적인 결합을 의미한다고 할 수 있다(Hyland 160). 따라서 어떤 성적인 관계도 이들 두 남성 사이에는 불가능함을 안타깝게 인정하면서 분명히 하고 있는 것이다. 화자가 자신은 친구에게 어떤 성적인 관심도 없음을 밝힌 이 구절로 미루어 볼 때, 앞의 "male mistress"는 부스(Stephen Booth)가 주석한 것처럼 궁정식 사랑의 전통 속에서 시를 쓴 시인이 여성 대신에 남성 친구를 노래하고 있기 때문에 사용한, "사랑하는 남성"(male beloved)을 나타낸 전문 용어(technical term) 정도로 해석하는 것이 무난할 것으로 본다(Booth 163). 하이랜드 역시 젊은이에게 이야기하는 많은 소네트가 사랑의 언어를 사용하고 있지만, 전혀 다른 관계를 그림으로써 페트라르카의 전통에 근본적인 조정을 가하고 있음을 지적하고 있다(Hyland 161).

물론 126번까지의 시가 노골적인 성적 풍자로 가득 차 있으며, 남성과 여성의 성기에 대한 언급도 자주 등장하는 것도 사실이다. 그리고 양성일체적인 말장난(hermaphroditic wordplay)도 많다(Booth 548). 그러나 그 어떤 것도 시인의 전기적 사실을 반영하는 단서라고 말 할 수는 없는 것들이다. 남성인 젊은이에 대한 시가 여성에 대한 사랑을 노래한 것과 같은 것은 셰익스피어가 여성을 이상화하는 페트라르카적 전통 속에서 시를 쓰고 있기 때문이며, 그는 이전의 전통에서 여성이 차지하였던 자리에 남성을 두어 노래함으로써 기존의 전통에 혁신을 가하고 있는 것으로 보아야 할 것이다. 예를 들어 결혼하도록 권하는 소네트인 1-17번 소네트와 여기 「20번 소네트」에서 화자가 사랑하는 대상은 여성이 아니라 남성이지만, 정작 여성에게 간청하는 내용은 소네트 시인 자신이 아니라 다른 여성과 결혼하라는 것이다. 그래서 부스도 소네트에 나타나 있는 성적인 내용들은 어디까지나 소네트의 내용이지 그 어느 것도 셰익스피어의 성생활에 대해 드러내거나 암시해주는 것이 없다고 잘라서 말하고 있다(Booth 549).

5

다음에 감상할 시는 온갖 슬픔 속에서도 그대 생각을 하면 모든 것이 보상된다는 내용을 아름다운 음악적 효과로 표현하고 있는 또 한 편의 탁월한 시 「30번 소네트」이다.

감미롭고 고요한 상념의 재판장으로
지난날의 기억을 불러올 때
내가 찾던 많은 것들이 보이지 않아 한숨짓고
옛 비애를 새삼 슬퍼하며 귀중한 시간 허비하네.
기한 없는 죽음의 밤 속에 감춰진 소중한 벗들을 생각하며
좀처럼 흘리지 않던 눈물로 눈을 적시고
오래전 잊혀진 사랑의 슬픔에 다시 울고
사라져버린 모습의 상실을 애도하노라.
그리하여 지나간 슬픔을 다시 슬퍼하고
이 슬픔에서 저 슬픔으로 무거운 마음을 옮겨
예전에 슬퍼했던 슬픈 사연들을 다시 셈하여
전에 못다 갚은 듯이 새로이 값을 지불하네.
  그러나 사랑하는 벗이여, 이 순간에도 그대 생각만 하면
  모든 손실은 보상되고 슬픔도 끝난다오.

When to the sessions of sweet silent thought
I summon up remembrance of things past,

I sigh the lack of many a thing I sought,
And with old woes new wail my dear time's waste.
Then can I drown an eye, unused to flow,
For precious friends hid in death's dateless night,
And weep afresh love's long since canceled woe,
And moan th' expense of many a vanished sight.
Then can I grieve at grievances foregone,
And heavily from woe to woe tell o'er
The sad account of fore-bemoaned'd moan,
Which I new pay as if not paid before.
  But if the while I think on thee, dear friend,
  All losses are restored and sorrows end.

이 시는 즐거웠던 과거의 경험들을 조용히 회상하는 한 남자의 모습으로 시작한다. 그러나 상황은 곧 침묵에서 한숨으로, 그리고 이루지 못한 소망과 슬픔으로 인해 즐거움에서 애도로 옮겨진다. 시의 화자는 돌이킬 수 없는 지난날들에 대한 향수로 고통을 느끼며, 예전의 비통함이 되살아나 아픈 상처가 악화된다. 계속해서 이런 생각은 확대되고 이 고통은 다시는 돌아오지 못할 사람들을 생각할 때 더욱 고조된다. 기억 속에서 이전의 고통은 처음 경험했던 것만큼이나 현재에도 고통스럽게 경험되며, 그의 마음은 무겁게 "이 슬픔에서 저 슬픔으로" 옮겨 다니며 "예전에 슬퍼했던 슬픈 사연들을" 다시 슬퍼하며 슬픔의 굴레를 벗어나지 못하고 있다. 그러나 마지막 2행 연구에서 끝이 보이지 않던 슬픔에 대한 해결점이 제시된다. 즉 이러한 극한 슬픔 속에서도 사랑하는 벗을 생각만 하면 "모든 손실은 보상되고 슬픔도 끝난다오"라고 결론짓고 있다.

이 「30번 소네트」는 각운뿐만 아니라 같은 자음이 반복되면서 형성된 뛰어난 음악성으로 인해 널리 애송되고 있다. /s/와 /w/음이 두운으로 반복되는 첫 4행은 이중모음이나 장모음과 어울려 슬픔에 잠긴 스산한 기분을 효과적으로 전달한다. 특히 /w/음은 4행에서 뿐 아니라 7행과 10행에서도 반복되면서 슬픈 리듬을 창조하고 있다. 5행과 6행에서 반복되는 /n/과 /d/음은 죽음의 무게와 영향을 전달하며 무거운 느낌을 준다. 7행에서 반복되는 유음(liquid sounds) /l/은 음울하고 활기 없는 분위기를, 8행과 11행의 /m/음은 길고도 부드러운 슬픔의 속성을 만들어 내고 있다.

이 시에서 두드러진 특징은 음악적 효과와 함께 법률이나 상업과 관련된 은유가 많이 등장한다는 사실이다. "sessions"라는 단어는 법정을 뜻하지만 문맥상 시간의 주기를 나타내기도 한다. "summon" 역시 법정으로 소환한다는 법률 용어이다. "dateless"는 "특정한 날짜로 기한이 명시되지 않은"이라는 의미이고, "canceled"는 빚을 갚아야 할 의무가 소실되거나 어떤 문서나 행위에 대한 효력이 상실되었다는 뜻이다. 그 외에도 "expense"(loss)나 "tell"(count), "account", "pay", "losses" 등과 같은 상업과 법률에서 사용되는 전문 용어들이 동원되어 마치 지난날의 슬픔이 값을 치러야 하는 빚인 것처럼 흥미롭게 묘사되고 있다.

6

변화와 시간의 흐름에 대한 명상을 담고 있는 '파멸의 시'(ruins poems)라고 불리는 60번에서 65번 소네트 가운데 다음의 「60번 소네트」는 특히 그 숫자 때문에 60분이라는 시간을 연상시킨다. 이 시를 통해 셰익스피어는 시간의 문제를 추상적으로 해결하기보다는 마치 우리의 맥박처럼 그것을 느끼고 경험하게 하고 있다(Waller 226).

파도가 조약돌 깔린 해변으로 밀려가듯이,
우리의 시간도 종말을 향해 서둘러 간다.
각자 앞서 가는 것들과 자리를 바꾸며,
모두가 힘써 앞서려고 다툰다.
한때는 밝은 빛을 받으며 태어나,
점점 성숙하여 화려한 관을 쓰고 나면,
사악한 일식이 그 영광을 공격한다.
이리하여 이제 시간은 자신이 준 선물을 파괴한다.
세월은 청춘에게 주었던 꽃을 변모시키고,
그 아름다운 이마에 주름을 파고,
자연의 완벽함으로 만든 귀중품을 먹어버린다.
그래서 세월의 낫이 베려고 하면 견디는 것 없어라.
  그러나 내 시는 다가올 미래에 살아남아
  시간의 잔인한 손을 물리치고 그대의 미덕을 찬양하리라.

Like as the waves make towards the pebbled shore,
So do our minutes hasten to their end,
Each changing place with that which goes before,
In sequent toil all forwards do contend.
Nativity once in the main of light,
Crawls to maturity, wherewith being crowned,
Crooked eclipses 'gainst his glory fight,
And Time that gave, doth now his gift confound.
Time doth transfix the flourish set on youth,
And delves the parallels in beauty's brow,
Feeds on the rarities of nature's truth,

And nothing stands but for his scythe to mow.
  And yet to times in hope, my verse shall stand,
  Praising thy worth, despite his cruel hand.

이들 시행에서 문제가 되는 것은 시간이라는 추상의 관념이 아니라 바로 시행의 움직임에 따라 휩쓸려가는 탈중심화된(decentered) 우리 자신이다. 시간은 우리가 가장 두려워하는 것, 즉 우리가 가장 소중하게 생각하는 이상이라든지, 끝까지 지키려고 했던 고매한 인격이라든지, 존재한다고 확신하고 있었던 불변의 자아라든지 하는 것들이 이미 해체되어 버렸거나 해체되어 가는 과정에 있다는 비극적 사실에 직면하게 하는 것이다. 페트라르카풍의 연작 소네트에서처럼 셰익스피어의 소네트에서 발언하는 '나'의 목소리는 영속성을 갈망하지만 허황되게 좌절할 수밖에 없는, 산산조각 나고 중심에서 이탈한 자의 목소리다(Waller 226-27).

이 소네트는 바다와 빛과 낫과 같은 이미지를 동원하여 다시 시간이라는 파괴자(Time the destroyer)의 횡포와 시를 통한 영원불멸이라는 주제를 다루고 있다. 첫 4행은 해안에 부딪히는 파도의 움직임처럼 역동적이고도 끊임없는 과정을 제시하고 있다. 끊임없이 반복되는 파도의 움직임은 언젠가는 바닷가 해안을 침식하여 없애버릴지도 모른다. 앞으로 나아가는 파도와 시간의 움직임은 아기가 젊은 날의 아름다움을 지나 시간의 낫에 상처 입은 종말을 향해 서둘러 기어가는 움직임에 불길한 그림자를 드리운다. 시간이 흐름에 따라 어린아이는 성숙한 어른을 향해 기어가고, 냉혹하기만 한 시간의 파괴적인 힘을 경험하게 된다. 15번과 19번 소네트와 마찬가지로 세월은 빠르고 청춘은 파괴되기 쉬운 존재로 묘사되지만 마지막 2행 연구에서는 희망적인 결론으로 끝맺고 있다. 즉 생로병사의 과정을 겪는 자연물과는 달리, 시인의 시는 "다가올 미래"(times in hope)에 영원히 살아남아 젊은이의 미덕을 찬양할 것이기 때문이다. 그럼에도 불구하고 자연에 맞서는 인간 삶의 투쟁을 그린 이 시의 전반적인 분위기는 염세적이라는 느낌이 강하게 든다.

「65번 소네트」도 60번과 같이 만물의 "비참한 죽음"(sad mortality)과 상처받기 쉬운 덧없는 인생에 대한 깊은 인식을 보여주고 있다. 60번에서 시작하여 65번에서 절정에 이르는 소위 '파멸의 시'들은 시간이 모든 물질계의 현실과 그 모든 마지막 남은 흔적에까지도 구석구석 폭군과 같은 권리를 마음껏 행사하는 모습을 보여주고 있다. 이는 55번 소네트의 밝은 전망에 붙이는 어두운 후기(postscript) 정도로 읽을 수 있을 것이다.

황동도 암석도 대지도 끝없는 바다도,
비참한 죽음이 그들의 세력 위에 군림하니,
그 실천력이 한 송이 꽃보다도 약한
아름다움이 이 폭력에 대하여 무슨 항변을 하겠는가?
시련의 세월의 파괴적 포위에 대항하여
아! 여름날은 어찌 감미로운 숨결을 유지할 수 있는가?
시간이 부수지 못하리만큼 튼튼한 철문도 있을 수 없고,
요지부동의 암석들도 그만큼 견고하지 못한 때이니.
아, 두려운 명상! 슬프도다, 시간의 상자에서 꺼내어
세월의 가장 귀한 보석을 감춰 둘 곳은 어디인가?
무슨 튼튼한 손으로 시간의 빠른 걸음을 제지하겠는가?
또 누가 미를 파괴하는 시간을 금지할 수 있는가?
  아! 이 기적이 위력이 없다면 아무 것도 못하리니,
  검은 잉크 속에 나의 연인이 길이 빛나게 하는 수밖에.

Since brass, nor stone, nor earth, nor boundless sea,

But sad mortality o'ersways their power,
How with this rage shall beauty hold a plea,
Whose action is no stronger than a flower?
O how shall summer's honey breath hold out,
Against the wrackful siege of batt'ring days,
When rocks impregnable are not so stout,
Nor gates of steel so strong but time decays?
O fearful meditation, where, alack,
Shall Time's best jewel from Time's chest lie hid?
Or what strong hand can hold his swift foot back,
Or who his spoil of beauty can forbid?
  O none, unless this miracle have might,
  That in black ink my love may still shine bright.

이 시는 시간의 변화로 인한 예술품의 파괴가 다시 제시되는 가운데 시인은 시를 통해 미를 보존할 수 있는 기적이 일어나기를 바라고 있다. 마지막 연구에서 찾은 탈출구는 바로 "기적"(miracle)을 일으키는 것이다. 시인이 말하는 기적은 검은 잉크(black ink) 속에서 자신의 애인이 영원히(still) 빛나는 것이다. 즉 시인의 시에 의해 애인은 영생한다는 것이다. 그러나 마지막 2행 연구의 확신에도 불구하고 우리는 "슬프도다"(alack)라는 단어가 주는 불길한 예감, 즉 시간의 영향을 받지 않는 곳은 아무데도 없을 것 같다는 불안과 의심을 떨쳐버릴 수 없다(Hyland 185). 55번 시에서의 명령형의 의기양양한 어조는 여기서 단지 "기적"이 일어나기를 바라는 가정법 "might"로 대치되고 있을 따름이다(Felperin 109).

시간과 그에 맞서는 개인이라는 주제는 다음의 「73번 소네트」에서도 다루어지지만 여기서는 다소 색다르게 접근하고 있다.

그대 나에게서 이런 계절을 보리라
찬 바람에 떠는 가지 위에
누런 잎들이, 아니 하나도, 혹은 몇 개 달려 있지 않아
이제는 폐허가 되어버린 고운 새들이 노래했던 성가대석을.
그대 나에게서 이런 황혼을 보리라
해가 지면 서쪽하늘에서 사라져버릴.
모든 것을 휴식 속에 거둬버리는 제 2의 죽음,
시커먼 밤이 이내 앗아가는 그런 황혼을.
그대 나에게서 이런 불빛을 보리라
청춘이 타버린 재위에 남아 있는,
불지펴준 연료가 다 되어
곧 꺼져가는 임종의 자리 같은 불빛을.
  그대 이것을 보면 그대 사랑 더욱 간절해져
  머지않아 잃어버리게 될 것을 더욱 사랑하리라.

That time of year thou mayst in me behold
When yellow leaves, or none, or few, do hang
Upon those boughs which shake against the cold,
Bare ruined choirs, where late the sweet birds sang.
In me thou seest the twilight of such day
As after sunset fadeth in the west,
Which by and by black night doth take away,
Death's second self that seals up all in rest.
In me thou see'st the glowing of such fire
That on the ashes of his youth doth lie,
As the deathbed whereon it must expire,
Consumed with that which it was nourished by.
  This thou perceiv'st, which makes thy love more strong,
  To love that well which thou must leave ere long.

이 시는 앞의 12행에서 시의 화자가 제시하고 있는 부정적이고 두려운 양상을 오래 끌고가다가, 마지막 2행 연구에서 긍정적인 암시를 함으로써 앞의 비관적인 생각과 균형을 이루는 구조를 취하고 있다. 각 4행 연구는 하나의 문장으로 되어 있으며 각각 하나의 이미지를 담고 있다. 모든 이미지는 마지막 단계의 삶의 모습을 제시한다. 처음에는 늦가을의 나무처럼 일반적이고 개괄적인 장면으로 주의를 끌다가 마지막으로 사그라지는 화로의 잿불 앞에서 꾸벅꾸벅 졸고 있는 노인의 모습을 보여줌으로써 시가 전개됨에 따라 이미지의 초점이 점점 좁혀지고 있다. 시 전체를 통해서 모든 것을 봉하고 "거둬버리는" 죽음으로 인한 종말이 제시되고 있을 따름이다. 이처럼 세 개의 4행 연구에서 독자를 괴롭히는 우울하고 비관적인 이미지들이 너무나 끈덕지고 압도적이어서, 마지막 2행 연구에서 말하는 내용은 다소 무모하고 용감한 도전으로 여겨질 정도이다. 시의 화자가 갈망하는 "그대 사랑"은 죽음에 직면한 상황에서 바라는 사랑이기에 한층 강렬해 보인다.

그러면 각 4행 연구의 이미지들을 좀 더 자세히 살펴보자. 첫 번째 이미지는 해도 벌써 저물어 가고 나무의 잎들도 생기를 잃어버린 겨울을 바로 앞둔 계절을 묘사하고 있다. 나뭇가지로 초점이 클로즈업되면서 나뭇잎도 다 떨어져버리고 앙상해진 가지는 새들이 지저귀던 음악소리도 사라져버린 황량한 성가대석으로 비유된다. 성가대의 찬양을 더 이상 들을 수 없다는 비유는 앞으로는 어떠한 종교적 위안의 가능성이나, 빛도, 따뜻함도, 음악도, 그리고 궁극적으로는 사랑도 기대할 수 없는 공허한 죽음만이 가까이 느껴지는 상황을 시각과 촉각과 청각에 호소하여 묘사하고 있는 것이다.

지금까지는 자연계에 죽음이 다가옴을 강조하고 시인은 암시적으로만 존재했으나, 두 번째 4행 연구에서 계절보다 "나"에 초점을 맞춤으로써 시인의 존재가 좀 더 부각되고 있다. 자신을 일년 중의 한 계절에 비유하던 시인은 이제 자신을 태양이 빛과 열을 거둬들이고 황혼의 어스름만이 남은 저녁의 특정 시간에 비유한다. 이 시간은 화자의 상태를 반영하기 위해 해가 지고 어둠이 내리는 그 중간쯤의 시기, 즉 황혼으로 책정된다. 원래 'twi'는 'half'를 뜻하므로 "half-light"는 감소된 능력과 활동의 시기를 의미한다. 이미지의 초점뿐만 아니라 시간의 길이도 축소되면서 점점 어두워지고 있음을 느낄 수 있다. "시커먼 밤"은 개인의 종말이나 정해진 운명의 시간이 오기 전에 점점 가까이 다가오는 어두운 그림자 속에 숨어 있는 어떤 적대적인 세력으로 보인다. 죽음과 어둠의 연관성이 더욱 짙어지면서 시인의 삶에 죽음이 내재해 있음이 강조되고 있다. 여기에서 밤은 앞서의 겨울과 똑같은 역할을 하고 있다. 다시 말해서 밤은 다가오는 죽음의 상징으로서 죽음의 심복인 "제 2의 죽음"과 동일시됨으로 인해 더욱 구체화된다. 활기 넘치던 새의 노랫소리는 까마득하게 잊혀져버리고 시의 화자는 점점 늙어가고 있음을 느낄 수 있다.

세 번째 4행 연구에서 초점은 바깥세상에서 집안으로 옮겨지면서 더욱 좁혀져 들어가 꺼져가는 난롯가로 가게 된다. 이제 따뜻한 열의 근원은 더 이상 태양이 아니라 노인의 난롯불일 따름이다. 이처럼 장엄한 태양에서 하찮은 난로로 이미지가 변화함에 따라 침울한 분위기가 점점 커지고, 인간이 삶에서 경험하는 모든 에너지와 아름다움은 쇠약해진 노인이 바라보는 "재"로 축소된다. 시가 진행되면서 황량한 나뭇가지에 부는 바람의 차가운 기운과 황혼의 노란 빛깔은 밤이 다가오면서 시커먼 색으로 바뀌다가 다시 죽어가는 등걸불의 미지근한 온기와 약간의 붉은 빛깔을 띤 사그라지는 잿빛으로 바뀌고 있다. 임종의 자리에서 언제 꺼질지 모르게 타고 있는 난롯불은 절박함과 불안감을 고조시키면서 임박한 죽음을 느끼게 한다. 이제껏 화자를 지탱해준 삶에 대한 애착과 욕망은 이제 그에게서 등을 돌리고 그를 냉소적이고 무기력한 존재로 만들고 있다. 그가 지금껏 행한 모든 행위는 정말 부질없는 정력낭비로 보이는데, 이는 그 모든 것이 그를 노쇠하고 무기력한 상태에 이르게 했기 때문이다(Garrett 48).

마지막 2행 연구는 모든 낙심에도 불구하고 사랑할 수 있는 인간의 능력이 존재함을 확인시켜주면서 예기치 않은 낙관론이 갑자기 제시된다. 이것은 인간 본성에 대한 시인의 희망이 표현된 것으로 볼 수 있을 것이다. 시의 화자는 약해져가는 자신의 모습을 솔직히 고백하면서 남겨진 시간이 얼마 되지 않으므로 친구가 그를 더욱 사랑해주기를 바라는 간절한 소망을 피력하고 있다.

7

다음에 읽을 「116번 소네트」는 변치 않는 사랑을 노래하고 있어서 아름다운 사랑을 다룬 많은 영화에 삽입될 정도로 널리 사랑받는 시다.

진실한 마음을 가진 연인들의 결혼에
나는 결코 혼인장애 문제를 제기하지 않으리.
상황이 바뀐다고 변하거나 사랑하는 이가 떠난다고
변하는 것은 사랑이 아니니.
아니야, 사랑은 폭풍 치는 날에도 끄떡하지 않고
언제나 변함없는 표지,
표류하는 조각배를 인도하는 별,
그 높이는 알 수 있어도 그 가치 아는 자 아무도 없어라.
사랑은 시간의 어릿광대가 아닌 것을. 장밋빛 입술과 뺨은
시간의 휘어진 낫의 영역에서 벗어나지 못한다 할지라도

사랑은 짧은 세월에 따라 변하는 일 없고
최후의 심판 날까지 견디리라.
만일 이것이 거짓임을 나에게 증명해 보일 자 있다면
나는 시를 쓰지도, 누구를 사랑하지도 않았으리.

Let me not to the marriage of true minds
Admit impediments: love is not love
Which alters when it alteration finds,
Or bends with the remover to remove.
O no, it is an ever-fixèd mark,
That looks on tempests and is never shaken;
It is the star to every wand'ring bark,
Whose worth's unknown, although his highth be taken.
Love's not Time's fool, though rosy lips and cheeks
Within his bending sickle's compass come.
Love alters not with his brief hours and weeks,
But bears it out even to the edge of doom.
  If this be error and upon me proved,
  I never writ, nor no man ever loved.

첫 4행 연구의 배경이 되는 것은 "결혼"이나 "혼인장애"와 같은 단어들로 미루어 결혼 예식임을 짐작할 수 있다. 시인은 참된 사랑은 참된 마음의 결합이므로 장애물도 진실한 사랑에서는 문제가 되지 않으며, 이는 관능적이고 육체적인 차원을 초월한 고차원적인 것임을 말하고 있다. 그리고 사랑하는 사람이 곁에 있건 없건 그것이 진정한 사랑에 결정적인 영향을 미칠 수 없다고 주장한다.

두 번째 4행 연구에는 "mark"나 "tempest", "be shaken", "star", "bark" 등과 같이 항해 혹은 바다와 관련이 되는 단어들이 등장한다.

사랑은 배가 바른 길로 갈 수 있도록 인도하는 표지와도 같으며 폭풍 속에서도 결코 흔들리거나 변함이 없다. 또한 사랑은 높이 떠서 표류하는 배가 자신의 위치를 파악하여 자기의 항로를 정할 수 있게 하는 별과 같다. 앞서 "상황이 바뀐다고 변하거나 사랑하는 이가 떠난다고 / 변하는 것은 사랑이 아니니"라고 한 주장이 "사랑은 폭풍 치는 날에도 끄떡하지 않고 / 언제나 변함없는 표지"라는 표현으로 연결되고 있다. 진정한 사랑이 등대와 북극성이라는 구체적인 이미지로 제시되고 있는 것이다. 참된 사랑을 상징하는 북극성은 비록 그 높이를 측량할 수 있어도 그 영원한 가치는 헤아릴 수 없듯이 진정한 사랑의 가치도 무엇이라고 표현할 방법이 없음을 말하고 있다.

세 번째 4행 연구에서 모티브가 되고 있는 것은 "Time's fool"이나 "hours and weeks", "to the edge of doom" 같은 표현에서 보듯이 시간이다. 비록 "장밋빛 입술과 뺨은 / 시간의 휘어진 낫의 영역에서 벗어나지 못한다 할지라도" 사랑은 최후의 심판의 날까지 견딜 것이라는 구절에서 사랑의 영원성에 대한 화자의 확신을 엿볼 수 있다. "시간의 휘어진 낫"이라는 표현에서 시간을 상징하는 문장(紋章)인 낫이 굽은 모양이라는 것과 아름다움을 파괴하는 시간의 삐뚤어진 심술을 읽을 수 있다. 그러나 시간과 노화의 위협 아래서도 진실한 사랑은 영원토록 변함이 없는 것이어서 외형적 미와는 대조된다.

마지막 2행 연구에서는 사랑이 영원하다는 주장이 틀린 것이라고 증명된다면 화자는 아예 시를 쓰지도 어느 누구를 사랑하지도 않았을 것이라고 말하면서, 자신이 비록 배반을 당하였을지라도 자신의 사랑에는 변함이 없다는 사실을 이야기하고 있다. 만약 자신의 주장이 틀린 것이라면 시를 쓰지 않았으리라고 하는 가정은 모순된 것이므로 유일한 결론은 자신의 주장이 틀리지 않다는 것뿐이다. 자신의 단호한 입장을 밝히면서 특히 부정적인 어휘를 반복적으로 사용함으로써 상대방으로 하여금 절대적인 긍정과 동의를 유도해 내는 수단이 돋보인다.

이처럼 「116번 소네트」에서 주장하는 것은 시간과 환경에 의해서 바뀌는 사랑은 진실한 사랑이 아니라 이기적인 사랑이라는 것이다. 사랑을 노래한 유명한 시임에도 불구하고 이 시의 특이한 사실은 사랑을 표현한 것이 아니라 사랑을 정의하고 증명하고 있다는 점이다. 그러나 우리는 어떠한 상황의 변화나 역경, 그리고 시간의 영향에도 사랑은 변하지 않아야 한다는 주장 이면에 현실에서 변할 가능성을 언제나 안고 있는 사랑에 대한 불안감과 긴장이 강하게 깔려 있음을 의식하지 않을 수 없다.

8

다음에 읽을 「126번 소네트」는 젊은 귀족을 다룬 연작(1-126)의 결론으로 고별의 어조를 느낄 수 있다. 그런데 연작 중에서 유일하게 6개의 2행 연구로 이루어져, 엄밀히 말하면 소네트라고 할 수도 없는 매우 독특한 형식을 취하고 있는 흥미로운 시다.

아, 그대 사랑스런 소년이여, 그대는 세월의 변덕스런 거울과
시간의 낫을 그대의 손아귀에 넣었으니,
기울어짐에 따라 원숙해지고 시들어 가는 그대 애인들에게
그대의 고운 자태가 원숙해짐을 보여 주리라.
쇠퇴를 다스리는 여왕인 자연이
그대가 전진함에 따라 자꾸만 그대를 뒤로 잡아당긴다면,
자연은 그대를 곁에 두었다가 그녀의 기술로 세월을 멸시하고,

가련한 시간을 죽이려는 목적에 그대를 쓰고자 함이라.
그러나 자연을 두려워하라, 아 자연을 기쁘게 하는 총아인 그대여.
자연이 보배를 간직할지 모르나 영원히 간직하는 것은 아니라.
자연의 청산은 지연된다 해도 반드시 이행될 것이며
그녀의 결산은 그대를 양도하는 것이리라.

O thou my lovely boy, who in thy power
Dost hold Time's fickle glass, his sickle hour;
Who hast by waning grown, and therein show'st,
Thy lovers withering, as thy sweet self grow'st-
If Nature (sovereign mistress over wrack)
As thou goest onwards still will pluck thee back,
She keeps thee to this purpose, that her skill
May time disgrace, and wretched minutes kill.
Yet fear her, O thou minion of her pleasure:
She may detain, but not still keep her treasure!
Her audit (though delayed) answered must be,
And her quietus is to render thee.
(   )
(   )

이 시는 1609년의 사절판에서는 13행과 14행이 올 자리에 이탤릭체로 된 괄호로 처리되어 일부분이 삭제되거나 잘려진 형식을 취하고 있다. 괄호의 곡선은 초승달이나 시간의 낫의 곡선 모양을 연상시키기도 하는데, 이처럼 괄호로 처리된 시의 형식을 통해 시인이 느끼는 절망감이나 좌절되어버린 기대가 강조되고 있다. 이는 또한 전통적인 형식을 파격적으로 깨뜨려서 새로운 시형식을 실험해보려는 시인의 의도나, 혹은 후원자와 자신과의 원만하지 못한 관계 등을 반영하고 있는 듯하다.

첫 행에서 "사랑스런 소년"이라고 부른 것은 시에서 유일한 것인데, 이는 동성애 시(homosexual poem)에서 흔히 찾아볼 수 있는 호칭이다(Burrow 632). 여기서 "glass"는 시간을 측정하는 모래시계(hourglass)일 수도 있고, 연인들에게 그들이 늙어가는 것을 비춰주는 거울일 수도 있다. 비록 친구가 "세월의 변덕스런 거울과 시간의 낫을 그대의 손아귀에 넣었"다고 하더라도 그의 힘(power)은 시간의 변덕스러운 "거울" 혹은 "모래시계"에 의해 제약을 받게 된다. 모래시계를 손에 넣었다고 해서 모래의 흐름과 함께 흘러가는 시간의 흐름을 돌려놓을 자는 없으며, 거울을 가졌다고 해서 그 거울에 비치는 모습을 어떻게 바꿀 수는 없는 법이니까 말이다. 여기서 "sickle hour"는 그가 낫을 사용할 시간, 즉 죽음의 순간을 의미한다. "fickle glass"와 "sickle hour"를 병치시킴으로써 변하기 쉬운 속성(mutability)과 피할 수 없는 죽음의 순간(necessary mortality)을 똑같이 보는 효과를 얻게 하고 있다. 셰익스피어의 4절판에서는 "sickle"의 's'가 길게 인쇄되었으므로 이는 자연스럽게 "fickle"을 연상시켰다. "glass"는 변덕스럽게 모래시계에서 거울로 변하고 "hour"는 최후의 심판 날(judgement day)에서 끊임없이 빠져나가는 시간을 상징하는 모래시계로 바뀌고 있는 것이다(Burrow 632).

이처럼 첫 4행에서는 시간의 영향을 받아 시들어 가는 평범한 사람들과 나날이 성장하는 소년을 대조시키고 있다. 여기 사용된 "fickle glass"나 "sickle hour", "hourglass" 등은 인간의 유한성을 나타내고 있다. 5-8행은 자연이 젊은이를 이용해 시간의 흐름을 정지시키려는 의도를 언급하고 있다. 그리고 9-12행에서는 결국 자연이 시간에게 굴복하고 영원한 것은 존재하지 않는다는 내용을 다루고 있다. 그리고 시는 텅 빈 괄호의 침묵으로 끝난다. 1609년 4절판에 인쇄된 마지막 2행 연구의 텅 빈 괄호는 좌절감과 전위(displacement), 그리고 불완전함 등을 강하게 연상하게 하면서 이상하게 마무리 짓고 있다. 시간의 모래시계와 낫에 대한 "사랑스런 소년"의 힘은 3행과 4행에 형상화 된 순환되는 소멸과 쇠퇴의 불가피성으로 인해 부정되고 있다. 시의 화자는 자연이 이 젊은이를 시간에 넘겨주고, 시는 텅 빈 괄호의 침묵으로 끝난다는 사실을 받아들여야 한다. 이는 마치 말이나 언어의 힘이 죽음의 침묵을 극복하지 못한다는 것을 암시하고 있는 것 같기도 하다. 이 126번 소네트는 소네트 시집의 마지막이 아니라, 검은 여인을 다룬 소네트가 바로 이어지기에 시의 화자는 더 이상 시간에 대해 관심을 두고 있지 않은 듯하다(Hyland 186).

9

셰익스피어의 소네트 연작에서 127-154번 소네트는 검은 피부의 여인(Dark Lady)을 주로 다루고 있다. 이 가운데 널리 읽혀지는 대표적인 시가 「129번 소네트」와 「130번 소네트」이다. 이들 소네트에 등장하는 시인이 사랑하는 여인은 페트라르카의 전형적인 미인의 모습과는 판이하게 다른 검은 피부의 여인이라는 점이 특이하다. 지금까지 소네트에 등장하는 인물들을 시인의 전기적인 사실과 관련지으려는 많은 시도가 행해졌지만 이들 대부분은 추측에 머물고 있으며, 이 여성도 앞서의 젊은 친구와 마찬가지로 순전히 문학적 창조물일 가능성이 있다. 그러면 성적 욕망의 실상을 적나라하게 파헤치고 있는 「129번 소네트」를 먼저 읽어보자.

정욕을 행동으로 옮기는 것은 수치의 황야에서

정기를 소비하는 것이요, 행하기까지 정욕은
거짓 맹세를 일삼고, 살인적이고, 잔학하고, 비난으로 가득 차고,
야만적이고, 극단적이고, 난폭하고, 잔인하며, 믿을 수 없어.
욕망을 채우자마자 멸시 받고
이성을 넘어 추구하지만 얻자마자
이성을 넘어 혐오 받고, 삼킨 자를
미치게 하려고 놓아둔 미끼 같은 것.
추구하는 동안에도 광란이요, 가질 때도 미친 듯하며
행한 뒤에도, 행하고 있는 중에도, 행하려 하는 동안에도 극단적이라,
경험할 때는 지극한 기쁨이나, 경험한 후에는 단지 슬픔일 뿐
전에는 기대되는 기쁨이나, 후에는 악몽 같아.
  이 모든 것을 세상은 너무나 잘 알지만, 그 누구도
  지옥으로 이끄는 이 천국을 피할 줄은 모른다네.

Th' expense of spirit in a waste of shame
Is lust in action; and till action, lust
Is perjured, murd'rous, bloody, full of blame,
Savage, extreme, rude, cruel, not to trust,
Enjoyed no sooner but despisèd straight,
Past reason hunted; and no sooner had,
Past reason hated, as a swallowed bait,
On purpose laid to make the taker mad;
Mad in pursuit, and in possession so,
Had, having, and in quest to have, extreme,
A bliss in proof and proved, a very woe,
Before, a joy proposed; behind, a dream.
  All this the world well knows; yet none knows well
  To shun the heaven that leads men to this hell.

이 소네트는 다른 소네트들과 달리 특정 인물에게 이야기하는 것이 아니라 마치 독자에게 설교하듯이 정욕의 거짓됨을 알면서도 모두가 환상적인 꿈을 추구하는 현실을 고발하고 있다. 전체적으로 이 시는 파괴적이고 동물적인 정욕의 극단적인 속성을 정욕을 행동으로 옮기기 이전(before)과 행할 때(action)와 행한 이후(after)의 3단계로 나누어 각각 대조법을 사용하여 그 변화 과정을 묘사하고 있다. 먼저 정욕의 힘과 모든 잘못된 쾌락의 기만적이고 쓰라린 망상, 그리고 이에 필연적으로 따르게 되는 후회와 가책 등을 이야기하고 있다.

시를 좀더 자세히 분석해보면 시의 앞부분에서는 정욕으로 인해 인간이 경험하게 되는 괴로운 생각과 감정을 격하고 빠른 어조로 토로하고 있다. 시의 화자는 분명하게 성적 욕망에 대해 이야기하면서 욕정이란 부끄러운 것이며 정신적으로 쇠약하게 만드는 것이라고 주장하고, 시의 마지막까지 계속해서 이러한 생각을 확장시키고 있다. 마구 쏟아 나열되는 형용사와 묘사하는 짧은 구들은 정욕이 초래하는 비극적 결과를 여러 가지 양상으로 제시한다. 1-2행은 /sp/ 혹은 /st/ 같은 음(expense, spirit, waste, lust)의 패턴을 이용하여 정욕의 본질을 부각시키는데, 특히 폭발하듯이 파열되는 /p/음은 불가항력적일 정도로 강력한 정욕의 힘을 묘사하고 있다. 시인은 처음부터 여러 가지 의미가 동시에 함축하는 단어들을 구사하여 인상적인 효과를 창조한다. 예를 들어 아무 이익도 없이 재정상의 손실을 가져다주는 정욕을 소비를 뜻하는 "expense"로, "spirit"는 정신적인 활력과 남성의 "정액"(semen)이라는 성적 이미지를 동시에 함축하는 의미로, 그리고 가치 없는 행위에 대한 부끄러움과 치욕과 순결의 상실 등을 "shame"이라는 단어를 통해 나타내고 있다. 또한 1-2행에서는 어순을 뒤집음으로써 정욕의 그릇된 에너지를 시각적으로 형상화한다. 3-4행은 비슷한 의미의 형용사들을 병치시킴으로써 각각의 의미들이 극한까지 상승하는 효과를 내고 있다.

독자들은 첫 4행 연구에서 정욕에 기초한 남녀 사이에 있을 수 있는 몇 가지 상황이나 장면을 연상해볼 수 있다. 예를 들어 "perjured"라는 시어는 사랑한다거나 결혼할 것이라는 등 남자가 자신의 욕망을 달성하기 위해 여자에게 하는 가장 일반적인 거짓말들을 암시하고 있다. 욕정에 눈이 어두워 진실과는 거리가 먼 이야기를 내뱉는 현실을 이야기하고 있는 것이다. 또한 "bloody"라는 단어는 한층 심각한 정욕의 결과를 연상시킨다. 즉 정욕에 희생되어 원치 않는 아기를 임신하여 낙태나 자살을 기도하거나, 아내가 다른 남자와 함께 침대에 있는 것을 본 남편이 화가 나 이들을 살해하게 되는 상황을 생각하게 된다. "full of blame"은 진정한 사랑이 아니라 육체적 욕망으로 맺어진 관계의 고통스러운 결과로 남녀가 서로 자신을 속이거나 유혹한 상대를 비난하는 경우를 상정할 수 있다.

5행에서는 "no sooner" 다음에 "than"이 아닌 "but"을 사용함으로써 정욕을 행하는 과정에서 일어나는 변화와 이내 격렬한 후회로 치닫는 강한 반응을 효과적으로 나타낸다. 6행의 "had"는 욕망을 채웠다는 의미와 욕망의 대상을 소유했다는 의미를 동시에 지니고, 7행의 "hated"는 정욕이나 정욕의 대상을 혐오하게 된다는 것을 의미한다. 이처럼 두 번째 4행 연구에서는 정욕은 그 기대하는 바와 결과가 차이가 있으며 서로 모순이 된다는 사실을 말하고 있다. 이 시의 두드러진 이미지가 바로 여기에 등장하고 있다. 즉 욕망을 충족시키자 곧 멸시하게 되고, 얻고 나자 이내 혐오하게 되는 정욕을 "삼킨 자를 / 미치게 하려고 놓아둔 미끼"와 같다고 비유하는 부분이다. 보통 쥐를 잡기 위해 독이 든 미끼를 사용하는데, 이 미끼를 먹은 쥐는 갈증과 고통으로 미쳐서 집밖으로 뛰쳐나가 죽게 된다. 통제되지 않는 정욕에 따라 행동하는 사람들이 가장 비천하고 혐오스런 동물인 쥐에 비교되고 있는 것이다.

10행에서는 육체적 욕망을 채우기 위해 행동한 후나 행하고 있을 때나 행하려고 할 때 모두 극단적인 인간의 행동과 감정의 상태를 절묘한 수사법을 통해 여실히 보여주고 있다. 'have'라는 동일한 어근(root)의 여러 단어들을 통한 청각적인 반복을 이용하여 단어의 일률성과 행동의 일률성을 강조하고 있다고 하겠다. 11-12행의 "bliss"나 "woe", "joy", "dream" 같은 추상명사는 정욕의 덧없음을 표현하는 단어들로 행위의 결과가 한갓 꿈이나 한숨, 혹은 물거품 같은 즐거움이라는 사실을 보여준다.

마지막 2행 연구는 "well knows"와 "knows well"을 병치시키면서 우아하게 끝맺고 있으며, 어조는 폭풍우 뒤의 고요함과 같이 느껴진다. 여기서 내리는 결론은 행복한 것이라기보다는 올바른 결론이라고 하겠다. 인간은 세대를 거듭하면서 똑같은 실수를 반복하지만 성적인 욕망은 그만큼 자제하기 힘들고 인류가 경험하는 비극의 많은 원인이 여기서 비롯된다는 사실을 숙명적으로 말하고 있다. 이처럼 「129번 소네트」는 아름다운 사랑이나 달과 별처럼 즐거운 이미지로 가득 찬 엘리자베스 시대의 다른 시들이나 셰익스피어의 다른 소네트와 달리 마치 현대 예술의 불협화음이나 추한 이미지들과 같이 고의적으로 충격을 주는 현대적이고 실험적인 방식으로 정욕에 대해 다루고 있는 것이다.

이제 마지막으로 읽을 시는 사랑하는 여인을 묘사할 때 과장된 비유를 즐겨 사용하는 페트라르카의 전통과 이를 모방하는 시인들을 풍자하고 조롱하면서, 시인 자신은 있는 그대로의 여성의 모습을 사랑하겠다고 다짐하는 내용의 「130번 소네트」이다.

내 애인의 눈은 조금도 태양을 닮지 않았어.
산호가 그녀의 입술보다 한결 더 빨갛고

눈이 희다면 그녀의 가슴은 거무튀튀하며
머리칼이 금실이라면 그녀의 머리에는 시꺼먼 줄이 자라지.
붉은 색과 흰색이 섞인 장미는 보았지만
그녀의 뺨에서는 그런 장미를 보지 못한다네.
향수가 내 애인의 입김에서 나는 냄새보다
더 좋은 향기를 풍기지.
그녀가 말하는 소리를 듣기 좋아하지만, 음악이 훨씬
더 듣기 좋다는 걸 잘 알고 있지.
여신이 걷는 것을 물론 본 일이 없지만
내 애인은 걸을 때 언제나 땅을 밟고 가지.
  그러나 맹세코 내 애인은 거짓 비유로 꾸며진
  그 어떤 여자보다도 뛰어나다오.

My mistress' eyes are nothing like the sun;
Coral is far more red than her lips' red;
If snow be white, why then her breasts are dun;
If hairs be wires, black wires grow on her head.
I have seen roses damasked, red and white,
But no such roses see I in her cheeks;
And in some perfumes is there more delight
Than in the breath that from my mistress reeks.
I love to hear her speak, yet well I know
That music hath a far more pleasing sound;
I grant I never saw a goddess go:
My mistress, when she walks, treads on the ground.
  And yet, by heaven, I think my love as rare
  As any she belied with false compare.

당시 페트라르카의 전통을 따르던 시인들은 하나같이 애인을 금발과 백합이나 장미 같이 희고 붉은 얼굴, 진주 같은 이, 그리고 우유 같이 흰 목과 가슴을 지닌 미인으로 묘사하였다. 그러나 셰익스피어는 이 시에서 자기 애인이 페트라르카의 전통적인 미인과 비교할 때 그런 아름다움과 매력은 전혀 갖추지 못한 여성임을 상세히 열거함으로써 페트라르카식의 전통이 과장되고 남용되고 있음을 비웃고 있다. 시인은 자기 애인의 신체적 특징을 묘사하면서 각 4행 연구마다 서로 다른 이미지를 사용하고 있다. 즉 첫 번째 4행 연구에서는 시각 이미지를, 두 번째 4행 연구에서는 후각 이미지를, 세 번째 4행 연구에서는 청각 이미지를 통해 자기 애인은 가상과 허구의 수식에 둘러싸인 존재가 아니라 땅 위를 걸어 다니며 생생하게 살아 움직이는 여인임을 강조하고 있다.

첫 4행 연구에서 시인은 자기 애인의 두 눈은 태양과 같이 아름답게 빛나지 않으며, 입술이 빨갛다고 하지만 산호의 색깔에는 못 미친다고 말한다. 눈은 흰색으로 인해서 많은 사랑을 받는데 그녀의 가슴은 거무튀튀하다고 푸념한다. 그리고 그녀는 그 당시 미녀의 조건이었던 금발의 머리카락이 아니라 검은 머리를 지니고 있다고 투덜댄다.

두 번째 4행 연구에서는 자기 애인의 두 볼이 발그레한 장미꽃을 닮지 않았으며, 그녀의 입에서는 향수 같은 좋은 냄새가 나지 않는다고 말한다. 그리고 여러 가지 색깔의 장미(damasked roses)는 빨간색과 흰색이 섞인 장미인데, 그런 색깔이 애인의 얼굴에서는 보이지 않는다고 한다. 8행의 "reeks"라는 단어는 18세기 이전에는 "고약한 냄새가 나다"(to stink)라는 의미로는 쓰이지 않고 연기처럼 피어나거나 솟아오른다는 뜻으로 사용되었다고 한다(Burrow 640).

세 번째 4행 연구에서는 그녀가 내는 소리에 대해 언급한다. 그녀의 목소리는 내가 좋아하기는 하지만 음악소리처럼 예쁘지 않고, 그녀가 걸을 때면 여신이 사뿐사뿐 걸을 때와는 달리 터벅터벅 요란한 소리가 난다고 한다. 보통 8행 연구가 끝나고 9행에는 의미와 분위기가 바뀌는 전환점(turn)이 오기 마련이지만 여기서도 여전히 이전과 같은 어조와 논리가 지속되고 있으며 분위기도 달라지지 않고 있다.

그리고 마지막 2행 연구에서는 자기 애인이 여러 모로 부족한 점이 많지만 다른 시인들이 과장되고 거짓된 비유로 묘사한 어떤 여성들과도 다른 아주 보기 드문 인물이라고 말하고 있다. 이 시는 지금까지 페트라르카의 소네트를 모방한 시인들이 사용하던 입에 발린 찬사와는 판이하게 다른 내용을 제시함으로써 독자들에게 신선한 충격으로 다가온다. 셰익스피어는 다른 시인들이 자기 여인을 찬미할 때 사용하던 여러 수사적 표현들을 정반대로 사용하면서, 그의 애인을 위해서는 그러한 거짓된 비유를 찾지 않고 그녀의 있는 모습 그대로를 사랑한다는 사실을 말하고 있는 것이다. 실제로 사랑하는 사이에는 객관적이고 실제적인 아름다움 따위는 별로 문제가 되지 않고 제 눈에 안경 격으로 주관적인 판단 하에 사랑에 빠지게 되는 것이 현실이 아니겠는가?

제6장 기지에 찬 성(聖)과 속(俗)의 시인
- 존 던 -

1. 『노래와 소네트』: 욕망의 정치학

1

영국 르네상스기 텍스트를 읽는 방법론에 있어 최근의 변화는 지금까지 소홀히 다루어지거나 과소평가 되어온 문학작품에 대해서 뿐만 아니라, 신비평의 영향을 크게 벗어나지 못하던 17세기 초의 서정시와 서사시 같은 텍스트 연구에 중대한 전기를 가져왔다. 형식주의 비평이 쇠퇴하면서 이들 텍스트 가운데 상당수는 상대적으로 주변적인 작품 대접을 받아왔으며, 이는 존 던(John Donne, 1572-1631)의 경우 특히 그러했다. 1970년대까지만 하더라도 존 던 비평은 엘리엇(T. S. Eliot)의 형이상학파 시인에 대한 재평가와 신비평적 글읽기 전략과 경향을 반영하는 범주를 크게 벗어나지 못하였다. 그러나 80년대에 들어서면서부터 젠더 개념이나 이데올로기, 권력, 르네상스기의 언어에 대한 탐구 등으로 인해 기존의 던의 텍스트를 완전히 새로운 시각에서 읽고 이해하는 것이 가능하게 되었으며, 글읽기의 바탕이 되어온 비평적, 역사적, 문화적 전제들에 대해 재검토하게 되었다.

또한 지금까지 존 던 비평은 그가 후기 르네상스라는 특정한 역사적 순간에 글을 쓴 작가라는 사실에 거의 주의를 기울이지 않았다고 할 수 있다. 이 시대에 유럽에서는 코페르니쿠스의 지동설 등 당시의 천문학을 비롯한 과학이 인간과 지구가 세계의 중심이라고 생각하던 확고한 믿음을 전복하여 인간을 탈중심화시킨 급격한 변화의 소용돌이가 일어나고 있었다. 즉 인간은 이제 마치 우주를 떠도는 별과 같이 유랑자의 위치에 있게 된 자신을 발견하게 된 것이다. 이러한 공간적 전치(displacement)로 인하여 인간은 결국 영원한 진리나 초월성, 통합된 정체성이라는 영역에 더 이상 머물지 못하고, 차이를 통한 시간과 변화 속에 살게 된 것이다.

이 시기에 사랑을 노래한 던의 시에는 이러한 역사적 변화 앞에서 느끼는 인생의 무상함과 코페르니쿠스 이후의 상대적이고 전도된 가치관이 두드러지게 나타나고 있다. 특히 던은 당시 과학과 수학의 발명품이며 도구인 망원경과 컴퍼스 등을 사용하여 시간과 공간의 변화원리를 통해 권위나 젠더, 권력 등의 문제를 다루고 있는데, 여기에는 당시 영국의 제국주의와 팽창주의, 식민주의적 관점에서 여성을 바라보는 시각이 강하게 드러나고 있다. 예를 들어 망원경은 여성의 몸을 상징하는 지형을 마음대로 조절하며 바라봄으로써 이에 대한 은유적 지배를 가능하게 하는 도구로 작용하며, 이는 여성의 몸을 은밀히 바라보면서 쾌감을 느끼는 남성적인 인식을 가능하게 해준다. 이런 문화적·역사적 문제들을 드러내 보이며 모호하고 비밀로 가득 찬 던의 텍스트를 해체시키기 위해 오늘날 우리가 살고 있는 문화적 순간 속에서 행하고 있는 다양한 읽기는 물론이고, 기존의 읽기를 대체할 존 던 다시 읽기가 요구되고 있다.

『노래와 소네트』(*Songs and Sonnets*)를 비롯한 던의 사랑의 시편들에는 영국 팽창주의의 시작을 알리는 활기차고 낙관적인 특징들이 제왕의 명령과 같이 당당하고 오만한 표현을 통해 드러나 있음을 쉽게 찾아볼 수 있다. 시에 담겨 있는 욕망은 끝이 없고 통제하기 힘들고 절박하며, 논의 자체가 들어설 여지가 없이 일방적으로 계속되는 명령들로 제시된다. 이는 또한 새로운 대륙의 발견이나 탐험, 정복, 지도 그리기 등의 이미지로 그려지고 있다(Belsey 63-4). 그러면 이처럼 발견과 지도제작, 우주론, 정복 등의 이미지를 통해 그 의미를 모색하고 있는 사랑은 어떤 종류의 사랑이며, 17세기 초 이들 사랑의 시편 속에 자주 등장하는 욕망의 세계는 어떤 성격의 것인가? 텍스트에는 어떤 성의 정치학이 새겨져 있는가? 그리고 사랑하는 연인들이 소용돌이치는 정치적, 사회적 환경 속에서 서로 교감하며 주고받는 사랑과 욕망은 영토와 재산, 혹은 정복과 어떤 관계에 있는 것일까 하는 질문을 던지면서 『노래와 소네트』의 시 몇 편을 중심으로 던 다시 읽기를 시도해보자.

2

던의 사랑의 시편들에는 왕위와 권력, 전제주의 등 공적인 세계에서 주로 사용되는 정치적인 언어들이 과장된 어투로 남녀간의 사랑이라는 사적인 세계에서 사용되고 있음을 찾아볼 수 있다(Loewenstein 3; 6). 예를 들어 의기양양하게 세계의 중심을 향하여 상승하는 일출을 은유적인 궤변으로 이야기하고 있는 「떠오르는 태양」("The Sun Rising")을 읽어보자. 시에서 모든 공간은 연인들의 침대나 방의 범위로 축소되고, 이 연인들은 전 세계가 되며 태양과 동등한 중심의 위치를 점유하게 된다. 요컨대 이들은 모든 만물이 자신들 주위를 회전하고 그들 주위로 모든 시간이 지나가는 반면, 자신들은 시간의 영향을 받지 않는 정지된 점과 같이 초월성을 획득하게 된다. "계절도 풍토도" 모르는 시간과 공간을 초월한 사랑을 나누는 연인들의 잠자리는 태양이 매일 회전하는 중심이 되고, 서로 사랑을 주고받는 순간은 역사를 종식시키는 놀라운 결과를 낳고 있다고 하겠다.

먼저 태양은 커튼이나 창틈으로 가만히 엿보는 일종의 관음증자(voyeur) 같이, 단지 잠자리에 있는 연인들과의 관계 속에서만 존재하는 것으로 묘사된다. 훔쳐보기라는 상황은 시 첫 행의 "제멋대로 구는 태양"(unruly sun)이라는 표현에서도 암시되어 있는데, 마치 태양이 부모의 원초적 장면을 훔쳐보는 버릇없는 아이(son)와 같다는 느낌을 준다(Marotti 157). 태양이 차지하는 공간이 연인들의 침실로 엄청나게 줄어들게 됨에 따라 그의 영역이나 권한도 축소되는데, 이는 태양을 인간처럼 묘사함으로써 한층 강화된다.

바쁘게 설쳐대는 늙은 바보, 제멋대로 구는 태양아,
너는 왜 이렇게
창문을 통해 커튼 사이로 우리를 방문하느냐?
너의 운행에 맞추어 연인들의 계절도 달려야 하니?
건방지게 아는 체하는 놈아, 가서 꾸짖기나 해라
지각한 학생들이나 시무룩한 도제들을.
가서 알려라 궁정 사냥꾼들에게 왕이 사냥 나가신다고.
불러라 시골 개미들을 추수하는 일에.
사랑은 늘 한결같아서 모른단다, 계절도 풍토도,
시간의 넝마조각인 시간도, 날도, 달도.

너의 빛이 그렇게도 거룩하고 강력하다고
어찌 감히 그런 생각을 하게 되었냐?
눈을 한번만 깜박거리면 그 빛을 흐리게 하고 일식시킬 수도 있는데,
그동안 그녀를 못 보게 되지만 않는다면 말이다.
만일 그녀의 눈이 네 눈을 멀게 하지 않았다면
보라, 그리고 내일 늦게 말해라,
향료와 황금이 나는 두 인도가
네가 그들을 떠나온 곳에 있는지, 아니면 여기 나와 함께 누워 있는지를.

네가 어제 보았던 왕들이 어디에 있는지 물어봐라,
그러면 너는 듣게 되리라, 모두가 여기 한 침대에 누워 있다는 것을.

Busy old fool, unruly sun,
Why dost thou thus,
Through windows and through curtains call on us?
Must to thy motions lovers' seasons run?
Saucy pedantic wretch, go chide
Late school boys and sour prentices,
Go tell court huntsmen that the King will ride,
Call country ants to harvest offices;
Love, all alike, no season knows nor clime,
Nor hours, days, months, which are the rags of time.

Thy beams, so reverend, and strong
Why shouldst thou think?
I could eclipse and cloud them with a wink,
But that I would not lose her sight so long:
If her eyes have not blinded thine,
Look, and tomorrow late, tell me,
Whether both th' Indias of spice and mine
Be where thou leftst them, or lie here with me.
Ask for those kings whom thou saw'st yesterday,
And thou shalt hear, All here in one bed lay.

이 의인법을 통해 태양은 연인과 연관지어지면서 인간의 규모로 축소되고, 이와 상응하여 화자는 태양이 공간적으로 줄어드는 만큼의 비율로 커지고 있다. 태양이 줄어든다는 것은 우주 공간이 줄어든다는 것이고, 그 자리를 연인들이 차지하여 그들의 침실이 우주 자체의 영역으로 확대되고 있다. 그들은 이제 눈을 깜박임으로 일식이 일어나게도 할 수 있는 천체가 된 것이다. 이처럼 우주라는 공간이 던의 시에서 상대적이고 변하기 쉬운 것으로 그려지고 있음에 주목할 필요가 있다.

시는 여인의 몸을 전 세계에 대한 은유적 기호라고 할 수 있는 지도로 전환시킴으로써 공간 조작을 계속하고 있다. 동인도와 서인도는 향료와 황금이 나는 하나의 여성의 몸의 형태로 묶여져 있는데, 이렇게 세계가 축소되면서 여성은 상업적인 은유를 통해 그녀의 부와 심지어는 정체성까지도 시장에서 교역되는 상품이 되고 만다는 사실에 주목할 필요가 있다. 이리하여 여성은 근본적으로 가변적인 존재, 교환의 상징으로 이해되고 있다. 여성이 이렇게 세계를 그녀에게로 축소해 넣는 동안 남성의 지위는 점점 커지고 있다.

위의 구절에서 알 수 있듯이 물론 이 시는 연인이 밤의 쾌락을 방해하는 새벽을 나무라는 새벽에 부르는 사랑노래(aubade)의 전통을 이어받고 있으나, 화자의 불손한 자세나 기발하고 과장된 생각은 전례를 찾아보기 힘든 것이다(Belsey 70). 생명의 근원이며 시간과 역사의 원천인 태양은 새롭게 부상하는 힘 있는 주체에게 자신의 주권을 넘겨주도록 명령받고 있다. 눈을 감음으로써 태양을 깜깜하게 만들 수 있는 주체인 화자는 자신이 "모든 제왕"이며 "그 이외엔 아무것도 존재하지 않아"라고 말함으로써 극단적인 주관주의를 보여주고 있다. 다른 제왕들은 단지 자신들을 흉내 내는 배우에 불과하고 "이 사랑에 비하면/모든 명예는 가짜요 모든 부는 거짓된 것"이어서 연인들만이 진정한 실재를 나타내고 있다는 주장을 하고 있다. 이처럼 화자는 일상적이고 평범한 세계 너머 무시간의 영역에 거하면서 위엄 있는 어조로 사소하고 하찮은 현세를 경멸하고 있는 것이다.

그녀는 세상의 모든 제국, 나는 세상의 모든 제왕,

그 이외엔 아무 것도 존재하지 않아.
제왕들은 단지 우리를 흉내 낼 뿐, 이 사랑에 비하면
모든 명예는 가짜요 모든 부는 거짓된 것.
너 태양아, 네 행복은 우리 절반밖에 안되지,
세계가 이처럼 축소되어 있으니까.
네 나이 이제 편안한 휴식을 원하고, 세상을 따뜻하게 하는 것이
네가 할 일이라면 우리를 따뜻하게 할 때 네 의무는 다 하는 것.
여기 우리를 비추어라, 그러면 너는 세계 도처에 있는 셈이니.
이 침대는 너의 중심, 이 벽들은 너의 천계인 것을.

She is all states, and all princes, I,
Nothing else is.
Princes do but play us; compared to this,
All honor's mimic, all wealth alchemy.
Thou, sun, art half as happy as we,
In that the world's contracted thus;
Thine age asks ease, and since thy duties be
To warm the world, that's done in warming us.
Shine here to us, and thou art everywhere;
This bed thy center is, these walls, thy sphere.

"그녀는 세상의 모든 제국, 나는 세상의 모든 제왕"이라는 구절은 노골적이고 분명하게 가부장적이고 제국주의적인 태도를 보여준다. 외적인 정치의 세계는 소멸되고 연인들의 사적인 새로운 세계가 진정한 정치의 세계로 대체되고 있는 것이다(Loewenstein 6-7). 비록 여성이 세계를 구성할 수는 있지만 그 모든 부를 자기 마음대로 할 수 있는 통치자는 바로 남성이다. 세계와 그 부는 여성의 몸이라는 공간으로 축소되어 있어서 그녀와 관계를 가지는 것은 세계와 거래하는 것

이 된다. 성적인 관계가 여기서 상거래 관계로 묘사되고 여성 자신이 교역장소 자체로 상징되면서, 여성의 몸은 교환을 상징하는 교차로가 되는 것이다. 그러나 던이 비록 텍스트에서 번덕스럽고 변하기 쉬운 세계에 대한 안정된 남성의 지배를 주장하려고 하지만, 그럼에도 불구하고 여성에 대한 의존이 묵시적으로 존재한다. 여성은 텍스트의 구성을 허용하고 심지어는 생성하기도 하는 상징적인 교환의 원리로 이해되고 있다는 점에서 적어도 그러하다. 시에 등장하는 모든 공간, 즉 몸, 눈, 침대, 방, 세계 등은 은유적인 텍스트를 지배하고 있는 교환 혹은 교차의 원리에 따라서 교환할 수 있는 것으로 남아 있다.

그러나 우리는 "모든"이라는 단어를 다섯 번이나 반복하면서, 세상의 모든 권력과 재산, 명예가 자신들의 사랑에 비하면 아무 것도 아니라고 극단적으로 강변하는 목소리 이면에 숨겨진 화자의 의도와 욕망에 의심을 품어볼 필요가 있을 것이다. 마로티(Arthur Marotti)는 던의 결혼초기에 씌어진 많은 사랑시들이 공적인 일에 관여하는 것보다 개인적인 생활이 우월하다는 사실을 아이러닉한 방법으로 논증하고 있음을 지적한다. 이 시에서도 사적인 세계에 살고 있는 연인들이 공적인 세계에서 권력에 대한 야망을 이루려고 날뛰는 자들보다 도덕적으로 훌륭하다는 주장을 내세우고 있다. 그러나 이러한 주장에 동원된 희극적이고 과장된 기지는 사실상 던의 좌절된 정치적 욕망을 드러내고 있으니, 즉 당시의 정치적, 사회적 규범과 질서를 파괴하여 엄청난 파문을 일으킨 앤 모어(Ann More)와의 비밀결혼으로 인해 모든 공직으로의 진출 기회를 잃어버린 던이 자코비언(Jacobean)시대 초기에 느꼈을 권력층으로부터 배제된 상실감을 위장하여 나타내는 수단으로 사용된 것이라는 말이다. 이렇게 볼 때 화자의 적극적이면서 단호하고 권위 있는 목소리는 수동적인 무력감에 대한 상상 속의 보상이며, 성적인 능력은 사회경제적인 무능력을 역설적으로 드러내고 있는 것으로 해석할 수 있을 것이다(Marotti 156-57).

브라운(Meg Brown) 역시 사랑에 가해지는 사회적이고 문화적인 속박과 제재에 대항하여 던이 어떻게 사회의 권력 구조를 시적으로 전도시키고 있는가를 추적한 글에서, 시인이 궤변적인 논리를 통해 사랑에 정치적 합법성을 부여함으로써 새로운 사회 질서를 만들어내고 있다고 말한다. 즉 던은 「떠오르는 태양」에서 자신이 배척된 권력의 중심부에 사랑을 둠으로써 새로운 질서를 확립하고 있다는 것이다. 시의 화자가 1연에서부터 개인적인 사랑과 공적인 권위의 지위를 역전시킴으로써, 권력과 명성으로부터 배제된 국외자인 던이 오히려 궁정의 특권계층들을 국외자로 바라보면서 그들을 축출하고, 의심하고, 권력을 행사하는 것처럼 보인다. 태양까지도 국외자로서 특권층의 위치에 있는 연인들을 훔쳐보는 존재로 전락하고 있다. 화자는 사랑이 세속적인 명예와 권력이나 태양보다 더 우월하다는 사실을, 태양이 부추기는 지식과 부와 관직과 권세 등을 추구하는 세속적인 활동들이 모두 시시하다고 언급함으로써 분명히 말하고 있다. 더욱이 "가서 알려라 궁정 사냥꾼들에게 왕이 사냥 나가신다고./불러라 시골 개미들을 추수하는 일에"라고 하며 왕을 개미라는 곤충과 병치시키는 구절에서는 세속적인 권력의 위계가 무너지고 높은 지위의 위엄이 땅에 떨어지는 효과를 내고 있다. 이처럼 이 시는 사랑을 사회정치적인 요구보다 위에 놓음으로써, 시인이 정치적·사회적인 기준을 뛰어넘는 결혼을 통해 권위에 도전했던 그 행위를 장난스럽게 표현하고 있는 것이다(Brown 24-28). 다시 말해서 던이 사랑의 도피행각으로 인해 전복시켜버린 바로 그 정치적 질서와 권력 구조의 관점에서 사랑을 정당화하고 있다고 하겠다.

우리는 여기서 공간이 조종되면서 시간의 진행이 정지되고 있다는 사실에 주목할 필요가 있다. 태양에게 "너의 운행에 맞추어 연인들의 계절도 달려야 하니?"라고 질문하면서 시작된 시는 태양의 움직임을 정지시키고 주변에 위치했던 연인들을 세계의 중심에 놓이게 함으로써 그에 대한 답을 제시하고 있다. 시간이 움직임의 결과로 생겨나는 것이라면, 역사의 진행에 대한 승리는 이 움직임을 붙들어 매는 것으로 가능하게 된다고 할 수 있다. 시의 끝 부분에서 태양은 전 세계를 비추던 운행궤도가 점점 줄어들고 반경과 움직임이 축소되다가, 마침내 연인들의 침실이라는 중심부를 자기 무대로 하게 됨으로써 코페르니쿠스적 발견과 같은 엄청난 변화가 일어난다. 이처럼 태양의 움직임을 공간적으로 축소시키는 것은 태양을 낮의 운행주기에 붙잡아두는 것과 같다. "여기 우리를 비추어라, 그러면 너는 세계 도처에 있는 셈이니. / 이 침대는 너의 중심, 이 벽들은 너의 천계인 것을"이라며 태양이 움직이는 궤도를 수정하여 자신들의 보금자리만 비추라고 하는 것은 과거에 진리라고 생각되었던 것이 허구로 드러나고, 모든 가치체계가 더 이상 확실한 것으로 여겨지지 않고 재평가되고 있는 상대주의적 사고를 반영하고 있다. 여기서 중력의 물리적 중심이면서 세계의 잠재적이고 상징적인 중심인 태양의 자리에 연인들의 침대가 대신 들어서 있다. 사랑은 세상을 돌아가게 하는 힘이고 침대는 그 확고한 중심에 자리하고 있는 것이다. 그러나 신이나 지구, 또는 태양이 아니라 연인들의 침대가 우주의 중심에 자리 잡고 있는 이 특별한 지형들 역시 그들이 대신한 큰 우주만큼이나 쉽게 변하거나 변조될 가능성이 있는 것이다.

3

새로운 깨달음으로 이전과는 혁신적으로 달라진 연인들의 관계를 공간의 축소와 확대를 통해 그려내고 있는 또 다른 예를 「새 아침」("The Good Morrow")에서 찾아볼 수 있다. 시의 제목이 시사하는 바와 같이 이 시의 연인들은 새 아침에 자유롭고 새롭게 변한 관계에 대해 눈뜨게 된다. 이 순간은 "우리가 사랑할 때까지 그대와 난 도대체/무얼 하고 있었는지 궁금하오"라고 화자가 열렬하게 고백하듯이 혁명적인 순간이라고 할 수 있을 것이다.

우리가 사랑할 때까지 그대와 난 도대체
무얼 하고 있었는지 궁금하오. 그 때까지 젖도 못 떼고
유치하게 촌스런 쾌락이나 빨고 있었단 말이요?
아니면 잠자는 일곱 기독교도들의 동굴에 누워 코를 골고 있었나요?
그러했소. 이 사랑 이외의 모든 즐거움은 환상에 불과한 것.
설사 내가 어떤 미녀를 보고 탐내어 차지했다 해도
그건 단지 그대에 관한 꿈에 불과할 뿐이오.

그러나 이제는 우리의 깨어나는 영혼들이
두려워하며 서로를 보지 않는 새 아침이 밝았소.
사랑은 다른 모습에 대한 모든 사랑을 통제하고
하나의 작은 방을 전 세계로 만드니까요.
해외 탐험가들에게는 새로운 세계를 찾아가게 하고, 다른 이들에게는
지도들을 주어 구세계 위에다 신세계를 보여주게 하시오.
허나 우리는 서로가 하나를 가진 하나의 세계를 갖도록 합시다.

그대의 눈에 나의 얼굴이, 나의 눈에 그대의 얼굴이 나타나오.
참되고 순결한 마음이 그 얼굴에 깃들어 있어요.
차가운 바람이 부는 북쪽도, 해가 지는 서쪽도 없는
이보다 더 나은 두 반구를 어디서 찾을 수 있겠어요?
죽는 것은 무엇이나 고루 섞이지 않은 탓.
만일 우리 둘의 사랑이 하나이고, 그대와 내가 똑같이 사랑하여

어느 한쪽도 기울지 않는다면 우린 아무도 죽지 않을 것이오.

I wonder, by my troth, what thou and I
Did, till we loved? Were we not weaned till then,
But sucked on country pleasures, childishly?
Or snorted we in the seven sleepers' den?
'Twas so; But this, all pleasures fancies be.
If ever any beauty I did see,
Which I desired, and got, 'was but a dream of thee.

And now good morrow to our waking souls,
Which watch not one another out of fear;
For love all love of other sights controls,
And makes one little room an everywhere.
Let sea-discoverers to new worlds have gone,
Let maps to other, worlds on worlds have shown,
Let us possess one world; each hath one, and is one.

My face in thine eye, thine in mine appears.
And true plain hearts do in the faces rest;
Where can we find two better hemispheres
Without sharp North, without declining West?
Whatever dies was not mixed equally;
If our two loves be one, or thou and I
Love so alike that none do slacken, none can die.

화자는 다소 과장된 어조와 표현을 동원하여 과거와 현재와 미래를 언급하면서, 이제서야 새로운 세계가 열리듯이 참다운 사랑의 대상을 발견한 기쁨에 대해 독백을 하고 있다. 그러나 도처티(Thomas

Docherty)는 어떤 의미에서 이들은 서로의 세계에 구속되고 사로잡히는 마비와 속박의 상황으로 깨어나는 것이라는 색다른 주장을 하고 있다. 그의 해석에 따르면 여기 아침에 깨어나는 연인들은 서로를 바라보다가 각자의 매력에 사로잡혀 새로운 관계 속에 고정되고 단단히 붙잡히게 된다는 것이다. 만약 "하나의 작은 방"이 "전 세계"라면 이 얽매인 공간을 떠날 하등의 이유가 없다. "두려워하며 서로를 보지 않는"다는 구절은 애매하지만 그들이 서로를 두려움이나 질투의 감정으로 바라보지 않는다는 의미와 더불어, 자신들이 살고 있는 공간이 바로 "전 세계"며 유일한 현실이기 때문에 상대방 너머를 바라볼 필요가 없다는 의미가 다 가능할 것이다. 이들은 서로의 시선을 주고받을 때 그들만의 작은 공간 속에 갇히게 되는데, 그렇다면 이 속박과 혁명적인 순간 사이를 어떤 식으로 타협할 것인가? 연인들은 물론 서로의 눈빛 속에서 시간의 변화와 역사의 진행을 뛰어넘어 현세적이고 순간적인 것에서 영원으로 옮겨갔을 수도 있다. 그러나 이 혁명적인 순간은 매일 똑같은 공간, 같은 침대에서 서로의 눈을 바라보며 깨어나는 끊임없이 반복되는 순간이기도 하다. 이렇게 볼 때 이 혁명은 항상 불완전하며, 초월의 상태는 끝내 도달되지 않는다는 사실을 간과해서는 안 될 것이라는 도처티의 지적은 매우 시사적이다(Docherty 41-43).

이처럼 「새 아침」에서 새로운 세계의 발견으로 극화된 연인들의 세계 「시성」("The Canonization")에서 "소네트 속에 아름다운 방"을 짓고 살듯이 서로의 눈동자 속에 재현되면서 공간적으로 축소되고 있다. 그렇다고 해서 던의 "아름다운 방"이 전적으로 심미적인 공간만은 아니고 사랑과 성애(sexuality)의 공간이기도 한데, 이는 화자가 세속적인 권력과 부를 희생하려고 하는 것은 바로 사랑과 성적인 열정을 위해서이기 때문이다(Halpern 105-6). 그는 "해외 탐험가들에게는 새로운 세계를 찾아가게 하고, 다른 이들에게는 / 지도들을 주어 구세계 위에다 신세계를 보여주게 하시오", "허나 우리는 서로가 하나를 가진 하나의 세계를 갖도록 합시다"라고 제의한다. 여기서 화자는 상호간에 주고받는 사랑을 일시적이고 덧없는 물질세계와는 상반될 뿐만 아니라 그것을 초월하는 것으로 찬양하고 있다. 즉 사적인 사랑의 작은 세계를 온통 물질적인 것에만 관심을 가지는 제왕과 탐험가, 법률가, 그리고 상인들의 무의미한 외부 세계와 대조시키고 있는 것이다(Guibbory 135).

이에 대해 벨지는 이 텍스트에서 제국의 정치학과 사랑의 정치학이 근본적으로 갈라지고 있다고 말한다. 세속적인 권력과 물질을 추구하는 자들은 지도를 작성하고 탐험을 통해 신대륙을 발견하여 필연적으로 새로운 영토를 소유할 수 있을 것이다. 그러나 사랑은 보다 신비롭고 불가사의해서 연인들은 그들 자신만의 사랑의 세계를 소유할 뿐만 아니라 동시에 서로에 대한 세계를 구성하게 된다. 두 개의 반구와 같이 그들은 알려져 있고 지도상에 나타나 있으며, 그 자체로 부족함이 없는 하나의 완전한 세계로 합쳐지고 있다는 말이다(Belsey 72-73). 그렇기 때문에 상대방의 눈동자라는 공간으로 축소된 이들에게 작은 방은 곧 "전 세계"이기도 하다. 이렇게 볼 때 자신들의 거울이미지로 축소된 것 같던 연인들의 공간은 역으로 전 세계를 가득 채울 만큼 폭발적으로 팽창하고 있기도 한 것이다. 연인들의 사랑과 인식의 순간은 이처럼 수축과 팽창을 반복하면서, 인간의 사회적 조건을 구성하는 시간과 공간의 관계를 새롭게 설정하기 시작하는 "새 아침"의 순간이다.

이와 같이 던의 사랑시들은 「새 아침」에서처럼 코페르니쿠스 이후의 혁신적으로 변화된 시각과 세계관을 제시하고 있다. 이들은 「떠오르는 태양」에서 "그녀는 세상의 모든 제국, 나는 세상의 모든 제왕, / 그 이외엔 아무 것도 존재하지 않는다"고 하듯이 연인의 주관적 생각을 강조하면서 그 권위와 자율성 등을 주장하기도 한다. 또한 「시성」에서처럼 연인들을 성인의 반열로 올려놓고 의식과 기적, 화체설 등 천주교에서 사용하는 언어를 전용함으로써 사랑을 종교를 대신하는 자리에까지 올려놓기도 한다. 이러한 것들은 모두 기존의 세계관과 가치가 무너지고 더 이상 확실한 중심이 존재하지 않는 세계 속에서 새로운 권위의 중심을 창조하고 새로운 지형의 가능성을 모색하고 있는 것으로 해석할 수 있을 것이다.

4

던의 『노래와 소네트』는 그 시대의 발명품인 망원경이나 컴퍼스 등을 동원하여 인간존재를 근본적으로 규정짓는 요소인 시간과 공간이 가변적일 수 있다는 것을 보여주면서, 동시에 권력이나 젠더의 문제에 대해 제국주의적이고 식민주의적 관점에서 접근하고 있다. 던의 시에서 타자는 흔히 여성으로 형상화되는데, 망원경을 통해 여성을 바라보는 시각은 앞서 살펴본 시간과 공간의 조절과 관련이 있다. 망원경은 여성의 몸을 상징하는 지형을 마음대로 조절하며 바라봄으로써 이를 식민화하고 사유화하고 지배하는 도구로 사용되고 있다.

1590년경 망원경이 발명된 이후 인간 인식의 지평은 엄청나게 확대되는데, 「벼룩」(“The Flea”)에서 다루어지는 현미경을 통해서 볼 수 있을 정도로 미세한 세계를 인지할 수 있게 된 것도 이때부터라고 할 수 있다. 던이 상상적 비틀기를 하는 주요도구로 사용하고 있는 망원경을 통해 멀리 있는 장소가 타자의 영역에서 우리가 파악할 수 있는 자아의 세계로 다가오게 되었다. 망원경/현미경의 사용은 공간, 거리, 차이의 현상을 상대화했고, 사물의 존재를 입증하는데 시각이 촉각을 대신할 수 있도록 했다. 망원경/현미경으로 바라보는 비전은 텍스트에 작용하는 시간적, 공간적 관계의 무상함과 가변성이라는 원리를 제시함으로써 시의 구성에 중요한 역할을 하고 있다.

「벼룩」에서 던은 남녀간의 성적 결합을 이야기하면서 흥미롭게도 여성의 몸에 대해서는 전혀 언급하지 않고, 오직 화자와 여성의 피를 같이 빨아먹은 벼룩의 몸에 대해서만 주의를 집중하고 있다(Carey 132-33). 시의 시작 부분에서 눈에 겨우 띨 정도의 작은 곤충이었던 벼룩은 화자와 연인의 피를 빨아들여서 크기가 변화한다.

이 벼룩을 보시오, 그리고 이 벼룩 속에서
당신이 나를 거절하는 것이 얼마나 하찮은 일인지 보오.
이놈이 나를 먼저 빨고 이젠 당신을 빨고 있으니
이 벼룩 속에서 우리 둘의 피가 섞이오.
이것이 죄나 수치나 처녀성의 상실이라고
말할 수 없음은 당신도 알고 있소.
  하지만 이놈은 구애하기도 전에 즐기고
  실컷 먹고 둘로 된 한 피로 부풀고 있는데
  이것은, 아아, 우리가 하려는 것 이상이오.

Mark but this flea, and mark in this,
How little that which thou deniest me is;
It sucked me first, and now sucks thee,
And in this flea our two bloods mingled be;
Thou know'st that this cannot be said
A sin, nor shame, nor loss of maidenhead,
  Yet this enjoys before it woo,
  And pampered swells with one blood made of two,
  And this, alas, is more than we would do.

도처티는 이 부풀어 오른 벼룩이 발기한 화자의 성기를 연상시킨다는 재미있는 주장을 펴고 있다. 이 같은 그의 유추는 존 던 시대의 출판물들과 이 시의 초기 판본에서 'ѕ'는 종종 긴 'ѕ'로 인쇄되어 'f'와 상당히 유사한 모습을 하고 있다는 사실에서 상당한 설득력을 얻는다. 연인들의 피를 "빨아먹음"(suck)으로써 팽창한 벼룩의 몸은 인쇄된 글자를 통해 시각적으로 남성 성기와 유사한 모양으로 부풀어 오른 것으로 독자로 하여금 인식하게 한다는 것이다(Docherty 54). 망원경으로 인해 촉각에서 시각으로 그 우위가 변한 것처럼, 여기서는 영국에 도입된 인쇄술이 청각에서 시각으로 그 우위를 옮기고 있다고 해도 무방할 것이다.

둘째 연에서도 벼룩의 모습은 계속해서 변하고 있는데, "벼룩 속의 세 생명"에 대한 언급은 기독교의 삼위일체의 개념을 연상시킨다. 이 신학의 삼위일체에 대한 유추를 통해 벼룩은 신이 거하는 전 우주라는 공간으로까지 은유적으로 확장된다. 그러다가 벼룩은 다시 작아져 "당신과 나"의 공간으로 축소되지만 이것이 변화의 끝은 아니다. 신혼부부의 침대로 축소되었다가 다시 결혼식을 올린 성전으로 확대되고 있다.

아 잠깐, 한 마리 벼룩 속의 세 생명을 살려주오.
우리는 그 속에서 거의 결혼, 아니 그 이상을 했소.
이 벼룩은 당신과 나요, 이것은
신방이며 결혼식 올린 성전이오.
부모가 싫어하고 당신도 그렇지만, 우리는
이 칠흑의 살아있는 벽 속에서 만나 은거하고 있소.
  비록 그대는 날 죽이는 것이 습관이 되었지만
  그것에다 추가하지 마오, 자살과
  신성모독을, 셋을 죽이는 세 가지 죄악을.

잔인하고도 갑작스럽게 당신은 벌써
무고한 피로 손톱을 붉게 물들였단 말이오?
이 벼룩이 도대체 무슨 죄를 범했단 말이오,
그대에게서 빨아먹은 핏방울 말고는?
그럼에도 당신은 의기양양하게 말하길
당신도 나도 그 때문에 더 약해지진 않았다고.
　그건 사실이오. 그러니 두려움이 얼마나 거짓된지를 배우시오.
　당신이 내게 몸을 허락한다 해도 그대가 잃을 정절은
　이 벼룩의 죽음이 그대에게서 앗아간 생명정도일 뿐이요.

Oh stay, three lives in one flea spare,
Where we almost, yea more than married, are.
This flea is you and I, and this
Our marriage bed and marriage temple is;
Though parents grudge, and you, we are met,
And cloistered in these living walls of jet,
　Though use make you apt to kill me
　Let not to that, self-murder added be,
　And sacrilege, three sins in killing three.

Cruel and sudden, hast thou since
Purpled thy nail, in blood of innocence?
Wherein could this flea guilty be,
Except in that drop which it sucked from thee?
Yet thou triumph'st, and say'st that thou
Find'st not thy self nor me the weaker now;
　'Tis true, then learn how false fears be;
　Just so much honor, when thou yield'st to me,
　Will waste, as this flea's death took life from thee.

이처럼 팽창과 축소를 거듭하여 반복하는 움직임은 망원경을 사용해서 바라보는 광경의 변화를 반영하고 있다. 두 개의 원통으로 만들어진 갈릴레이의 망원경은 각 원통을 앞뒤로 움직이면서 초점을 맞추게 설계되었다고 한다. 바로 이러한 망원경의 움직임이 다양하게 변화하는 시의 시각 저변에 깔려있다고 볼 수 있을 것이다. 원통을 조절해서 멀리 있는 사물을 뚜렷이 보고 가까이 있는 작은 물체를 크게 확대할 수 있게 됨으로써, 이전에는 알 수 없었던 주변의 세계를 이해하거나 통제하는 것이 가능해지고 벼룩의 세계처럼 작은 세계가 전 우주처럼 크게 확대될 수도 있게 된 것이다.

시의 화자는 "부모가 싫어하고 당신도 그렇지만, 우리는/이 칠흑의 살아있는 벽 속에서 만나 은거하고 있소"라며 벼룩의 단단하고 검은 외피를 "살아있는" 벽으로 특이하게 묘사하고 있다. 의도적으로 "cloistered"라는 단어를 사용함으로써 앞서의 신성한 종교적인 유추를 이어가면서 이 사건에 수도원의 경건한 분위기를 부여하고 있다 (Nutt 56). "칠흑의 살아있는 벽"이라는 구절을 도처티는 벼룩이 숨을 들이쉬고 내쉬는 과정에서 크기가 변하는 것으로 해석하고, 이를 앞서의 팽창했다가 수축하는 남근의 이미지와 연결시키고 있다 (Docherty 55). 그러나 이러한 해석은 폐가 없이 몸 양면의 숨구멍으로 호흡하는 벼룩의 호흡체계를 모르는 데서 기인한 잘못된 해석이라는 케리의 지적(Carey 272-73)이 아니더라도 "살아 있는"이라는 구절을 다소 지나치게 확대 해석한 것으로 보아야 할 것이다.

우리는 여기서 던이 망원경에서 성적 움직임을 연상했을 가능성을 유추해 볼 수 있다. 원통을 안으로 넣었다 뺐다 하는 동작은 벼룩과 세계를 다양한 시각에서 바라볼 수 있게 함과 동시에, 이 망원경이 남근의 힘을 의미하는 것이라고 해석할 수 있을 것이다. 세계가 망원경/남근을 통해 알려지고 통제된다는 식의 유추는 던에게 중요한 이데올로기적 상상을 제공한다. 망원경은 공간에 대한 증가된 지식을 제공함과 동시에, 공간을 통제하고 지배하거나 권위를 획득하는 수단으로 사용되고 있다. 다시 말해서 망원경은 환경에 대한 증가된 지식을 제공하고 이 지식은 환경에 대한 지배나 통제 가능성을 제공하고 있는 것이다.

던의 서정시에는 논리적 주장이 많이 사용되고 있는데, 그 논리라는 것이 대체로 자의적이거나 혹은 불완전하게 화자의 관점만을 무리하게 드러내는 경우가 많다. 그 대표적인 예가 바로 이 「벼룩」이라고 할 수 있다. 이 시에서 화자는 동침하기 싫어하는 여성에게 집요하고도 재치 있는 말의 향연을 늘어놓고 있으며, 반면 상대방 여성은 그의 욕망을 거듭 좌절시키고 있다(Guibbory 127). 이러한 과정에서 우리는 이 시가 그 시대의 과학 발명품인 망원경을 통해 세계를 바라보는 관점을 제시하고 있으며, 이러한 시각에 남성중심적 사고가 지배하고 있다는 사실에 주목할 필요가 있다. 「벼룩」에서 타자는 여성이거나 적어도 남성이 아닌 존재의 모습을 지니고 있으며, 타자를 바라보는 시각이 남성중심적 권력과 이데올로기에 기초하고 있다. 과학적인 지식이 비록 중립적인 것이라 할지라도, 「벼룩」과 같은 시에서 우리는 과학을 통해 생산된 지식이 남성중심의 인식이나 이데올로기와 일치하고 있음을 알 수 있다. 던은 「벼룩」에서 이러한 인식을 바탕으로 세속적이고 가변적인 자신의 권위를 신성하고 신적인 권위로 거듭 전환시키면서 자신의 팰러스를 권력의 상태로 재생산하고 있는 것이다.

5

던의 시에는 또한 제도기구인 컴퍼스가 형이상학적인 궤변을 정교하게 다루는데 매우 유용한 도구로 등장한다. 왜냐하면 컴퍼스는 공간을 창조하고 한계를 정하고, 내부의 공간과 외부의 공간 사이에 차이의 영역을 두어 구분하는 원형의 경계를 설정하는데 사용되는 도구이기 때문이다. 코페르니쿠스의 천문학의 경우와 마찬가지로 외부의 공간을 이해한다는 개념 역시 분명하게 성적으로 다뤄지고 있다. 외부의 공간인 여성은 탐구의 대상이며, 중심에 위치한 권위 있는 남성 자아는 여성이라는 외부의 공간이 자아라는 원 속으로 들어와 하나가 되어 그를 중성화시킬 때 근본적인 전치를 겪게 된다. 이는 글쓰기에서 남성과 여성 사이에 은유적이거나 형이상학적인 위치의 교체가 일어난다는 것을 의미한다. 우리는 이러한 컴퍼스의 이미지를 「슬퍼하지 말라는 고별사」("A Valediction: Forbidding Mourning")에서 찾아볼 수 있다.

연인의 관계를 컴퍼스에 비유한 이 기발한 생각은 신선하고 면밀한 성찰을 담고 있다. 이 시는 그 시대의 의학과 종교, 천문학과 점성술, 철학과 금속학, 기하학 등에 관한 정교한 이미지들을 사용하여 사랑하는 사람들 사이의 이별에 대한 생각을 표현하고 있다. 시는 죽음을 순순히 받아들이는 인품과 덕망이 높은 사람의 이미지로 시작하고 있다. 그의 영혼과 육체가 분리되는 순간은 너무나 온화하고 고상해서 곁에서 임종을 지켜보는 친구들조차 그의 숨이 넘어갔는지 아닌지를 분간하기 힘들 정도이다. 이처럼 시인은 자신과 사랑하는 사람은 숭고한 사랑을 나누는 사이이므로 울고불고 야단을 피워 자신들의 이별을 세상의 속인들이 알아차리게 하면 자신들의 사랑과 기쁨을 모독하는 일이 된다고 말한다.

고결한 사람들이 조용히 죽어가며
　자기 영혼에게 가자고 속삭이고,

슬퍼하는 몇몇 친구들은 이제 숨이 끊어진다 하고
  더러는 아니라고 할 때처럼,

그렇게 우리도 녹으며 소리 내지 말고
  눈물의 홍수도, 한숨의 폭풍우도 일으키지 맙시다.
속인들에게 우리 사랑을 알리는 것은
  우리의 기쁨을 모독하는 것이니.

지진은 재해와 공포를 가져오고
  사람들은 그 피해와 의미를 계산하지.
그러나 천구들의 동요는
  비록 훨씬 더 크나 무해하오.

As virtuous men pass mildly away,
  And whisper to their souls to go,
Whilst some of their sad friends do say
  The breath goes now, and some say, No;

So let us melt, and make no noise,
  No tear-floods, nor sigh-tempests move,
'Twere profanation of our joys
  To tell the laity our love.

Moving of th' earth bring harms and fears,
  Men reckon what it did and meant;
But trepidation of the spheres,
  Though greater far, is innocent.

여기서 코페르니쿠스의 지동설과 지진뿐만 아니라 자아의 전치와 탈중심화가 중요한 관심사로 언급되고 있다. 지구의 흔들림과 동시에 기존의 가치관이나 믿음의 근거의 동요, 주체의 혼란스러운 변화 같은 것을 보여주고 있다. 다시 말해서 텍스트에서 다루어지는 탈중심화와 전치라는 주제를 시의 초반부터 밝히고 있는 것으로 볼 수 있다. 이는 화자가 우리 두 영혼은 하나이므로 단절이 아니라 팽창할 따름이라고 주장하는 시의 다음 부분에 이르면 결정적으로 중요한 의미를 띠게 된다.

화자는 공간과 시간에서의 자아의 확장에 대해 매우 과장된 어조로 말하고 있다. "감각"(sense)적이고 관능적인 사랑을 하는 속인들은 서로를 눈으로 보지 못하고, 손으로 만지지 못하고, 입술로 사랑을 확인할 수 없는 "부재"(absence)를 견뎌내지 못한다. 그러나 육체적으로 뿐만 아니라 정신적으로 서로를 사랑하는 두 연인이 서로 떠나 있게 되는 것은 분리가 아니라 둘 사이의 모든 공간을 자신들의 거처로 삼기에 충분할 정도로 자신들을 확장시키는 것이라고 주장한다.

우둔한 달 아래 연인들의 사랑은
  그 본질이 감각이어서 부재(不在)를
받아들이지 못한다오. 이별이 사랑을 구성한
  요소들을 제거하기 때문이오.

그러나 사랑으로 너무나 순화되어
  우리 자신도 이별이 무엇인지 모르는 우리는
서로의 마음을 믿어
  눈과 입술과 손이 없다고 별로 개의치 않소.

우리 두 영혼은 그러하므로 하나여서
  비록 나는 가야 하지만, 단절이
아니라 확장을 겪소.
  공기처럼 얇게 쳐 늘인 금박처럼.

Dull sublunary lovers' love
  (Whose soul is sense) cannot admit
Absence, because it doth remove
  Those things which elemented it.

But we by a love so much refined
  That our selves know not what it is,
Inter-assuréd of the mind,
  Care less, eyes, lips, and hands to miss.

Our two souls therefore, which are one,
  Though I must go, endure not yet
A breach, but an expansion,
  Like gold to airy thinness beat.

이 주장에 따르면 컴퍼스는 화자가 움직임에 따라 완전한 원을 그리는 것이 아니라 무한히 확장될 수 있는 타원을 그리는 것이다. 이들의 움직임에 따라 공간은 연인들이 거하는 장소로 식민지화되고 있다고 볼 수 있다. 던의 시에는 연인들의 결합을 나타내는 이미지들이 많이 등장하는데, 이 시의 컴퍼스와 "공기처럼 얇게 쳐 늘인 금박"의 이미지나 「시성」의 불사조, 「새 아침」의 "전 세계인 하나의 작은 방", 그리고 「떠오르는 태양」의 침실이 모두 그러하다. 이처럼 변화와 이별을 거부하는 이들 하나됨의 이미지는 크리스테바(Kristeva)의 용어를 빌자면 모두 코라(chora), 즉 아이가 상징계와 언어, 혹은 아버지의 법의 세계로 들어가기 이전 어머니와 같이 거하는 유토피아적 공간의 성격을 지닌 것으로 하비는 해석하고 있다(Harvey 104-5). 금은 물질계에서 가장 순수한 것인데 이것을 '공기'(air)나 '영'(spirit)과 같은 상태로 얇게 쳐 늘린다는 비유는 순결하고 섬세한 이들 연인의 관계를 절묘하게 형상화하고 있다고 하겠다.

"당신 다리는 고정된 다리여서, 움직일 기색도/안 보이지만"이라는 다음 구절에 대해 지금까지의 비평은 남성이 바깥을 나돌고 배회하는데도 불구하고 절개를 지키는 여성에 대한 찬사로 읽어왔다. 그러나 남성과 여성의 평등한 결합을 찬양하는 것 같은 이 구절도 여성에게 고정된 다리의 제한된 역할만을 부여함으로써 사실은 상호 호혜적인 관계에 기초하지 않고 있다는 것을 알 수 있다(Hobby 33).

만일 우리 영혼이 둘이라면, 둘이오,
　마치 뻣뻣한 컴퍼스 다리가 둘인 것처럼.
당신 다리는 고정된 다리여서, 움직일 기색도
　안 보이지만, 다른 다리가 움직이면, 움직이오.

그리고 당신 다리는 중심에 있지만,
　다른 다리가 멀리 배회할 때면,
당신 다리는 그쪽으로 기울고 귀 기울이며,
　그쪽이 귀가할 때면, 똑바로 선다오.

If they be two, they are two so
　As stiff twin compasses are two;
Thy soul, the fixed foot, makes no show
　To move, but doth, if th' other do.

And though it in the center sit,
　Yet when the other far doth roam,
It leans and hearkens after it,
　And grows erect, as that comes home.

그렇다면 이 또한 이성애적 관계 속에서 남성의 우월함이나 지배를 찬양하는 시각을 강하게 보여주는 부분이다. 그러나 도처티는 이 속에 담긴 의미는 여러 가지 난해함과 모순으로 가득 차있다는 새로운 읽기를 시도하는데 그의 시각을 잠시 따라가 보자(Docherty 72-74). 그는 먼저 우리가 안정된 중심이라고 간주하는 여성이 사실은 전혀 안정되지 못하다는 사실에 주목해야 한다고 말한다. 고정된 다리는 움직일 기색도 안 보인다고 말하지만 엄밀히 말해서 다른 쪽 다리가 움직일 때 이 역시 움직이게 된다. 앞서 지구가 움직이듯이 원의 중심도 움직이는 것이다. 어느 한쪽을 남성으로, 다른 한쪽을 안정되고 "고정된" 여성으로 말하는 것 자체가 어렵게 된다. 따라서 중심 그 자체가 문제시되고 불안정하고 가변적이고 주변적인 것이 되어버린다. 우리는 던 시대의 컴퍼스가 주로 항해를 할 때 사용된 제도기구이며, 오늘날처럼 한쪽에 연필을 달도록 되어있지 않고 대칭적인 구조를 하고 있었다는 사실에 주목할 필요가 있다(Nutt 62). 그렇다면 컴퍼스의 두 다리는 동등한 위치에 있으며 서로 역할을 바꿀 수 있는 것이고, 어느 부분이 누구라고 꼭 집어서 이야기 할 수 없게 된다. 이러한 논리에 따르면 중심이 탈중심화와 전치를 통하여 원주가 되어 버리는 것이다.

컴퍼스를 실제로 사용할 때 먼저 두 다리가 모아져 똑바로 선 상태로 있다가, 그 다음에 원을 그릴 수 있도록 다리가 벌어진다. 이렇게 볼 때 인간도 걸을 때나 성행위 때에 다리가 서로 떨어져서 벌어진다는 점에서 컴퍼스와 인간의 다리 사이에는 유사점이 발견된다. 그러나 이 때 이들 다리의 성별에는 다소의 혼란이 야기된다. 이들 다리는 원을 구성하고, 한 사람의 다리는 상대방의 몸을 감는다고 할 때 보통 여성의 다리가 남성의 몸을 감아 원을 만들게 되는 것이 일반적이다. 그러나 시는 그 반대의 역할을 여성에게 부여하고 있다. 여기서 이상한 성별의 전치가 일어나고 있는 것이다.

다음 마지막 연은 이런 논란을 더욱 혼란스럽게 부추길 여지를 제공한다.

당신도 나에게 이와 같으리.
　다른 다리처럼 비스듬히 달려야하는 나에겐.
당신의 꼿꼿함이 나의 원을 정확히 그리고,
　내가 시작한 곳에서 끝나게 하는 거라오.

Such wilt thou be to me, who must
　Like th' other foot, obliquely run;
Thy firmness makes my circle just,
　And makes me end where I begun.

이 행들을 성적 함의를 담고 있는 구절로 읽을 경우 매우 애매하게 들리며, 만약 화자가 남성이라면 동성애적인 관계를 연상시키기조차 한다. 이러한 유추를 계속 발전시킨다면 "내가 시작한 곳에서 끝나게 한다"는 구절은 남성이 태어난 여성의 자궁 속에서의 사정행위를 의미한다고 볼 수도 있다. 이는 남성이 자신의 자아 중심에 있는 여성적 큰 타자로 돌아감을 암시하는 것이기도 하다. 한편 남녀의 성역할을 바꾸어 해석하면 꼿꼿함은 발기한 남성의 성기 즉 빳빳한 다리이며, 원은 여성의 질이 될 수 있는 것이다. 이 때 "끝남"은 내가 태어난 자궁에서 경험되는 여성의 오르가즘으로 이해할 수 있을 것이다(Docherty 74-75). 그러나 이러한 읽기는 너무 작위적이라는 인상을 줄 위험이 있으므로, 우리는 여기서 화자의 젠더가 기존의 해석과는 달리 변할 수 있다는 가능성 정도를 열어놓는 것이 적절할 것 같다. 던이 컴퍼스를 동원한 기발한 착상을 통하여 문제를 제기하는 것은 바로 권위와 관련한 젠더의 문제가 아닐까? 왜냐하면 이 시의 화자는 일반적으로 남성으로 여겨져 왔으나, 이 남성은 중심에서 벗어나 매우 불안정하고 주변적인 여성성의 위치로 자리가 바뀌어져 있다고 할 수 있기 때문이다.

6

『노래와 소네트』는 던의 시 가운데서도 가장 복잡한 사랑에 대한 탐구를 담고 있는데, 시인은 성적인 사랑과 영적인 속성, 그리고 이들 사이의 관계 등 인간의 삶과 경험에서 중요한 욕망들을 치열하게 분석하고 있다. 동시대의 다른 시인들과 달리 여성과 몸과 사랑에 대해 극단적으로 상충되는 시각과 상이한 태도를 보여주고 있는(Guibbory 123, 134) 던의 『노래와 소네트』를 통해, 본 연구는 17세기 초 사랑의 시편 속에 등장하는 욕망의 세계와 성의 정치학을 규명하고자 하였다. 문학 텍스트는 어느 정도 사회를 반영하기 마련이기 때문에 시를 포함한 모든 디스코스는 정치적이라고 할 수 있을 것이다. 정치라는 개념도 서머즈와 펩워쓰의 주장처럼 전통적인 정치적 행동과 권력의 영역에 국한되던 데서, 종교와, 개인적인 관계, 성, 심지어는 디스코스 자체의 영역까지 포함하는 개인과 집단의 상호작용과 행동을 포함하는 개념으로 확대되어 왔다(Summers and Pebworth 1-3). 이러한 생각은 던의 사랑시에서 사랑이 권력을 향한 시인의 좌절된 욕망을 나타내는 정치적인 은유에 불과하다고 보는 기존 해석의 한계를 극복할 수 있게 함과 동시에, 사랑 자체가 정치적인 성격을 지니고 있다는 점을 시사함으로써 상당한 설득력을 지닌다.

던이 살았던 엘리자베스 시대와 자코비언, 캐롤라인(Caroline) 시대로 일컬어지는 16세기 말에서 17세기 초 영국에서는 시와 정치의 관계가 매우 복잡한 양상을 띠고 있었다. 특히 엘리자베스 시대는 여성군주의 지배하에서 남성들의 권력에 대한 욕구와 갈등, 그리고 잠재되어 있던 체제전복적인 욕망이 표출되던 시기였다. 던의 시에서 여성에 대한 남성의 성적 욕망은 이러한 권력에 대한 욕망을 담고 있으며, 자신의 좌절된 야망을 반영하듯이 세속적인 권력이나 궁정의 영화를 자신들의 사랑에 비해 보잘 것 없는 것으로 평가절하하고 있다.

아울러 이 시기는 새로운 학문과 과학, 그리고 과학의 발명품과 신대륙의 발견 등으로 인해 인간이 세계의 중심이라는 믿음이 전복되고 인간이 탈중심화를 겪게 된 격변의 시대라고 할 수 있다. 던의 사랑의 시편에는 당시 영국의 제국주의와 팽창주의, 식민주의적 관점에서 여성을 바라보는 시각이 강하게 나타나며, 코페르니쿠스의 지동설 이후의 상대적이고 전도된 가치관이 두드러지게 반영되어 있다. 던은 망원경이나 컴퍼스 등 당시의 새로운 과학의 발명품들에서 착안하여 연인들과 그들을 둘러싼 세계의 시간과 공간을 축소하고 확대하여 상대적인 것으로 제시함으로써, 혁명적으로 변화된 인간의 탈중심화와 전치라는 상황을 극적으로 형상화하고 있는 것이다. 「새 아침」에서 연인들이 나누는 아침인사는 외적인 현실보다는 인간의 심리와 의식이 중요한 인간의 조건이라는 사실을 새롭게 인식하기 시작한 순간을 그리고 있기도 하다. 이렇게 볼 때 『노래와 소네트』는 17세기 초라는 근대 초기 영국의 급변하는 시대적 상황과, 자신의 성적 욕망과 정치와 권력에 대한 욕망이 복합적으로 얽혀 빚어내는 새로운 문화 기상도라고 할 수 있을 것이다. 사랑이라는 전통적인 주제를 매우 혁신적으로 다루고 있는 던의 시에서 이러한 변화된 가치관과 시각을 바탕으로 권위와 젠더, 권력 등의 문제가 새로운 대륙의 발견이나 탐험, 정복, 지도 그리기 등의 이미지로 그려지고 있다고 하겠다.

2. 『엘레지』: 젠더와 식민주의

1

존 던의 『엘레지』(*Elegies*)에 담겨 있는 20편의 시는 오늘날의 애가나 비가의 성격을 크게 지니고 있지 않은 연애시들이다. 그리스와 로마 문학에서 '엘레지'란 용어는 6보격 행과 5보격 행이 번갈아 오는 소위 '엘레지 율격'(elegiac meter)으로 쓰인 시 모두를 지칭하였고, 이러한 시 형식을 빌어서 표현된 변화와 상실, 특히 사랑에 대한 불평 등과 같은 주제를 의미하는데 사용되었다. 르네상스기 유럽과 영국에서 "엘레지"라는 용어는 던의 엘레지처럼 사랑의 시편을 지칭하기도 하는 등 다양한 용례로 사용되다가, 17세기에 들어서 오늘날과 같이 특정인의 죽음을 격식을 차려 다소 길게 노래하는 애가에 한정해서 사용되게 되었다(Abrams 72). 16세기 말에서 17세기 초에 걸쳐 씌어진 던의 엘레지 시편들은 그중 많은 시가 사랑의 무상함과 상실을 강조하고 있다는 점에서 앞서 이야기한 엘레지적인 요소를 지니고 있기는 하지만, 그래도 연애시로 보는 것이 타당할 것이다.

던의 사랑의 시편들에는 신대륙을 탐험하고 끝없이 영토를 확장하며 정복하려는 17세기 초 영국 팽창주의의 시작을 알리는 특징들이 등장한다. 던의 많은 엘레지 시편들의 목적은 「엘레지 19: 잠자리에 드는 연인에게」("Elegy 19: To His Mistress Going to Bed")에서처럼 마치 탐험가가 신세계를 발견하는 것처럼 지상의 "낙원"(l. 21)과 "온갖 기쁨"(l. 35)을 제공하는 관능적인 지형인 여인의 몸을 탐험하는 것이다. 본 연구는 이러한 발견과 정복의 이미지를 통해 끊임없이 그 의미를 모색하고 있는 던의 사랑의 시편에 자주 등장하는 욕망의 세계는 어떤 성격의 것인지, 그리고 르네상스기 영국에서 여성이 작가나 주체, 혹은 개체로서 어떻게 재현되고 있는지를 던의 『엘레지』 시편들을 중심으로 읽어보고자 한다.

최근의 존 던 연구는 사랑의 시와 후원제 사이에, 그리고 사랑의 디스코스와 야심찬 남성들이 엘리자베스 여왕의 조정에서 출세를 모색하는 것 사이에 중요한 연관이 있음을 보여주는 등 던의 사랑의 시편에 나타난 정치적 환경과 차원들을 분석하고 있다. 또한 『노래와 소네트』(*Songs and Sonnets*)나 『엘레지』가 씌어진 시기가 엘리자베스 여왕이 통치하던 시기라는 사실에 주목하면서 강한 가부장적, 위계적 문화가 지배하던 사회에서 여성의 통치에 복종하는데 대한 긴장이 시에 반영되어 있다는 사실을 지적하기도 한다. 즉 많은 시가 사랑에 있어서 여성의 우위를 공격하거나 거부하고 있으며 남성의 지배를 회복하려고 시도하고 있다는 것이다. 따라서 이들은 외견상으로는 사랑을 노래하면서 동시에 암암리에 정치적인 성격을 띠고 있는 것으로 해석된다(Guibbory 25-44; Marotti).

아울러 던이 페미니스트 비평가들의 주목을 새롭게 끌고 있다는 사실도 놀랄만한 일이 아니다. 가부장적 가치에 기초한 문학의 정전을 깨뜨려보려는 이들 비평가들에게 『노래와 소네트』에 실린 사랑의 시들은 던이 앤 모어(Ann More)와의 비밀결혼으로 인해 그 당시 받았던 평판과 함께 상당한 유인으로 작용하기 때문이다. 이들 페미니스트 비평가들은 던이 한 남성으로서 글을 쓰고 있으며, 이전의 비평가들이 그의 시에 나타난 성 차별적 시각들을 발견하고 분석하는데 실패하였음을 지적한다. 아울러 때때로 그가 만들어내는 부도덕한 시속에 미화된 남성성을 찬양하며, 그의 몇몇 작품 속에 나타나는 더 실제적이고 매혹적인 주제인 숭고한 문제들은 도외시하였다고 비판하고 있다. 그녀는 또한 여성혐오적 경향을 보여주는 던의 시들은 여성을 비인간화하여 어떤 인격도 지니지 않은 살덩어리이며, 이들의 감정은 전혀 고려의 대상이 되지 않는다고 주장한다. 데이비스는 이러한 예를 남성들의 방탕한 행위와 성애적 장면이 적나라하게 묘사되고 있는 『엘레지』에서 찾고 있다(Davies 30-35). 이들은 기존의 체제와 사회에 저항하는 『엘레지』의 시들이 위트와 충격적인 전략을 사용하면서 남성적 시각에서 여성혐오적이고 호색적인 경향을 적나라하게 드러내고 있다고 보는 것이다.

이처럼 신역사주의적이고 페미니즘적인 접근뿐만 아니라 최근에는 정신분석학적, 후기 구조주의적 비평에 기초한 다양한 관점에서 던에 대한 연구가 본격화되고 있다. 본 장에서는 이들 연구성과를 바탕으로 하여 던의 놀라운 지적인 재치와 활력을 보여주는 청년기의 작품으로서 이후 걸작들의 초석으로 평가되고 있는 『엘레지』 가운데서 대표적인 작품인 「엘레지 19」와 「엘레지 18: 사랑의 진행」(“Elegy 18: Love's Progress”)을 중심으로 던 다시 읽기를 시도함으로써, 식민주의적이고 여성혐오적인 디스코스를 통해 드러나는 젠더와 식민주의에 관한 전복적이고 정치적인 시의 성격을 규명하고자 한다.

2

「엘레지 19」는 다른 몇 편의 시들과 함께 상상 속에서 노골적으로 추구하는 성적 경험을 다루고 있는 시다. 이 시는 던의 사후에 편찬된 첫 시집 출간에서 제외될 정도로 상스러운 것으로 간주되었다. 「엘레지 19」에서 여인은 8가지 매우 고무적인 이유를 들으며 옷을 벗도록 부추김을 당하고 있다. 가장 극적인 순간에 이 여인은 아담과 이브가 타락하기 이전의 에덴과 같은, 즉 새로 발견된 땅 아메리카가 된다. 이렇게 볼 때 이 시는 성적인 자유와 발견을 찬양하는 노래라고 할 수 있을 것이다. 또한 시의 화자는 이질적인 여성의 몸이라는 공간을 "오 나의 아메리카여! 새로 발견한 나의 땅이여"(27)라며 식민지화되기를 기다리는 지리적인 영역으로 분명하게 언급하고 있는데, 이는 이 시가 두드러지게 식민주의자의 관점에서 씌어졌다는 사실을 보여주고 있다.

시의 시작부분은 의사영웅시처럼 애인의 침대에서 여인을 처음 대하는 장면을 서사적 전투와 같이 묘사하고 있다. 그것도 "적은 때때로 적을 시야 속에 보며, / 싸우지 않아도 서 있는 것으로 지치오"라며 성적인 펀으로 그려내고 있다.

오라, 여인이여, 오라, 모든 휴식에 내 힘은 도전하니,
내가 애쓸 때까지, 나는 진통하며 누워있네.
적은 때때로 적을 시야 속에 보며,
싸우지 않아도 서 있는 것으로 지치오.

Come, Madam, come, all rest my powers defy,
Until I labour, I in labour lie.
The foe oft-times having the foe in sight,
Is tired with standing though they never fight. (1-4)

독자는 대상이 옷 벗는 여인이고, 화자의 기분은 욕망으로 가득 차 있는 상태임을 분명히 알 수 있다. 이는 "애씀"(labour)이나 "일어섬"(standing)과 같이 작품 전체에 걸쳐 사용되는 몇 가지 펀을 통해 제시되고 있다. "애씀"에 대한 펀에서 화자는 여인과 잠자리에서 애를 쓰게 될 때까지 고통 속에 기다리는 것과 같은 다른 종류의 노고를 견뎌내야 한다는 것을 말하고 있다. 두 번째 "일어섬"에 관한 펀에서 연인이 옷을 벗는 것을 관찰하기 위해 '서 있는' 화자와, 시작

될 전투를 기다리며 '서 있는' 병사와 비교되어질 수 있을 것이다. 그러나 여기서 "일어섬"의 부가적인 의미는 바로 화자의 발기된 성기와 연관된다. 이어지는 비유는 종교적인데, 침대는 성전이고, 여인은 그 성전에 마호메트의 낙원 같은 천국을 가져오며, 그녀는 천사처럼 흰옷을 입고 있다. 텍스트 전체를 통해 반전과 일어섬(발기)이 반복되어 나타나고 있는데, 이는 악한 천사들도 흰옷을 입고 있지만 "그들은 우리 머리칼을, 이들은 우리 몸을 곧추 세운다"(24)고 하는 구절에서도 다시 나타난다.

「엘레지 19」에서는 여성의 몸에 대해 그렇게 많은 주의를 기울이고 있지 않다. 화자의 찬양하는 시선은 그녀가 벗는 옷에 머물고 있지만 그가 여성을 바라보고 있는 것 같지 않으며, 우리 독자들 역시 이 여성을 보고 있지 않다. 따라서 이 여성의 존재론적 위치는 미심쩍다고 할 수 있을 것이다. 케어리가 말한 것처럼 엘레지의 주제나 이 시의 상황, 혹은 일반적인 욕망의 속성에 비추어 볼 때 머리카락 이외에는 여성의 몸이 언급되지 않는다는 사실은 놀랄만하다(Carey 92-93). 먼저 그녀는 그녀의 몸이 세계를 기하학적으로 감싸고 있는 것처럼 전 우주라는 비현실적인 측면에서 인식되고 있다.

> 그 허리띠를 푸시오. 하늘의 띠처럼 반짝이지만
> 훨씬 아름다운 세계를 둘러싸고 있는.
>
> Off with that girdle, like heaven's zone glistering,
> But a far fairer world encompassing. (5-6)

허리띠를 푸는 것은 여성의 몸으로 묘사되어 있는 원이나 세계의 완전함이나 순수함을 손상시키는 것이다. 허리띠는 여성을 두르고 있으며 이 허리띠에 대한 손상은 여성의 몸 자체에 대한 손상과 마찬가지가 되고 이는 또한 그녀의 “컴퍼스”(compass)인 다리를 벌리는 것과 같다. 이 순수하고 벌거벗은 상태의 ‘아가씨’(girl)는 “허리띠”(girdle)를 풀어헤치는 순간 드러난다(Docherty 78-79).

이처럼 시의 화자는 여성의 다양한 옷의 목록을 제시하며 여인에게 벗어버릴 것을 요구하는데 그 중에서도 단단하게 조인 “코르셋”(busk)은 여인의 몸에 밀착되어 있다는 것과 뻣뻣하게 서 있는 독특한 모양새로 인해 화자의 부러움을 사고 있다(Nutt 10).

> 그 행복한 코르셋을 벗으시오, 내가 부러워하는,
> 아주 가까이 항상 있을 수 있고, 항상 설 수 있는 코르셋을.
>
> Off with that happy busk, which I envy,
> That still can be, and still can stand so nigh. (11-12)

여기서 반복되어 사용되고 있는 “여전히”(still)는 시의 이중적인 의미를 찾아내는 데 도움이 된다. 만일 이 아름다운 여인의 코르셋을 벗겨 그녀와 육체적 관계를 가지려면 그는 가만히 있을 수 없으며, 그녀와 관계를 가질 경우 그는 계속 서 있을 수 없게 된다는 성적 함의가 담겨져 있는 것이다. 그러나 그녀가 옷을 벗으면 벗을수록 역설적이게도 그녀 자신은 옷 무더기 뒤로 사라지기 시작한다. 거들 밑에 있던 여성은 사라지고 옷이나 몸에 대한 은유적이고 완곡한 표현이 그 자리를 대신 차지하게 된다.

> 그대의 가운이 벗겨지면서 몹시 아름다운 자태가 드러나오,
> 산 그림자가 꽃핀 초원으로부터 살며시 사라질 때처럼.
>
> Your gown going off, such beauteous state reveals,
> As when from flowery meads th' hill's shadow steals. (13-14)

여기서 여성과 그녀의 몸은 일종의 여성적 풍경으로 대치되어, 아메리카 대륙, 보다 정확하게 말해서 처녀의 땅(virgin land)이라 할 수 있는 버지니아가 된다. 신세계에 대한 탐험은 버지니아와 처녀와 여성에 대한 탐험을 연상시키며, 이는 거들이 풀어지는 순간 여성에 대한 겁탈을 의미하고 있다고 하겠다(Docherty 79).

여성은 천사의 모습으로 변형되었다가 드디어 남성 화자가 성공적으로 식민지화하여 지배하고 취하는 낯선 땅인 여성의 공간이 되고 있다. 이 시에서 던은 침실과 왕이나 군주의 정치적 영역 사이를 쉽게 오가면서 유혹을 지배의 개념으로 다루고 있다. 화자는 애인에게 옷을 벗으라고 유혹하면서 그녀를 과장된 칭찬으로 이상화하고 있다. 그러나 이러한 칭찬과 존경과 찬사의 이면에는 식민화된 여성을 소유하고 지배하려는 욕망이 존재하고 있음을 귀버리는 날카롭게 분석하고 있다(Guibbory 32-33). 여성의 몸을 식민지와 같은 땅에 비유한 다음 구절에서 우리는 여성을 지배하려는 남성의 욕망과 권력을 분명하게 엿볼 수 있다.

더듬는 내 손을 허락하여 들어가게 하오
앞뒤로, 사이로, 위아래로.
오 나의 아메리카, 새로 발견한 나의 땅이여,
한 남자만 살 때 가장 안전한 나의 왕국,
보석들이 묻힌 나의 광산, 나의 영토여,
당신을 발견하다니 얼마나 축복 받았는지!

Licence my roving hands, and let them go
Before, behind, between, above, below.
O my America, my new found land,
My kingdom, safeliest when with one man manned,

My mine of precious stones, my empery,
How blessed am I in this discovering thee! (25-30)

'아메리카' 혹은 '버지니아'라고 불리는 여성은 이제 남성적인 영국이나 시인 자신에게 운명이 좌우되는 상태에 놓이게 된다. 이어지는 시행은 군주 개인에게 바치는 찬가이면서 동시에 남성의 힘과 우월성에 대한 찬양이기도 하다. 텍스트 속에서 남성화자와 여성 사이의 교류나 의사소통은 전혀 보이지 않는다. 여성은 말이나 반응이 전혀 없을 뿐만 아니라 곧 시에서 사라져버리고 시의 화자만이 남아서 자신에게 말하고 있을 따름이다. 시의 시작부분에서 여성은 특권을 부여하는 군주의 위치에 있다가 특권을 부여하는 순간 자신의 주권을 잃어버린다. 처음에 잠재되어 있던 의미가 이제 분명하게 드러나면서 남성은 탐험가이자 정복자가 되고 여성은 그가 소유하고 지배하는 땅과 왕국이 되는 것이다. 반복적으로 사용된 소유격은 남성이 지배한다는 사실을 강하게 부각시키고 있다.

이어서 던이 자신의 이미지로 여성에게 도장을 찍거나 새기려고 할 때, 화자는 자신이 여인과 관계를 가지는 것을 마치 왕이 자신의 모습을 주화 같은 것에 박아 넣은 것과 같이 이야기하고 있다. 주화가 거기에 찍힌 왕의 모습으로 인해 가치를 지니듯이 여인의 가치는 자신을 소유한 남성에 의해 결정된다. 여인은 자신을 차지한 남성의 이미지이거나 재현인 것이다.

이 속박에 들어가는 것은 자유로워지는 것이라오.
내 손이 닿는 곳에 내 도장 찍히게 되리.

To enter in these bonds, is to be free;
Then where my hand is set, my seal shall be. (31-32)

이 "도장"을 찍는다는 구절에서 화자는 군주로서의 입지를 굳히고 있다(Guibbory 33). 던이 사용한 이러한 이미지와 은유들은 여성을 군주의 자리에서 끌어내리고 남성에게 주권을 회복시키는 정치적인 성격을 강하게 띠고 있다고 하겠다.

여성의 옷은 그녀의 성적인 신비를 숨기고 있는데, 시의 결말에서도 이 비밀은 여전히 드러나지 않으면서 화자는 계속 애원하고 가르치고 어르면서 조르고 있다. 정치적으로 전복적인 입장을 잠시 취하던 화자는 또다시 여성의 "완전한 나체"(Full nakedness; 33)를 찬양하면서 여성을 특별히 선택된 소수에게만 자신의 신비를 계시하며 보여주는 "신비로운 책"(mystic books)이나 "은총"(grace)을 베풀 신으로 떠받들고 있다.

그렇게 차린 모든 여성들은 속인들을 위하여 만들어진
그림이나 화려한 책의 표지와 같소.
여자들 자신들이 신비로운 책.
여자들이 소유한 은총이 우리를 고귀하게 할 우리만이 그것을
드러난 대로 보아야 하오. 그러면 내가 알 수 있도록.
산파에게 보여주듯 그렇게 아낌없이 보여주시오
그대 자신을.

Like pictures, or like books' gay coverings made
For laymen, are all women thus arrayed.
Themselves are mystic books, which only we
Whom their imputed grace will dignify
Must see revealed. Then since I may know,
As liberally, as to a midwife, show
Thyself. (39-45)

시의 후반부로 갈수록 여인을 꾀는 정도는 더욱 대담해지며 여인 자신의 아름다움과 그 여인의 소유물을 구분하지 못하는 "바보들"을 비난하는데, 이들은 "신비로운 책"을 읽을 수 없는 "속인들"이기도 하다. 이 여인은 종교적 대상으로 간주되는 너무나 성스러운 존재로서 오직 높은 성직자만이 다가갈 수 있으며, 따라서 "신비로운 책"을 읽을 수 있는 완전한 믿음과 권위를 지닌 자신은 당연히 성직자가 되는 것이다(Nutt 12).

시의 마지막 반전은 "그대를 가르치려고 내가 먼저 벌거벗었소. 그러니/그대를 덮을 무슨 딴 옷이 필요하겠소, 한 남자 외에"라는 성행위를 묘사하는 듯한 결말에서 남성을 여성의 위에 두어 남성의 지배권을 확인하는 데서 일어나고 있다.

　　　그렇소, 던져버리시오 전부를, 이 흰 린네르 옷도.
여기엔 참회도 없고, 흰 복장은 더욱 필요 없소.
　그대를 가르치려고 내가 먼저 벌거벗었소. 그러니
그대를 덮을 딴 무슨 옷이 필요하겠소, 한 남자 외에.

　　　cast all, yea, this white linen hence,
Here is no penance, much less innocence.
　To teach thee, I am naked first, why then
What needst thou have more covering than a man. (45-48)

화자가 "여기엔 참회도 없고, 흰 복장은 더욱 필요 없소"라며 추상적인 관념과 물리적 의복을 동시에 언급함으로써 시는 이중적인 초점을 유지하고 있다. "그대를 덮을 다른 무슨 옷이 필요하겠소, 한 남자 외에"라는 마지막 구절에서 우리는 시 전체를 통하여 제시되는 자신감과 힘이 스며 나오는 익살스러운 이미지를 보게 된다. 여기서 남성은 안정된 준거로 여겨지며, 여성의 몸이라는 공간인 큰 타자의 가치와 경계를 결정하고 탐험하고 이용하는 존재가 된다. 여성으로서의 존재는 시에서 아무 가치도 없으며, 사실 그녀는 모습을 드러내지 조차 않는다. 그녀는 단지 남성에게 소유될 때만 가치를 지니게 되는 것이다.

3

비록 20세기에 들어서 존 던에 대한 연구가 다시 부활하게 되었지만 「엘레지 18: 사랑의 진행」은 그동안 비평가들의 외면을 받다가 최근 이 작품에 대한 다양한 접근이 이루어지고 있다. 마로티(Authur Marotti)는 던을 '동인 시인'(coterie poet)의 일원으로 그의 작품을 해석하려는 경향이 있으며, 패터슨(Annabel Patterson)은 이 작품을 '자기검열'(self-censorship)의 관점에서 논의하고 있고, 영(R. V. Young)은 억제되지 않은 성적욕망을 다룬 냉소적인 시 이면에 깔린 식민주의적 디스코스에 담긴 이중적인 의미를 읽어내고 있다. 영이 말한 바와 같이 던은 새로 발견한 땅을 여성의 신체에 비유할 뿐 아니라, 거칠고 냉소적인 풍자를 통해 근대 초기 식민지 개척시대의 위선적이고 자기만족적인 식민주의를 패러디를 하고 있다(Young 37). 시에서 식민주의는 성적인 위트에 틀을 제공하고, 성적 지배라는 개념은 식민주의를 비판하는데 전략적으로 사용되고 있다고 하겠다.

「엘레지 18」은 식민주의를 전면에 내세우면서 성과 젠더의 문제를 다루고 있는데, 식민지 영토를 여성의 몸과 동일시하며 여성을 땅과 자연, 수동성과 연결시키는 틀을 채택하고 있다. 이에 대해 벨지(Catherine Belsey)는 던의 시가 사적인 사랑의 영역과 경제, 정치,

역사 등의 공적인 영역을 구별하기 시작한 16세기 말, 17세기 초의 영국의 시대적 상황을 반영하고 있는 것으로 해석하고 있다. 예를 들어 던의 엘레지 시편들은 여성의 몸 그 자체보다는 르네상스시대의 탐험가들과 지도제작자들이 눈뜨기 시작한 근대 초기 영국사회에 팽배해 있던 욕망을 그리고 있다고 보는 것이다(Belsey 147-48). 이들의 눈에 비친 새로운 세계는 여성과 마찬가지로 무한하고 유혹적이며 아름다웠을 것이며, 한편으로는 이들 미개척지가 위험하기도 하였을 것으로 쉽게 추측할 수 있다. 그렇다면 성(sexuality)이라는 개인적인 영역과 식민지 개척의 모험이라는 공적인 세계를 구별하고 은유적으로 결합시키는 것을 가능하게 하는 조건은 무엇일까? 다시 말해서 던의 엘레지에서 미지의 땅에 대한 지리상의 발견이 욕망의 대상이 될 수 있는 근거인 젠더와 식민주의가 만나는 공통의 영역은 무엇인가라는 질문을 던지면서 「엘레지 18」을 읽어보자.

「엘레지 18」은 앞의 「엘레지 19」와 마찬가지로 주 관심사를 성적인 사랑에 두고 성행위 자체를 사랑의 진정한 목표로 삼고 있지만, 그 목표 자체보다는 거기에 도달하기까지의 여정에 더 관심을 두고 있다. 던의 성적 상상은 엘리자베스 시대 전원적이고 이상화된 사랑의 시에 익숙한 독자들에게는 상상을 초월할 정도로 노골적이며 사실적인데, 시인은 페트라르카식 전통에 반기를 들고 혁명적인 시를 시도하고 있는 것이다. 「엘레지 18」은 "미덕"(virtue; 21)이나 "고결함"(ingenuity; 13)과 같은 여성의 다른 가치와 자질을 거부하면서, 여성의 본질은 남자들이 사랑하는 "중심부"(centric part; 36)인 여성의 성기라고 단정한다. 남성들이 여성의 얼굴이나 육체의 윗부분에 관심을 가져서 안 되는 이유는 사랑의 항구로 항해하는 과정에서 그것들 때문에 항로를 이탈하거나 배가 난파될 위험에 처하기 때문이라는 것이다.

던은 사랑을 항해에 비유하면서, "사랑하는 이는 누구든 진정한 사랑의 목적을 / 제시하지 못한다면 사랑이라는 바다로 가서 / 멀미만을 겪을 뿐이다"(Whoever loves, if he do not propose / The right true end of love, he's one that goes / To sea for nothing but to make him sick; 1-3)라며 사랑의 목표를 잘못 설정할 경우 멀미하러 항해를 떠나는 것처럼 어리석다고 말한다. 이는 마치 곰이 갓 태어난 새끼의 양수를 너무 핥을 때 그 새끼의 모양이 변하듯 우리의 사랑도 기형의 괴물로 변할 수 있다는 것이다. 여기서 던은 페트라르카식 소네트에서 전통적으로 이루어져온 여성에 대한 이상화가 자연을 괴물처럼 왜곡한 것과 같음을 암시하고 있다(Guibbory 30). 그는 잘못된 사랑은 괴물의 살덩이처럼 완벽하지 못하여 인간의 머리를 가지고 태어난 송아지가 본모습으로 태어난 송아지보다 인간에 더 가깝지만, 어디까지나 그것은 괴물이라고 말한다. 이러한 자연의 변종을 언급하는 이유는 사랑을 할 때 완벽함을 추구하라는 말을 하기 위해서다.

> 완벽함은 완전한 통일성 속에서 이뤄진다:
> 먼저 한 여인을, 그리고 그녀가 가지고 있는 한 가지를 선택하라.
>
> Perfection is in unity: prefer
> One woman first, and then one thing in her. (9-10)

나중에 알게 되듯이 이 "한 가지"란 바로 여성의 성기를 지칭하고 있다. 이어서 던은 금의 이미지를 도입하여, 금의 가치가 여러 가지에 있지만 진정한 가치는 "교역의 중심"(the soul of trade; 16)이라는 사실에 있다고 말한다. 여기서 "soul"이라는 단어가 불러일으키는 연상은 화자가 소중히 여기는 것이 여성의 영혼일지도 모른다는 암시이다. 여성이 많은 자질들을 가지고 있지만 우리는 그중 하나만을 사랑해야하며, 별로 중요하지 않는 자질 때문에 한 여성을 사랑한다면 그것보다 더 그녀에게 상처를 주는 것이 없다고 주장한다. 마로티가 "이 시에서 사랑의 목표 가운데 하나는 경제적인 것이다. 처음부터 성적인 것은 상업적인 실체들과 관련하여 정의되고 있다"(Marotti 50)고 주장한 바와 같이, 시의 도입부 부분에서 여성의 육체와 새로 발견된 땅 사이에 유추는 아직 이루어지지 않고 여성을 교역의 중심인 금에 비유하고 있다.

던은 금 자체가 지니고 있는 가치보다 그것이 지니는 교역의 수단으로서의 가치가 더 있다는 사실을 들어, 본래의 가치보다 명목상의 가치를 우위에 두고 있다. 이러한 가치전도는 금과 마찬가지로 여성에게서도 이루어지며, 이를 바탕으로 금과 여성 사이의 유추와, 나아가 여성의 몸에 대한 식민지를 탐험하는 항해에 대한 묘사가 이루어지고 있는 것이다. 금과 달리 여성은 미덕이나 지혜, 아름다움과 같은 자질을 소유 할 수도 그렇지 않을 수도 있다. 그러나 비록 여성이 그러한 미덕을 가졌더라도, 그러한 것은 부차적인 속성에 불과하다. 돈이나 금의 가치가 "교역의 중심"이라는 사실에 있는 것이라면, 여성의 진정한 가치는 성적인 용도에 의해 결정된다는 것이다. 이 여성의 성적인 유용성과 가치는 그녀의 "중심부"로 구체적으로 표현되고 있다. "여성을 여성으로 만드는 것은 미덕뿐인가? / 나는 고결함과 자제력을 가지고 / 현명하고 착한 여인을 찾을 때까지 참아야하나?"(Make virtue woman? must I cool my blood / Till I both be, and find one, wise and good?; 21-22)라는 구절에서 동사 "be"와 "find"는 매우 밀접한 관계에 있다. 이 두 동사는 앞의 두 자질인 "virtue"와 "cool", 뒤의 두 자질인 "wise"와 "good"을 연결하는 중심축의 역할을 한다. 던이 이처럼 불가능한 듯한 문법을 취한 것처럼 이러한 자질들을 가진 남녀를 발견한다는 것은 거의 불가능하며, 이런 이유로 그는 완벽한 영혼, 즉 위에서 나열한 자질을 가진 사람이 나타날 때까지 더 이상 자제하며 기다리지 않겠다는 의도를 명백하게 드러내고 있는 것이다(Nutt 16-17).

던은 우리가 여인을 사랑하는 것은 그녀의 마음속에 내재한 선과 아름다움, 심지어는 부유함이나 앞서 암시했던 영혼 때문이 아니라고 한다. 단지 그녀가 소유한 이러한 자질들 중 하나만의 이유로 그 여인을 사랑하는 것은 그녀의 또 다른 소유물인 하녀를 유혹하는 것만큼이나 불경스럽다는 것이다. 천국을 뒤져도 사랑의 진정한 목적인 큐피드를 찾을 수 없는데 이는 그가 지하세계에 거주하고 있기 때문이다. 큐피드가 천국에 없는 것은 그의 이름이 붙여진 행성이나 별자리가 없기 때문이다. 플루토는 그리스 신화에 나오는 부의 신으로 지하세계를 칭하는 일반적인 개념으로 사용되고 있다. 불과 금은 물질과 파괴적인 열정이 사랑의 조건임을 의미하며 이것은 지하세계에 가득 차 있는 것이다.

금과 여성의 몸 사이의 관계를 확장시키고 있는 다음 부분은 충격적이고 대담한 상상의 비약을 보여주며, 사무엘 존슨(Samuel Johnson)과 같은 비평가들을 당혹스럽게 했던 구절이다.

남성들은 제단 위의 신이 아니라
우묵한 곳과 구멍에 제물을 바친다.
비록 지구 위를 떠도는 천체를 보지만,
우리가 갈고 사랑해야하는 것은 대지이다.
그리하여 우리는 그녀의 태도와 말씨, 마음과 미덕을 생각하지만,
진정 사랑해야 할 곳은 그녀의 중심부인 것이다.
사랑에 있어서, 그것이 영혼보다 더욱 가치 있고 적절하며
영혼만큼이나 무한한 것이다.

Men to such gods, their sacrificing coals
Did not in altars lay, but pits and holes.
Although we see celestial bodies move
Above the earth, the earth we till and love:
So we her airs contemplate, words and heart,
And virtues; but we love the centric part.
Nor is the soul more worthy, or more fit
For love than this, as infinite as it. (31-36)

던은 남성들은 신에게 제물을 바칠 때 제단 위가 아니라 대지에 바쳐야 한다는 생각에서부터 지하세계에 있는 큐피드의 개념에서 "우묵한 곳과 구멍"이 암시하는 자궁(vagina)의 이미지로 비약한다. 화자는 비록 천국을 존중하지만 우리가 사랑하고 갈아야 할 곳은 대지라고 주장한다. 그는 다산과 생식을 강조함으로써 여성의 "중심부"를 생명을 잉태하는 자궁의 의미로 사용하고 있으며, 이는 영혼만큼이나 무한한 자질을 지니고 있음을 말하고 있다. "우묵한 곳과 구멍"과 동일시되고 있는 여성의 몸은 텅 비어 있고 숨겨진 공간으로서, 던은 성적인 차원을 지형학적인 차원으로 그려내고 있는 것이다. 유럽의 탐험가들이 식민지로 만들려고 하는 땅과 여성의 몸은 이처럼 시에서 유사하게 다뤄지고 있다.

여기서부터 던은 앞에서 미루었던 본격적인 사랑에 대한 항해를 시작한다. 그는 우선 사랑을 여성의 얼굴로부터 시작하려는 사람들을 비난한다. 그들은 사랑의 항해를 떠나는 배에 승선하여 여성의 머리카락과 이마를 지나 코, 태양과 같은 눈, 그리고 뺨에 이르기까지 아래로 향하는 여정 후에, 마침내 입술에 정박하여 사랑의 안식을 찾는다. 던은 이 사랑의 여행을 고전을 인유하고 이국적 정서를 동원하여 묘사한다. 계속해서 여성의 예측할 수 없는 속성과, 기쁨과 슬픔을 주는 능력에 대한 암시가 이어진다. 그녀의 머리칼은 "마법의 샘과 덫과 족쇄들이 매설된 매복의 숲"(41-2)이며, 입술은 "사이렌의 노래"(55)를 부르고 "아폴로 신전의 신탁"(56)을 말하며, 갈라진 혀는 "빨판상어의 혀"(58)와 같아서 배에 달라붙어 항해를 방해한다. 화자가 갈망하는 '그곳'으로 가는 상상의 항해에서 시인이 정박하는 곳은 실제로 그들 나름대로 그만한 이유를 지니고 있다. 그녀의 "도톰한 입술은 약한 카나리술이 아니라 자극적인 암브로시알"이며, 턱은 "빛나는 갑(岬)"이고, 부드러운 이마는 "천국"이다. 이들 몸의 각 부분은 진정한 사랑의 목표인 "중심부"를 대체하는 역할을 하기도 하지만 그곳으로 가는 여정에서 위험한 요인으로도 작용한다. 천국과 같던 부드러운 이마가 주름지면 항해자의 "무덤"이 되기도 한다. 입은 진주 같은 이를 가지고 있지만 또한 "빨판상어"의 혀와 같은 흡착력을 지니고 있어 지나가는 배들을 난파시킬 수도 있는 것이다.

바다를 항해하면서 배(stomach)를 지나 "인도"(India; 65)로 향할 때, 항해자는 "배꼽"(66)을 항구로 오인할 수 있으며, 또한 음모(pubic hair)조차도 적을 유인하기 위한 "또 다른 숲"(69)으로 설정되어 있어서 정신 차리지 않으면 파선할지 모른다. 그 속에서 많은 배들이 난파당하고 불운한 뱃사람들이 익사를 하였기 때문이다. 인도는 그녀의 성기(vagina)를 의미하는데, 시인은 여기서 다시 한번 모험에 찬 영웅적인 항해의 성격을 강조하기 위해 이국적인 정서를 사용하고 있다. 우리는 제임스 1세 당시 인도로의 여행이 얼마나 험하고 마법과 같은 것인지를 생각해 볼 필요가 있는데, 여러 단계를 거쳐 여성의 중앙부 즉 성기로 향하는 길이 마치 인도로의 항해처럼 모험에 차고 마법과도 같은 것임을 강조하고 있는 것이다. 여성을 유혹하는 과정은 탐색과 발견의 여정이지만 조심성이 없는 남성에게는 함정이 될 수도 있다. 왜냐하면 그가 지나가게 될 여성의 육체가 그를 좌절시키기 위해 온갖 시도를 다하기 때문이다(Guibbory 30).

이처럼 던은 얼굴과 같이 알려지고 볼 수 있는 것에서 시작하여 미지의 볼 수 없는 것으로 나아가는 사랑의 여정을 당시의 항해술을 끌어들여 묘사하고 있다.「사랑의 진행」의 식민지 지도제작자가 여성의 몸을 지도로 그린다는 것은 지배와 소유의 과정을 의미한다. 시의 제목인 "진행"(progress)은 엘리자베스여왕 시대에 착취행위를 진행이나 전진이라는 고상한 개념으로 대체하여 정책에 정당성을 부여한 중요한 이데올로기였다. 지형과 방위를 신중히 고려하며 지도를 제작하여 항해에 나섰을 당시 항해자들처럼, 사랑의 항해를 여인의 얼굴로부터 시작해서 "그녀의 인도"로 항해하려는 사람은 항해도중에 만나는 여러 가지 해부학적 장애물에 의해 가로막히게 될 것이다. 항해자가 목적지인 인도에 도착하기 위해서는 여성의 몸의 저항을 피할 수 있는 훌륭한 지도의 도움이 결정적으로 필요하다. 근대초기에 이 지도제작에 결정적으로 중요한 역할을 한 것이 바로 발이라고 할 수 있을 것이다. 항해자가 자신이 지나온 곳을 루트로 표시하는 것은 지도위의 텅 빈 공간에 자신의 족적을 채우는 것이며, 이것을 성적인 비유로 표현하면 그녀의 인도가 가지고 있는 텅 빈 공간에 자신의 흔적을 채우는 것으로 생각할 수 있을 것이다.

화자는 여기서 다시 한 번 사랑의 여정을 얼굴에서 시작한 것이 잘못되었다는 사실에 대해 생각해보라고 한다. 그러면서 그는 발이 신체 가운데 침대로 가는 첫 부분임을 강조하면서, 사랑의 행위를 얼굴에서 시작하는 것보다는 발로부터 시작하라며 더 나은 사랑의 루트를 제시하고 있다.

> 풍요로운 자연은 여성에게 현명하게 두 개의 지갑을 만들어
> 그들의 주둥이는 반대방향으로 놓여져 있다.

그들은 그렇다면 더 아래쪽에 찬사를 보내야할 의무가 있다,
그 길로, 보물이 나오는 출구로, 우리는 가야한다.
그렇게 하지 않는 이는 관장을 하여 뱃속에 음식을 채워 넣으려는 것만큼
큰 실수를 범하는 것이기 때문이다.

Rich Nature hath in women wisely made
Two purses, and their mouths aversely laid;
They then, which to the lower tribute owe,
That way which that exchequer looks, must go.
He which doth not, his error is as great,
As who by clyster gave the stomach meat. (91-96)

던은 "purses"라는 단어를 동사적 의미와 명사적 의미 모두를 연상시키는 재치 있는 펀으로 사용하고 있다. 자연은 여성에게 두 입들 즉 "purses"를 부여했고 이들은 각각 엇갈린 방향으로 향하듯이 놓여져 있다. 여기서 "aversely"라는 부사는 마치 여성의 입과 성기가 신체의 반대방향에 위치해 있듯이 '서로 다른 방향으로'라는 의미를 가진다. 던의 시대에 지갑은 주로 가죽으로 만든, 끈으로 조였다 풀었다 하는 느슨한 가방이었다. 여기서 "purses"는 여성의 입과 성기라는 명사적 의미와 'purse' 자체가 가지고 있는 다른 의미 즉 '오무리다'라는 동사적의미를 연상시켜 지갑을 조였다 풀었다하는 행위가 성행위 자체를 암시하는 것으로도 생각해 볼 수 있다(Nutt 21). 시의 화자가 내리는 결론은 사랑을 하고 사랑의 진정한 목적을 아는 자는 누구든지 사랑에 적합한 그곳, 즉 성기에 찬사를 바치라는 것이다. 즉 성적인 결합이 진정한 사랑의 목적이며, 이와 같은 사실을 부정하는 이는 배설이 아닌 관장을 하고 음식을 먹는 이와 같다고 말한다. 이처럼 「엘레지 18」은 사랑의 목표를 이상화하기를 거부하면서 성행위

를 여성의 "아래쪽" "지갑"에 "찬사(혹은 공물)"를 바치는 것으로 묘사하며, 이 목적을 달성하기 위해 잘못된 방법을 사용하는 사람을 관장을 함으로써 위를 채우려고 하는 어리석은 자에 비유하고 있는 것이다.

던은 멀리서 여성을 숭배하고 그녀의 미덕과 아름다움을 찬양하는 것은 이 사랑을 괴물과 같이 만드는 것이라며 자연스럽고 제대로 된 사랑의 관계를 제시하고 있다. 즉 연인이 어느 특정인의 아름다움을 보고 이상적이고 초월적인 미에 대한 비전으로 나아가게 되는 플라톤적인 사랑의 단계를 우스꽝스럽게 흉내 내어, 아래쪽 발에서부터 시작하여 위로 올라가는 색다른 사랑의 전형을 제시하고 있는 것이다. 이처럼 페트라르카식 전통을 전복시키고 있는 던의 엘레지 시편에서는 남성화자의 우월성이 강조되며 여성혐오적 경향이 짙게 드러나는 등 젠더가 특별한 중요성을 띠고 있다(Guibbory 30-31). 여성의 몸을 장난감처럼 자세하게 해부하는 이러한 자극적인 성의 여행에서 던은 예상과는 달리 특이하게도 우리의 감각에 호소하는 데는 관심이 없다. 이는『엘레지』시편들이 단순히 친구를 즐겁게 하기 위해 씌어졌으며, 또한 그의 성적욕망을 자극하기보다는 지적인 욕망을 자극하는 문학적인 게임과 다르지 않음을 짐작하게 하는 부분이다.

라만(Shankar Raman)은 이「사랑의 진행」과 베드포드 공작부인(the Countess of Bedford)에게 보낸 시로 쓴 편지 사이에 존재하는 흥미로운 어조의 차이에 주목하고 있다. 즉 시가 씌어진 대상과 목적이 다르기 때문에 시의 내용이나 어조에 상당한 차이를 보인다는 것이다. 대학 친구들 사이에 돌려 읽던 엘레지와 자신의 후원자인 공작부인에게 보낸 보다 사적인 시 사이에 나타나는 이러한 어조의 차이는 여성의 육체를 성적으로 지배한다는 허구로부터 여성 후원자에게 의존해야만 하는 불편한 상태로의 변화를 보여주고 있다고 하겠다

(Raman 161).

이처럼 「엘레지 18」은 돈(gold)과 여성(centric part)과 식민지(India)가 지니는 자질과 가치를 다양한 비유의 틀을 통해 제시하면서, 젠더와 식민지 발견이라는 문제를 다루고 있다. 여성의 몸과 식민지를 개척하기 위한 항해가 가치의 문제를 재조정하는 장(場)이 되고 있다는 사실은 근대초기 영국사회가 안고 있는 가치관의 위기를 반영하고 있다고 보아야 할 것이다. 즉 돈의 가치에 대한 문제가 제공하는 유추를 넘어, 「엘레지 18」은 여성과 식민지 개발을 서로 관련된 것으로 보면서 가치와 권위의 불확실성을 다루고 있는 것이다. 만약 "그녀의 인도로 향하는 항해"가 유럽의 강대국들이 개척해놓은 무역로를 따라가는 것이라면 이는 욕망하는 목표물이 교환성과 활용가치가 있기 때문일 것이다. 그렇다면 식민지를 개척하기 위한 항해는 돈의 속성을 변모시키고 있으며, 가치의 속성도 재정의 하고 있는 것이다. 화자는 마치 무역을 완벽하게 구현하고 있는 상업화된 몸을 항해하고 있다고 하겠다.

4

던은 엘리자베스 시대에 유행한 기사도적인 사랑시를 쓰지 않고 항상 자신만의 독특한 거친 목소리를 인식하고 있었다. 그의 많은 사랑시들이 유혹과 성에 관한 것이지만 의외로 관능적인 이미지나 육체에 대한 묘사를 거의 찾아볼 수 가 없다. 이는 그의 시들이 단순히 유혹을 다루고 있는 것이 아니라 이를 넘어선 더 큰 다른 목적, 즉 독자들의 생각을 재검토하도록 요구하는 대담하고 독창적인 영역으로까지 자신의 생각을 발전시키고 추구할 목적으로 씌어졌음을 이해해야 할 것이다. 그러나 1590년대 당시 던이 엘리자베스 여왕 시대에 궁정 이데올로기의 핵심적인 부분이었던 궁정식 사랑의 전통을 거부하고, 이를 노래하는 소네트 양식 대신 남성 화자의 힘과 지배를 강조하고 여성혐오적 경향이 두드러진 풍자시와 엘레지를 통해 궁정식 사랑의 전통을 전복시킨 행위는 다분히 정치적 함의를 지닌 것으로 생각될 여지가 있었음을 쥐버리는 지적하고 있다(Guibbory 31-32). 즉 페트라르카적 전통을 반대하고 여성을 비하하면서 여성에 의한 지배를 전복시키고 남성의 주권을 회복하려는 이들 시는 여성군주에 의해 지배되는 정치구조에 대한 불편한 심기가 반영된 것으로 볼 수 있으며, 나아가 이러한 상황을 전복시켜 남성의 우월성과 지배를 주장하려는 반동적인 성향을 지니고 있다는 것이다.

기존의 사회가 갖고 있는 제도와 관습에 대한 던의 저항과 도전은 그의 풍자시와 마찬가지로 『엘레지』에서 쉽게 찾아볼 수 있다. 여기에 실린 시들은 부정하거나 사회적으로 용인되지 않는 관계를 통해 부모나 아버지, 남편으로 대표되는 전통적인 권위에 맞서고 있다. 예를 들어 「엘레지 4: 향수」(“The Perfume”)는 어린 소녀와의 관계를, 「엘레지 1: 질투」(“Jealousy”)와 「엘레지 7: 자연의 풋내기 바보」(“Nature’s Lay Idiot”)는 유부녀와의 관계를, 그리고 「사포가 필레니스에게」(“Sappho to Philaenis”)는 레즈비언의 사랑을 다루고 있다. 종종 이들 관계는 위험한 공적인 세계로부터 감추어진, 은밀하고 사적인 것으로 그려지고 있는 것이다. 사랑에 대한 지나친 이상화를 거부하고 사실적인 분석을 행한 오비디우스(Ovid)처럼 던은 인간이 동물과 공통된 본성과 육체를 지니고 있다는 생각에서, 사랑을 거의 몸과 같은 것으로 다루고 있다. 이들 시에서 남성 화자는 돈과 성행위에 대한 자신들의 관심을 솔직히 인정하면서 이상이 아니라 실제적인 것에 의해 움직이고 있다. 성적인 사랑의 중요성을 강조하는

「잠자리에 드는 연인에게」나, 궁정식 연애의 전통을 거부하고 사랑의 목표를 성행위에, 그에 도달하는 방법을 가장 저항을 적게 받는 길로 규정하는 「사랑의 진행」은 페트라르크카적인 사랑을 반대할 뿐 아니라 르네상스기의 신플라톤적인 사랑관에 도전하고 있는 것이다.

3. 「사포가 필레니스에게」: 영국 르네상스 텍스트의 여성의 목소리

1

던의 시 가운데는 특이하게 레즈비언의 사랑을 노래하고 있는 「사포가 필레니스에게」("Sappho to Philaenis")라는 시가 있다. 던의 많은 작품 가운데서 뿐만 아니라 르네상스 시대 문학 전체에서도 매우 특이한 자리를 차지하고 있는 이 시는 그동안 비평가들에게서 무시를 당해왔다. 그러다가 최근 10여 년을 전후하여 이 시에 대한 본격적인 연구가 활발히 이루어지고 있는데, 여기에는 젠더에 대한 높아진 비평적 관심과 무관하지 않은 것으로 보인다.

그리어슨(Grierson)은 자신이 편집한 존 던 시집에서 「사포가 필레니스에게」를 '영웅체적 서간'(Heroical Epistle)이라고 부르며 『엘레지』 시편 바로 뒤에 두었고, 스미스(Smith) 역시 이 시를 「엘레지 20: 사랑의 전쟁」("Elegy 20: Love's War") 다음에 두어 마치 엘레지 21번처럼 취급하고 있다. 그러나 헬렌 가드너(Helen Gardner)를 비롯한 많은 비평가와 편집자들은 이 시가 다른 몇 편의 시와 함께 과연 던의 시인가 하는 데 대해 의문을 제기하기도 한다. 이들은 그 근거로서 문체가 단조롭고 주제가 상이하다는 등 텍스트상의 증거를 내세우지만, 사실은 이 시가 다루고 있는 레즈비언 사랑이라는 주제에 대한 도덕적인 거부감이 보다 크게 작용한 것으로 보인다.

작품의 진위조차 의심받으며 소홀히 다루어지던 이 시가 다양한 관점에서 주목받고 연구되기 시작한 것은 최근의 일이다. 케리가 "여성 동성애를 다룬 영어로 씌어진 최초의 시"(Carey 270-71)라고 일컬은 「사포가 필레니스에게」는 그리스 레스보스(Lesbos) 출신의 저명한 여류시인 사포(Sappho, b. 612 BC)가 그녀의 레즈비언 연인에게 보내는 편지형식의 시다. 이 편지는 여성들 사이의 성적인 결합과, 남성들을 배제한 그들 간의 사랑으로 창조되는 이상적인 세계를 묘사하고 있다. 사포가 다른 여성들에 대해 쓴 시들 때문에 '레즈비언'(lesbian)이라는 단어가 '사피즘'(Sapphism)과 함께 여성의 동성애를 일컫게 되었다(Smith 452). 레즈비언 연인에 대한 이 편지는 유명한 연인들이 주고받은 편지로서 성애를 다룬 재치 있는 시들인 오비디우스의 영웅적인 서간 『헤로이즈』(*Heroides*)를 모델로 하고 있다. '용감한 여인들'이라는 뜻을 지닌 이 책은 서사시의 영웅들을 사랑했으나 버림받은 여성들에 의해 씌어진 다소 성애적인 사랑을 내용으로 하는 편지모음집으로서, 편지를 쓴 가상의 주인공들은 사포를 제외하고는 모두 신화상의 여성들이다. 이들 여성들 가운데서 사포는 플라톤(Plato)이 10번째 뮤즈라고 일컬을 정도로 뛰어난 시인으로, 롱기누스(Longinus)는 문체의 숭고함을 찬양했으며 호라티우스(Horace) 역시 그녀의 시를 높이 평가했다. 오늘날에도 에이미 로웰(Amy Lowell)과 H.D. 같은 많은 시인들이 사포가 자신들의 시에 큰 영향을 미쳤음을 이야기하고 있다.

이 오비디우스의 서간집은 이후 사포의 이미지에 결정적인 역할을 하게 된다. 솔직하고 열정이 넘치는 사포의 시는 중세와 르네상스시대에 이르기까지 많은 극작가들의 조롱의 대상이 되었으며, 부도덕하고 음탕한 사랑을 풍자하는 데 이용되곤 하였다. 오비디우스의 『헤로이즈』 15번째 편지에 따르면 사포는 아름다운 소년 파온(Phaon)을 사랑하였으나 그 사랑이 받아들여지지 않자 절망하여 절벽에서 자신의 몸을 던져 바다에 빠져 죽은 것으로 되어 있다. 이 이야기는 여러 시인들에 의해 다루어졌으나 자서전적인 서사의 목소리로 비교적 상세하게 들려주는 오비디우스가 쓴 사포의 이야기만이 현재 남아있다. 오비디우스의 사포 편은 파온이 자신을 무시하는 상황에서 열정적이고도 굴욕적으로 보이기까지 하는 사포의 사랑에 대한 갈망을 표현하고 있다.

그 시대의 관습에 따라 여류시인인 사포는 수금(lyre)이라는 현악기의 반주에 맞춰 자신의 시를 노래했기 때문에 서정시인(lyrist)으로 불렸다. 사포는 당대에 유행하던 서정시의 기법과 문체에 혁신을 가하여 보다 세련된 '사포 시체'(sapphic)를 창조했는데, 신과 뮤즈의 관점에서 씌어지던 시를 시인 개인의 시각에서 노래함으로써 그리스 서정시에 새로운 물결을 일으켰다고 한다. 사포는 말하자면 사랑과 상실의 아픔을 일인칭으로 개인적인 관점에서 노래한 최초의 시인이었다고 할 수 있다. 사포의 문체는 선율이 아름답고 육감적이었으며 사랑이나 동경과 회상 같은 내용을 담고 있는데, 그녀가 사랑한 대상은 주로 자신에게 예술을 배우러 왔던 여성들이었다는 점이 특이하다. 그러나 동성애를 노래한 그녀의 시가 그 당대에는 별로 비난을 받지 않았다는 사실로 미루어 볼 때, 여성들 사이의 사랑을 욕하거나 박해하기 시작한 것은 훨씬 후대의 일이었음을 짐작할 수 있다.

사포는 자신의 여러 시에서 소녀들에 대한 열렬한 사랑의 감정을 밝히고 있으나, 오비디우스는 사포가 자신을 무시하고 경멸하는 남성 파온을 사랑하는 것으로 그림으로써 사랑의 대상을 동성에서 이성으로 돌려놓고 있다는 사실이 흥미롭다. 즉 사포가 자신의 사랑을 받아주지 않는 파온을 위해 이전의 매혹적인 레즈비언 소녀들을 경멸하도록 하며, 이성에 대한 사랑을 더 좋아하여 이전의 동성애를 억제하도록 하고 있는 것이다. 이렇게 해서 사포의 노래는 오비디우스가 창조한 파온의 이야기를 통해 침묵 당함으로써 사포는 성적으로 그리고 시적으로 남성에게 종속을 당한다고 할 수 있다. 다시 말해서 사포는 파온의 성적 매력 앞에 굴복 당하고 오비디우스의 시적 권위에도 정복되는 것이다. 이 오비디우스의 이야기에서 우리는 사포라는 여성의 목소리를 사용하여 연애시인으로서 자신의 입지를 굳히려는 오비디우스의 욕망과, 이 내러티브 속에 실재 사포의 목소리에 반하는 오비디우스가 꾸며낸 목소리가 존재한다는 사실에 유의할 필요가 있다.

오비디우스는 파온에게 무시당하고 버림받은 사포의 슬픔을 표현하기 위해 원래 '사포 시체'라고 불리는 서정시의 양식으로 되어 있던 사포의 시를 엘레지 형식으로 바꾸고 있다. 그는 사포의 입을 통해 이야기하면서 엘레지 형식의 2행 연구(couplet)를 선호하여 원래 시의 사포풍의 운율과 시체를 바꾸고, 그리스어를 라틴어로 번역하고, 여성 시인에서 남성 시인으로 젠더에 변화를 주고 있는 것이다. 이러한 과정을 겪었기 때문에 시에서 말하고 있는 화자는 과연 누구인가 하는 것이 문제가 될 수밖에 없다. 엄밀하게 이야기할 때 시의 화자는 사포도 오비디우스도 아니고, 사포와 오비디우스의 목소리가 양피지(palimpsest) 위에 겹쳐서 씌어진 것과 같다고 할 수 있을 것이다.

2

던의 『엘레지』 시편들의 저작 연대는 대략 1590년대 중엽에서 말로 보이는데, 이 16세기 말에는 던의 「사포가 필레니스에게」처럼 남성 작가들에 의해 여성들의 사랑의 하소연이나 불평이 씌어진 예가 많다. 이 경우 매개로 사용된 여성 인물 속에 남성 작가 자신의 목소리와 그 시대의 남성중심적 전통이 스며들기 마련이며, 여성 인물은 침묵하는 대상으로 전락하고 단지 남성 작가의 시학과 이데올로기를 대변하는 역할만을 수행할 가능성이 많다. 인펜티는 「사포가 필레니스에게」에서 사포라는 인물이 마치 작가가 이전에 씌어 있던 글자를 지우고 그 위에 자신의 목소리를 새로 적는 양피지 기능을 하고 있음을 밝히고 있다. 그리고 이러한 방식을 통해 던이 그 시대에 여성작가들이 일반적으로 당하던 무시와 사포 같은 레즈비언에게 가해질 검열의 위험을 무릅쓰고 여성의 목소리를 선택하여 이야기하고 있음을 추적하고 있다(Infante 93-94).

이 시의 형식과 사포의 목소리는 던이 창조한 것이라기보다는 오비디우스의 『헤로이즈』 15번째 편지인 「사포가 파온에게」에서 빌려온 것이다. 오비디우스는 사포가 편지를 쓰는 형식을 빌어서 마치 자신의 입은 움직이지 않고 마치 다른 꼭두각시가 말하는 것처럼 하여 말하는 복화술을 쓰듯이 그녀의 목소리를 이용하고 있다. 이렇게 오비디우스가 그려내는 사포의 편지는 어느 것이 진짜 사포의 글이며 어느 것이 꾸며낸 디스코스인지 경계를 흐리게 하면서 사포 자신의 말에 대한 진실성과 권위를 약화시키고 있다. 앞서 언급한 바와 같이 오비디우스의 『헤로이즈』에서 사포는 미소년 파온(던의 시에서는 파오[Phao])의 사랑을 얻지 못하자 자살하지만, 던은 이 이야기를 그대로 따르지 않고 있다. 즉 던은 사포가 파온을 사랑하는 것으로 만들어 놓은 오비디우스의 이야기에서 레즈비언으로서의 사포의 정체성을 회복시키면서 동시에 자신의 목소리를 그 속에 담고 있는 것이다.

남성작가가 여성의 목소리를 통해 말한다는 사실은 젠더문제와 밀접하게 관련되어 있으며, 여성이 글을 쓰고 말하는 데 대한 시대적

인식이나 분위기와도 관계가 있다. 더욱이 텍스트가 사포와 연관이 있다는 사실로 인해 이 문제는 한층 복잡하고 깊어지게 된다. 왜냐하면 서구 문학에서 여성의 동성애를 다룬다는 것은 바로 검열의 대상이 됨을 의미하기 때문이다. 근대초기 영국의 문학작품에 나타나는 레즈비어니즘에 관한 연구에서 홀스턴은 문학작품에 뿐만 아니라 법정의 기록이나 철학 책자에조차 여성 동성애에 관한 자료가 거의 존재하지 않는다는 사실에 주목하면서, 그 예외적인 작품 가운데 하나로 던의 레즈비언 사랑을 다룬 엘레지인 「사포가 필레니스에게」를 들고 있다(Holstun 835-36). 던이 살았던 근대초기 영국에서는 '레즈비언'이라는 단어 자체가 아직 통용되지 않았다는 사실은 시사하는 바가 크다.

그렇다면 던은 왜 이 시를 가상적인 사랑의 편지 형식으로 썼을까? 더 나아가 왜 이 시가 던의 다른 시들에 비해 문체가 상이하며, 남성으로서의 시인 자신의 목소리를 드러내지 않은 채 레즈비언이었던 그리스 여성 시인의 목소리로 말하고 있을까? 왜 던은 일반적으로 여성 작가들이 무시를 당하던 시대에, 그것도 레즈비언이기 때문에 검열에 걸릴 위험이 높은 사포라는 여성의 목소리로 말하기를 선택해야 했을까 하는 의문을 던져볼 수 있을 것이다. 이에 대해 많은 비평가들은 사포가 파온을 사랑하는 것으로 만들어 놓은 오비디우스의 이야기에서 던이 레즈비언으로서의 사포의 정체성을 회복시키면서 동시에 자신의 목소리를 그 속에 담으려고 한 것으로 분석하고 있다. 즉 던이 오비디우스의 시를 모방하면서 사포를 재발견함을 통해 르네상스시대의 진부한 사랑시의 전통을 새롭게 하고 성애 문학의 서정적 목소리를 회복하려고 시도했다고 보는 것이다(Infante 94-5; Harvey 118-19; Mueller 113).

던도 오비디우스와 마찬가지로 사포의 목소리를 빌어서 엘레지라는 장르를 통해 이야기하고 있으나, 이러한 공통점 이면에는 간과할 수 없는 큰 차이가 존재함을 알 수 있다. 즉 사포가 파온을 사랑하는 것으로 되어 있던 오비디우스의 이야기를 원래 사포의 시에서 그려진 대로 레즈비언의 사랑 이야기로 다시 바꿈으로써, 던은 사포라는 여성이 남성에게 성적으로 종속되는 관계를 해체시킴과 동시에 연애시라는 분야에서 오비디우스의 시적 권위에 도전하고 있다고 볼 수 있다. 던이 말하는 사포의 편지는 그리스의 섬 류카스(Leucas) 출신의 무명작가인 필레니스에게 쓴 것인데, 이 연인이 오비디우스의 경우와 다르게 남성이 아닌 여성으로 되어있다. 따라서 던은 오비디우스의 시에 수정을 가해 여성이 여성에게 말하게 함으로써 시에서 여성의 목소리를 회복시키고 있다. 그러나 정작 사포나 오비디우스 그 누구도 필레니스에 대해 언급한 부분이 없으며 이에 대한 자료도 거의 존재하지 않는다. 다만 제한된 자료를 통해 우리가 알 수 있는 것은 필레니스와 사포 둘 다 성적인 사랑을 다룬 책을 썼다는 사실과, 이로 인해 이들이 부도덕하고 방탕한 여성으로 인식되었다는 점 정도다.

3

「사포가 필레니스에게」는 먼저 필레니스의 부재에 대한 슬픔을 토로하는 것에서 시작하여 사포가 시적 언어로써 기억을 통해 부재를 현존으로 전환시키는 것으로 나아가고 있다. 역사적 인물 사포에 대한 던의 관심은 사포가 시인이었으며, 더욱이 그것도 시적인 위기를 경험한 인물이었다는 사실이 동기가 되었음은 의심할 여지가 없다. 그래서 던의 편지는 사랑하는 필레니스가 곁에 없음에 대한 한탄뿐만 아니라, 사포가 자신의 시적 능력이 쇠퇴된 것에 대한 한탄으로 시작하고 있다.

저 성스러운 불은 어디에 있나, 시가
  가지고 있다는? 그 매혹적인 힘은 쇠해 버렸나?
자연의 법칙에서 자연의 작품들을 끌어당기는 시는
  자연의 최상의 작품인 그대를 자연의 작품에게로 끌지 못하네.

Where is that holy fire, which verse is said
  To have? is that enchanting force decayed?
Verse, that draws Nature's works, from Nature's law,
  Thee, her best work, to her work cannot draw. (1-4)

이는 던이 사포를 레즈비언의 사랑을 갈구하는 상상의 인물로뿐만 아니라 자신의 시적인 능력의 쇠퇴를 표상하는 인물로 그리고 있다는 해석을 가능하게 하는 부분이다. 자신에게 가해진 심적 고통으로 인해 언어적 표현력과 시적 능력도 줄어들게 되었음을 한탄한 오비디우스의 사포처럼, 이 사포의 목소리는 "매혹적인 힘"이 쇠해버리지나 않았는지 의심스러워한다. 시를 쓸 능력을 잃어버린 데 대한 한탄은 르네상스 시대 서정시에서 가장 흔하게 접하는 내용으로, 시드니(Sidney)나 스펜서(Spenser), 셰익스피어(Shakespeare) 등의 세속시나, 밀턴(Milton)과 허버트(Herbert)의 종교시 등에서 그 예를 찾아볼 수 있다. 3행의 "자연의 법칙에서 자연의 작품들을 끌어당기는 시"는 원형적인 시인이라고 할 수 있는 오르페우스(Orpheus)의 시에 대한 언급이다. 그의 시는 너무나 매혹적이어서 동물은 물론이고 나무나 바위 같은 무생물도 경의를 표하고 음악을 듣기 위해 자연이 정해준 법칙도 어기면서 그를 뒤따랐다고 전해진다. 그러나 시의 화자는 이러한 오르페우스의 능력을 가진 시도 "자연의 최상의 작품"인 필레니스를 시인 앞에 존재하도록 회복시킬 수 없음을 슬퍼하고 있는 것이다. 필레니스와 시적 능력이 자신에게 회복되기를 바라는 사포의 욕망은 3행과 4행에서 동어반복적으로 표현되고 있는데, 이는 시의 후반부에 등장하는 동어반복과 함께 주목할 필요가 있다.

던의 사포는 시적 영감을 발견하기 위해 몸부림치지만 단지 녹아내리는 이미지만 발견할 따름이다.

내 눈물이 나의 이전의 시적 열정을 잠재워버렸나.
  왜 눈물이 욕망의 열정도 잠재우지 못했나?
내 마음의 산물인 생각은 종종 그대와 함께 있으나
  그 생각을 만들어 낸 나는 생각의 자유를 원한다.
내 마음속에 그대 형상만이 자리 잡고 있으나
  그것은 밀랍이고 불길이 그를 둘러싸고 있다.
내 불길은 당신의 형상을 몰아내고, 그대 불길은 여기 당신의 형상을 끌어당겼다.
  나는 영상도 마음도 감각도 다 빼앗겨버렸네.
그대에 대한 지루한 기억이 아직 내게 머물고
  간직하기도 잃어버리기도 하는 기억은 똑같이 슬퍼하네.
기억은 당신이 얼마나 아름다운지를 말해주노라. 그대는 너무나 아름다워
  내가 당신을 신에 비긴다면 신은 이로 인해 영광이 되는 것.
눈먼 사람들을 볼 수 있게 하려고,
  이건 신들이 하는 일이지만, 나는 신들이 그대를 닮았다고 말하오.

Have my tears quenched my old poetic fire;
  Why quenched they not as well, that of desire?
Thoughts, my mind's creatures, often are with thee,
  But I, their maker, want their liberty.
Only thine image, in my heart, doth sit,
  But that is wax, and fires environ it.
My fires have driven, thine have drawn it hence;
  And I am robbed of picture, heart, and sense.

Dwells with me still mine irksome memory,
  Which, both to keep, and lose, grieves equally.
That tells me how fair thou art: thou art so fair,
  As, gods, when gods to thee I do compare,
Are graced thereby; and to make blind men see,
  What things gods are, I say they are like to thee. (5-18)

시들어버린 거룩한 시의 불길과 열정은 시인의 마음속에 자리 잡고 있는 하나의 이미지를 파괴하는 세속적인 불길이 되어 내면에서 타오르고 있다. 즉 사포의 마음속에는 시적인 불길 보다 성적인 욕망이 더 뜨겁게 불타서, 자신의 가슴 속 밀랍에 찍혀 있는 것 같은 사랑하는 자의 형상이 이내 녹아버리는 것이다. 지금 자신의 곁에 없는 필레니스 때문에 눈물을 흘리는 사포는 성적 욕망이 너무 강렬하여 그녀에 대한 기억조차 흐릿해지고 있다. 이제 녹아버린 형상 같은 필레니스의 모습은 자신의 감각도 마음도 빼앗지 못하는 무디고 "지루한 기억"으로 밖에는 남아있지 못한다. 다만 꿈결 같은 기억 속에서 그녀는 신보다 더 아름다웠다고 찬양할 따름인데, 그는 필레니스의 아름다움이 너무나 신성해서 눈먼 사람도 볼 수 있게 할 정도라고 말하고 있다.

이어서 사포는 "만약 우리가 각 평범한 남자들을 작은 세계라고 의당 부른다면/그대를 어떻게 불러야 할까?"(For, if we justly call each silly man/A little world, what shall we call thee then? 19-20)라고 물으며 여성 주체(female subject)를 부를 적절한 표현 혹은 수사법을 모색한다. 그녀는 인문주의 철학이 여성 주체에게는 부적절한 수사학인 것으로 간주하여 버리고, 그렇다면 "그대를 어떻게 불러야 할까?"라며 남성 주체의 특권인 언어 체계 밖에서 여성을 표현해보려고 시도한다. 사포는 "그대는 솜털처럼, 별처럼, 삼나무처럼, 백합처럼, / 부드럽지도, 밝지도, 바르지도, 아름답지도 않아"(Thou art not soft, and clear, and straight, and fair, / As down, as stars, cedars, and lilies are 21-22)라며 전형적인 페트라르카식 미학의 언어도 배격하면서, "그러나 그대의 오른 손과 뺨과 눈은 단지 / 그대의 다른 손과 뺨과 눈을 닮았다"(But thy right hand, and cheek, and eye, only / Are like thy other hand, and cheek, and eye 23-24)며 여성의 몸을 해부하는 수사로 필레니스를 다시 옷 입히고 있다. 말하자면 필레니스의 몸이 그녀의 수사학이자 사포의 수사학인 셈이다. 왜냐하면 "나의 두 입술, 눈, 허벅다리는 당신 것과 달라요. / 하지만 이는 당신 것도 서로 다른 것과 마찬가지지요"(My two lips, eyes, thighs, differ from thy two, / But so, as thine from one another do 45-46)라고 말하고 있기 때문이다. 남성중심적인 전통으로부터 여성을 회복시켜 여성의 성애적 경험에 적절한 언어를 빚어내려는 몸부림 속에서 던의 사포는 여성의 몸을 언어와 같은 상징체계로 보고 있는 것이다.

연인의 몸의 각 부분을 외부 세계에서 빌려온 과장된 일련의 비교를 통하여 찬양하던 페트라르카 풍의 표현은 레즈비언의 세계에서는 더 이상 충분하거나 정확한 칭찬의 양식이 되지 못한다. 사포는 필레니스가 "솜털처럼, 별처럼, 삼나무처럼, 백합처럼" "부드럽지도, 밝지도, 바르지도, 아름답지도 않"다고 한다. 필레니스가 더 이상 다른 무엇에 비길 만큼 아름답다고 말하는 것이 아니라, "그대의 오른 손과 뺨과 눈은 단지 / 그대의 다른 손과 뺨과 눈을 닮았다"며 그녀가 이미 완전하고 충족된 존재라고 주장하고 있는 것이다. 사포는 외부의 어떤 것과의 비교나 유추도 거부하는, 스스로 충족되고 완전히 독립된 의미화 체계를 생성하려고 시도하고 있다. 이 체계는 소우주도 대우주도 아닌, 홀스턴이 말한 바와 같이 "자신들만의 세계"(autocosm)라고 할 수 있을 것이다. 이 세계는 위계질서가 존재하지 않는 완벽한 균형의 세계이다(Holstun 840).

이처럼 사포가 사용하고 있는 언어는 대상이 이미 언급된 바 있는 2행 연구적이고 상호 대칭적인 표현이다. 즉 필레니스는 별이나 꽃이 가지고 있는 속성을 소유하고 있어서 아름다운 것이 아니라, 한 쪽이 다른 반쪽을 닮은 그 자체로 완벽하게 균형 잡힌 아름다움을 지닌 존재라는 것이다. 여기서 사포는 자아와 타자 사이의 신체적인 유사성으로 인해 몸의 오른쪽과 왼쪽이라는 반쪽 사이의 완벽한 균형과 대칭성을 발견하고 있다. 가드너 같은 비평가는 던이 다른 시에서는 동성애에 관해 전혀 관심을 보이지 않았으며, 시에 사용된 운율도 무디고 어휘도 빈약하다는 점과 함께, 하나의 2행 연구에서 같은 단어를 두세 번 반복해서 사용함으로써 시가 단조롭다는 점을 들어 「사포가 필레니스에게」가 던의 작품이 아니거나 적어도 작품성이 떨어진다고 주장하고 있다(Gardner xlvi). 즉 나르시스적인 2행 연구(narcissistic tautology)는 레즈비언의 사랑을 그려낼 시인의 시적 능력이 고갈되었음을 보여주며, 따라서 이 시는 실패작이라고 생각하는 것이다. 그러나 이와 달리 하비는 이 2행 연구와 같은 대칭성이 사포로 하여금 필레니스를 묘사할 때 새로운 언어적 표현을 가능하게 하는 것으로 보고 있다. 이 특별한 균형과 대칭성은 레즈비언 세계가 지닌 특징 가운데 하나라고 할 수 있다는 것이다. 이러한 맥락에서 그는 「사포가 필레니스에게」는 여성들이 단순히 이성애적 관계를 모방하거나 남성의 역할을 흉내 내려고 하는 것이 아니라, 남성을 배제한 채 자신들의 새로운 이데올로기를 반영하는 새로운 언어를 만들어내려고 모색하는 유토피아적인 세계 속에서 여성들 간의 성적 결합을 발전시키고 있다고 주장한다(Harvey 128-30).

이 부분에서 던은 오비디우스의 15번째 편지에 주목할 만한 수정을 가하는데, 그 가운데 하나가 바로 사포의 유명한 레즈비언 성애를 회복시킨 것이라고 할 수 있다. 던의 사포는 파온이 성장하여 남성적 특징을 보이기 시작할 무렵 그를 버리고 같은 여성에게서 욕망의 대상을 찾는 레즈비언 성애를 추구하고 있다.

내 사랑 파오가 잠시 그러했으나, 앞으로는 절대 그렇지 않아,
　그대가 그러했고, 그렇고, 오, 앞으로도 영원히 그럴 것처럼은.
여기 연인들은 서로를 숭배하며 맹세를 하네.
　나도 그렇게 하지만 슬픔이 내 안색을 바래게 하네.
그러나 슬픔이 내 아름다움을 없애버리지 않도록,
　그래서 그대 사랑 받을 가치 없게 만들지 않도록 난 덜 슬퍼하노라.
그대 나긋한 소년과도 놀아보지만, 오, 달콤하게 해주는
　주고받는 느낌이 여전히 부족하네.
그의 뺨, 가시 같이 들쑥날쑥한 수염은
　위협하며 일상의 변화를 가져오네.

Such was my Phao awhile, but shall be never,
　As thou wast, art, and, oh, mayst thou be ever.
Here lovers swear in their idolatry,
　That I am such; but grief discolours me.
And yet I grieve the less, lest grief remove
　My beauty, and make me unworthy of thy love.
Plays some soft boy with thee, oh there wants yet
　A mutual feeling which should sweeten it.
His chin, a thorny hairy unevenness
　Doth threaten, and some daily change possess. (25-34)

사포는 성적인 취향이 바뀌어서라기보다는 자기가 사랑했던 소년

파온이 청년으로 성장하면서 여성과 같은 특성을 상실했기 때문에 그를 버렸다는 사실을 알 수 있다. 사포의 희망과는 달리 파온은 영원히 변하지 않고 소년의 상태로 머물 수 없었던 것이다. "주고받는 느낌"이란 서로 간에 느끼는 공감과 성적인 사랑 둘 모두를 의미하는 것 같다. 여성이 남성의 수염이 상징하는 세계와 접한다는 것은 다른 성에 대해 눈뜨는 사춘기와 임신과 출산이라는 엄청난 변화를 가져오는 새로운 세계와 만난다는 것을 뜻한다.

4

이제 사포는 여성들 간의 사랑을 소유하지 않고도 사랑할 수 있고 상대를 침범하지 않고도 즐거움을 취할 수 있는 유토피아적인 결합으로 찬양한다. 그녀는 레즈비언의 성애를 인간이 타락하기 전 상태처럼 아름답게 레즈비언 목가시(lesbian pastoral)로 이야기하면서, 완전하고 변하지 않는 여성의 성애를 변덕스럽고 타락한 남성의 육욕적 사랑과 대조시키고 있다.

그대의 몸은 타고난 낙원,
　그 자신 속에 가꾸지 않은 모든 쾌락이 있어서.
완벽할 필요 없어요. 그렇다면 왜 그대는
　거칠고 거센 남성의 경작을 인정해야 한단 말이죠?
남자들은 그들 뒤에 자신의 죄의 흔적을 남겨
　눈 내릴 때 강도질 한 도둑들처럼 추적당하죠.
그러나 우리들의 사랑의 유희는 시내의 물고기나
　공중의 새들처럼 어떤 흔적도 남기지 않아.
우리 사이에 온갖 달콤함을 다 누릴 수 있어,

　　자연이 생산하고 기교가 더할 수 있는 모든 것을.

Thy body is a natural paradise,
　In whose self, unmanured, all pleasure lies,
Nor needs perfection; why shouldst thou then
　Admit the tillage of a harsh rough man?
Men leave behind them that which their sin shows,
　And are as thieves traced, which rob when it snows.
But of our dalliance no more signs there are,
　Than fishes leave in streams, or birds in air.
And between us all sweetness may be had;
　All, all that Nature yields, or Art can add. (35-44)

사포는 필레니스의 육체가 지닌 완전함을 보존하고 시간과 인간의 파괴로부터 보호하기 위해 그녀를 낙원에 두고 있다. 사포의 반영이라고 할 수 있는 필레니스는 “가꾸지 않은” 흠 없는 처녀성의 상태로 완전하며, 죄의 흔적을 남기는 남성들과 달리 레즈비언의 사랑의 유희는 자식을 낳는 것과 같은 흔적을 남기지 않기에 그만큼 더 자유롭고 완전하다고 말한다. 던은 오비디우스가 사포에게서 빼앗았던 언어와 독립성을 그녀에게 후하게 부여하고 있는 것처럼 보이지만, 여기서도 “왜 그대는/거칠고 거센 남성의 경작을 인정해야 한단 말이죠?”라고 말함으로써 「엘레지 19」에서 볼 수 있었던 것과 같이 여성의 몸을 신세계와 마찬가지로 남성의 탐험과 소유를 기다리는 식민지화할 대상으로 묘사하고 있음을 알 수 있다.

사포는 남성들이 이 레즈비언의 세계에 침입해 들어오는 것을 자신의 이익을 얻기 위해 땅을 경작하는 농사와 남의 것을 빼앗는 도둑질에 비유하고 있다. 이와 달리 레즈비언들 사이의 사랑의 유희는 “시내의 물고기나 / 공중의 새들처럼" 어떤 흔적도 남기지 않으면서 소유권도 수반하지 않는다는 이유로 칭송되고 있다. 사포는 필레니스의 몸이야말로 땅이 가꾸지 않아도 풍성한 먹을 것을 생산하고 사람들이 자신의 권리와 재산을 보호하기 위해 법을 필요로 하지 않고도 조화롭게 살았던 황금시대의 이미지를 지닌, 그 자체로 이미 완전함을 품고 있는 "타고난 낙원"이라고 주장하고 있는 것이다. 그렇다면 왜 그녀는 "거칠고 거센 남성"의 "경작"을 인정해야 하는가? 이 "경작"한다는 표현에는 인간이 자신의 욕심을 채우고 이익을 얻어내기 위해 땅을 멋대로 이용한다는 사실과 함께, 가부장적인 세계에서 흔히 그러하듯이 여성의 몸을 성적으로 "경작"한다는 사실이 동시에 내포되어 있다. 레즈비언의 사랑과 달리 이성간의 성적 결합에는 소유의 개념이 내포되어 있어서, "남자들은 그들 뒤에 자신의 죄의 흔적을 남겨 / 눈 내릴 때 강도질 한 도둑들처럼 추적"당한다고 함으로써 지울 수 없는 흔적을 남기는 것으로 그려져 있다. 여기서 말하는 죄의 흔적은 여러 가지가 있을 수 있겠으나 성행위 때의 정액이나 임신하여 낳게 되는 아이 등을 의미하는 것으로 보인다. 이처럼 남성의 사랑은 그가 부재할 때도 자신이 뿌린 씨인 자손을 통해 흔적을 남긴다. 그러나 레즈비언의 사랑은 흔적을 남기지 않는다는 점에서는 편리할지 모르나, 아무런 의미나 흔적도 남기지 못하기에 존재할 때조차도 부재한다는 홀스턴의 주장은 상당히 흥미롭다(Holstun 842-43). 코렐이 말한 바와 같이 던은 이 시를 통해서 아무런 차이나 상실도 생겨나지 않으며, 마치 아무 일도 일어나지 않는 것 같은 매우 역설적인 성애를 다루는 영시 사상 전례가 없는 실험을 하고 있는 것이다 (Correll 495).

사포가 거울을 바라볼 때 부재하는 연인인 필레니스가 재창조된다. 그녀는 자신의 몸을 애무하면서 자신과 필레니스가 서로 한 몸의 두 반쪽처럼 닮았다는 사실을 깨닫는다. 부재하는 필레니스가 사포의 생각 속에서 밀랍 이미지(wax image)로 재창조되면서, 이 때 극단적인 유아론과 나르시시즘이 등장하고 있다. 상상 속에서 그려보는 필레니스에 대한 사포의 시적 판타지가 아무리 생생하고 구체적이라 하더라도, 결국 거울 속에 비치는 상은 "거울 속에 비친 나를 당신이라 불러요"(55)라고 한 구절에서도 알 수 있듯이 사포 자신의 것일 뿐이다. 사포가 생각하는 필레니스는 결국 거울 속에서 바라보는 사포 자신의 상에 다름 아닌 것이다.

나의 두 입술, 눈, 허벅다리는 당신 것과 달라요.
  하지만 이는 당신 것도 서로 다른 것과 마찬가지지요.
그리고, 오, 그 더 이상은 아니에요. 닮은 것이 이 정도인데
  왜 이들 서로 닮은 각 부분이 접촉해서는 안 된다는 것이죠?
손이 낯선 손에, 입술이 입술에 어느 누구도 마다 않네.
  그렇다면 가슴과 가슴, 허벅지와 허벅지를 맞닿은들 어떠랴?
닮음은 이토록 이상한 자화자찬을 낳아,
  나 자신을 만지는 일이 모두 그대에게 행해진 듯하오.
나는 내 자신을 포옹하고, 내 자신의 손에 입맞춤하고,
  이에 대해 내 자신에게 사랑스레 감사해요.
거울 속에 비친 나를 당신이라 불러요. 그러나 아!
  내가 입 맞추려 할 때 눈물이 내 눈과 거울을 흐리게 하네요.
오 이 사랑의 광증을 고쳐주세요, 나를 나로 회복시켜줘요,
  내 반쪽인 그대, 내 모든 것, 내 전부보다 더한 당신.

My two lips, eyes, thighs, differ from thy two,
  But so, as thine from one another do;
And, oh, no more; the likeness being such,
  Why should they not alike in all parts touch?

Hand to strange hand, lip to lip none denies;
　Why should they breast to breast, or thighs to thighs?
Likeness begets such strange self flattery,
　That touching myself, all seems done to thee.
Myself I embrace, and mine own hands I kiss,
　And amorously thank myself for this.
Me, in my glass, I call thee; but alas,
　When I would kiss, tears dim mine eyes, and glass.
O cure this loving madness, and restore
　Me to me; thee, my half, my all, my more. (45-58)

이 사포의 욕망에서 주목할 사실은 "나를 나로 회복시켜줘요"라고 말하는 것에서도 알 수 있듯이 동성애적(homoerotic)이라기보다는 결국 자기애적(autoerotic)이라는 것이다(Infante 98-99). "거울 속에 비친 나를 당신이라 불러요"라는 구절은 필레니스에 대한 사포의 시적 판타지가 그녀의 상상 속에서 아무리 구체적으로 생겨난다 하더라도 결국 사포 자신의 상만 거울에 반영된다는 사실이다. 시인 사포는 거울에 비친 자신의 이미지 앞에서 성애적 상상에 빠져 매혹되고 있는 것이다. 앞서 자신의 시적 능력이 쇠퇴되었음을 슬퍼하고 그녀의 마음속에 지니고 있는 필레니스에 대한 밀랍 이미지가 깨어져버리지 않을까 염려했던 사포는, 지금 자신이 빚어낸 필레니스의 시적 이미지에 만족하고 있는 모습을 보여주고 있다.

이 구절에서 몸과 거울에 비친 반영 사이의, 혹은 이미지와 그 모사 사이의 동일시는 이들 사이의 차이를 흐리게 하면서 경계를 해체시키고 있다. 손으로 잡힐 듯한 이미지로 가득한 구절은 오비디우스의 나르시스를 연상시키는데, 사포는 일반적으로 남성의 욕망으로 바라보던 관찰자의 위치를 대신하여 거울에 비친 자신의 판타지를 바라본다. 자신의 욕망의 불길이 자기 마음속에 있던 필레니스의 이미지를 녹여버린 것처럼, 사포는 "그러나 아! / 내가 입 맞추려 할 때 눈물이 내 눈과 거울을 흐리게 하네요"라며 눈물이 자신의 형상을 흐리게 하고 자기애적 환상을 깨뜨리고 있음을 말하고 있다. 사포의 자기애는 그녀를 보다 깊은 절망으로 이끌고 있을 따름이다. 더욱이 사포의 나르시시즘도 욕망의 대상이 자기 자신이 아니라 자신을 닮은 다른 존재라는 사실을 어렴풋하게 인식하기 때문에 전통적인 의미의 나르시시즘이 아니라고 할 수 있다(Blank 363).

우리는 여기서 던의 많은 시에서 찾아볼 수 있는 것처럼, 시인이 자신과 아내인 앤 모어의 이름을 가지고 말장난을 하고 있는 것을 발견하게 된다. 사포는 필레니스와 나르시시즘적으로 하나가 되는데, "나 자신을 만지는 일이 모두 그대에게 행해진 듯하오"(That touching myself, all seems done to thee)라고 말할 때 복화술적인 목소리와 진짜 목소리 사이의 구별이 무너지고 있다. 여기서 던은 "thee"와 자신의 이름을 연상시키는 "done" 사이에 펀을 함으로써 오비디우스와 사포의 관계에 자신도 끼어드는 복잡한 구도를 창조하면서, 유혹할 때 사용하는 시인 특유의 수사적 전략을 구사하고 있다. 이는 "나를 나로 회복시켜줘요, / 내 반쪽인 그대, 내 모든 것, 내 전부보다 더한 당신"(restore / Me to me; thee, my half, my all, my more)이라고 아내 앤 모어(Ann More)의 이름을 언급하는데 이르러서는 사포가 던 자신으로, 필레니스가 앤 모어로 변하는 듯한 묘한 느낌을 창조한다. 그녀와 그녀가 사랑하는 자가 닮았다는 점에서 흥분을 느끼며 이 사랑이 자신을 만족시켜줄 것으로 희망하지만, 사포는 여전히 만족하지 못한 상태로 또 다른 대상을 욕망하고 있음을 볼 수 있다.

던은 사포가 그녀 자신을 바라보고 만지는 것을 지켜보면서 이처럼 목소리를 전위시킴을 통해, 관음증자이면서 동시에 복화술사로서의 자신의 모습을 드러내고 있다. 관음증이나 남의 나체나 외설 사진을 보고 쾌감을 느끼는 절시증(scopophilia)과 타인의 목소리를 빌리는 복화술은 모두 자신의 모습을 드러내거나 직접 개입하지 않으면서 상대방을 조절하고 지배하는 기능을 한다. 자신의 모습은 보이지 않은 채 타인의 모습을 몰래 엿보려는 소망인 관음증이 응시를 통해 대상을 소유하고 지배하듯이, 여성의 목소리를 이용하는 복화술도 자신의 목소리를 드러내지 않은 채 자신과 다른 목소리에 검열을 가하면서 타자를 지배하게 된다. 복화술은 실제 여성 화자의 목소리를 억압하면서 허구의 다른 여성의 목소리를 구축하고, 이를 통해 보다 넓은 문화적 맥락에서 검열의 기재 역할을 수행하는 것이다. 남성 시인이 사포의 목소리를 차용할 경우 그는 그녀의 젠더의 타자성과 성적인 선호는 물론이고 사포가 지니고 있는 전설적인 명성에 직면해야 한다. 던은 사포의 원래 목소리를 침묵하게 하거나 고침으로써 자신이 그녀의 디스코스에 들어가는 전략을 사용하고 있는 것이다.

4.『풍자시』: 종교와 정치

1

던은『풍자시』(*Satires*)라고 이름 붙인 5편의 시를 썼지만 다른 많은 시에서도 풍자를 사용하고 있다. 국교도가 아니면 출세를 할 수 없었던 시대적 상황에서 종교적인 갈등을 겪기는 했으나, 결국에는 자신이 믿던 가톨릭 신앙에 등을 돌리고 영국 국교를 받아들인 야심 찬 젊은이였다는 사실을 고려할 때 이는 놀랄 일이 아니다. 당시 시적 풍자는 세인들의 관심을 자신에게로 끌기 위한 하나의 방법이었으며, 친구와 장래가 유망한 사람들 사이에 유포된 원고는 나중에 조정에 진출하기 위한 방편으로 사용되기도 했다. 던도 자신의 원고를 이러한 목적으로 사용하였으며, 『풍자시』도 그가 링컨 법학원에 다니면서 출세를 모색했던 20대인 대략 1593년에서 1598년에 걸쳐 창작된 것으로 추정된다. 이 시들은 던이 가장 먼저 쓴 초기 시 가운데 하나로서 시인의 좌절된 정열과 야망이 분명하게 드러나 있다. 이 5편의 풍자시는 처음에는 5편의 엘레지(Elegies)와 함께 1633년에 출판될 예정이었으나 출판허가가 나지 않다가, 이후에 풍자시에 대해서만 출판금지가 해제되어 그 해에 세상에 빛을 보게 되는 등의 우여곡절을 겪었다. 16세기 말 영국 사회의 타락상을 비판하고 풍자하는 『풍자시』에 사용된 격렬한 어조는 로마의 풍자시인 유베날리스(Juvenal)의 영향을 보여주고 있으며, 세련된 방식으로 애매하고 분명하지 않게 처리된 부분은 권세 있는 자들을 비판하고 고위층에 만연한 부패상을 공격함으로써 자신이 처할 수 있는 위험한 상황에 대한 안전장치가 아니었을까 짐작된다.

일반적으로 던의 시는 그의 전기적인 사실과 연관하여 초기에는 세속시의 성격을 띠다가 후기로 가면서 종교시로 옮아가는 것으로 평가되고 있다. 그러나 우리는 그의 초기시인 『풍자시』에서도 돈과 권력, 성과 같은 보편적인 유혹에 대한 심각한 고민과 함께, 이러한 유혹에 쉽게 넘어가는 세태에 대한 신랄한 비판과 풍자를 찾아볼 수 있다. 또한 진지하게 진리를 탐구하면서 자신이 처한 신앙의 위기를 해결하기 위해 당대의 종교적 문제와 종교의 본질에 대해 치열하게 탐구하는 모습도 엿볼 수 있다. 이처럼 『풍자시』에서 시인은 영국사회에 만연한 죄악과 타락상을 비판하면서, 이스라엘의 죄와 우상숭배에 대해 질책한 성경의 예언자와 같은 태도를 취하고 있기도 하다. 그러나 잘못된 것을 드러내고 비판하기는 하지만 이를 시정할 마땅한 방법이 없는 데서 느끼는 시인의 좌절감도 우리는 느낄 수 있다. 던은『풍자시』에서 당대 영국 사회의 경박하고 물질주의적인 가치관과 한 젊은 난봉꾼의 기회주의나 호색(1)과 타락한 법관과 법률제도(2), 종교(3), 궁정과 조정의 신하들(4, 1), 그리고 엘리자베스 시대 후기 영국의 사법 체제(5) 등에 대해 자세히 살펴보고 있다. 시의 화자는 총체적으로 타락한 사회 속에서 이러한 사회의 악에 외롭게 대항하는 모습을 보여주면서, 당대 사회악뿐만 아니라 제도와 체제상의 부패와 타락상도 아울러 공격하고 있다.

2

이들 다섯 편의 풍자시 가운데 1번과 3번이, 그리고 2번과 5번이 서로 밀접한 관련이 있는 것으로 평가되고 있다. 그러면 먼저 런던 사회를 풍자하고 있는「풍자시 1」("Satire 1")에 대해 잠시 살펴보자. 시는 서재에서 나와 거리를 함께 돌아다니자는 친구의 부름에 시의 화자가 버티고 있는 상황을 묘사하는 것으로 시작한다. 학구적인 화자는 친구에게 자기 혼자 서재에서 책을 보게 두라며 "어리석고 변덕 심한 어릿광대야 가라"(Away thou fondling motley humorist)라고 말하면서 서재를 "감옥"(prison)으로, 그리고 자신은 관속에 갇혀 있는 것으로 묘사하고 있다.

> 몇 권의 책과 함께 어울려 있도록
> 이 우뚝 선 나무로 된 상자 속에 나를 내버려 두오.
> 감옥에 날 내버려 두고, 내가 죽을 때 관 속에 있도록 하오.

> Leave me, and in this standing wooden chest,

Consorted with these few books, let me lie
In prison, and here be coffined, when I die; (2-4)

그는 자신이 읽는 책들이 신성한 가르침에서부터 정치적인 안목에 이르기까지 위대한 지혜를 담고 있지만, 정작 현실의 유혹들을 이겨낼 만큼 강하지는 않다는 사실을 처음부터 인식하고 있는 것이다.

그러나 화자는 결국 친구의 요청에 응하여 같이 번잡한 거리로 외출하게 되고, 부도덕하고 위선적이며 경박한 친구는 시의 마지막부분에서 창 너머에 있는 연인을 만나자 마침내 자신의 쾌락을 좇기 위해 "증발하는 가벼운 이슬처럼" 화자에게서 떠나버린다.

마침내 창 안에 있는 그의 사랑을 보고서
증발하는 가벼운 이슬처럼 그는 나로부터 달아나
격렬히 마음껏 자신의 욕정을 채우네.

At last his love he in a window spies,
And like light dew exhaled, he flings from me
Violently ravished to his lechery. (106-8)

이 시 전체를 통해서 화자가 신랄하게 풍자하고 있는 것은 물론 천박한 친구의 행동이다. 이는 동시에 인간이 보편적으로 가지고 있는 물질적인 탐욕과 정욕, 즉 궁정에서 출세하는 것이나 성적 만족을 취하는 것과 같은 이기적인 추구에 대한 풍자라고 볼 수 있을 것이다(Nutt 40). 던의 풍자시는 부패한 사회와 시대에 대한 분노와 함께, 어떤 면에서는 그러한 사회와 가치에 매력도 함께 느끼는 서로 상반된 충동을 생생하게 그리고 있다. 「풍자시 1」도 내성적이고 덕망 있는 학자인 화자와 야심 차고 희극적으로 알랑대면서 출세를 지향하는 지조 없는 그의 친구를 통해 시인 자신의 서로 상충되고 상반된 속성을 보여주고 있는 듯하다. 다시 말해서 풍자의 대상이 되고 있는 천박한 친구는 화자 자신의 분열된 자아(divided personality)이거나 퍼소나(persona)라고 볼 수 있으며, 나아가 겉으로 드러난 이면에 숨겨져 있는 시인 자신과 모든 인간의 본성일수도 있을 것이다. 젊은 시절 던은 궁정의 요직을 얻기 위해 무진 애썼으며, 마침내 제임스 1세 때 성공하게 된다. 그러나 그러기까지에는 처음에는 자신의 종교 때문에, 그 이후에는 앤 모어(Ann More)와의 분별없는 비밀 결혼으로 인해 젊음의 시간을 허비하면서 몸부림치고 좌절당하는 아픔을 겪어야 했다. 「풍자시 1」에는 세속적인 출세에 대한 시인 자신의 욕망과 갈등이 담겨져 있으며, 특히 시에 많이 나타나는 궁정과 궁정인에 대한 비판과 풍자에는 자신의 야망이 쉽게 성취될 수 없음에 대한 불만이 드러나 있다고 할 수 있을 것이다.

3

이처럼 「풍자시 1」이 세속적인 성공과 욕망을 좇는 당대의 풍조를 비판하고 있다면, 「풍자시 3」("Satire 3")은 종교에 관한 시로서 던이 어린 시절부터 믿던 신앙에 대해 회의하고 갈등하던 시기에 대한 기록으로 읽을 수 있다. 지금까지 많은 비평가들은 역사적 던과 풍자시인으로서의 던을 동일선상에 두고, 이 시가 던이 영국 성공회로 개종할 당시의 갈등을 담은 시로 간주하고 있다. 그러나 던이 언제 정확히 개종을 결심하였으며 이 시를 언제 썼는지에 대해서는 학자들간에 의견이 분분하고 분명하지 않기 때문에 「풍자시 3」을 이처럼 너무 던의 전기적인 사실과 연관지어 생각하는 데에는 무리가 있다고 생각한다. 그리고 이 시는 시인 자신의 종교적 믿음에 관해서나 제도권 교회와의 관계에 대해서도 구체적으로 이야기하지 않는다. 단지 진리가 있다는 사실과, 그 진리에 도달할 수 있다는 것과, 그 진리는 기독교 신앙에 뿌리를 두고 있다는 사실을 분명히 하고 있을 따름이다. 「풍자시 3」에 대한 최근의 연구들도 이 시가 자신의 개종과 관련하여 시인의 종교적 믿음에 대한 깊은 성찰의 결과이며, 17세기 당시의 종교적·정치적 논의에 대한 시인의 반응이라고 보고 있다. 이처럼 「풍자시 3」은 전기적인 사실이나 창작시기에 얽매이지 않고, 17세기 당시의 종교적·정치적 사상을 구성하고 있는 폭넓은 이데올로기의 갈등에 대한 시인의 생각을 담고 있다는 시각에서 접근하는 것이 가장 적절할 것이다.

이 시는 공적인 사회에 대한 시인의 복잡한 감정을 드러내고 있는데, 어느 교회가 참된 교회이며 어느 길이 구원으로 이끄는가에 대한 어떤 결론을 제시하기보다는 참된 교회를 찾는 개인의 여정을 치열하게 보여주고 있다고 하겠다. 성경에 기록된 것처럼 그리스도의 신부와 같은 참된 교회를 찾아보기 힘들다는 사실을 통해 로마 가톨릭을 믿는 집안에서 성장한 시인이 가톨릭을 박해하는 프로테스탄트 사회에서 느낀 불안과 소외감을 엿볼 수 있다.

친절한 연민이 슬픔에 잠긴 내 목을 메게 하고
대담한 조소는 내 눈꺼풀을 붓게 하는 눈물이 흐르지 못하게 하네.
나는 웃어서도, 죄에 대해 울어서도 안되고 지혜로워야지.
이 오랜 질병을 꾸짖어 고칠 수 있을까?
우리의 연인인 훌륭한 종교는
초기 암흑시대에 있어서의 미덕과 같이
우리의 온 영혼을 다 바칠 만한 가치가 있지 않은가?

Kind pity chokes my spleen; brave scorn forbids
Those tears to issue which swell my eyelids,
I must not laugh, nor weep sins, and be wise,
Can railing then cure these worn maladies?
Is not our mistress fair religion,
As worthy of all our souls' devotion,
As virtue was to the first blinded age? (1-7)

이 이상하게 시작하는 시의 서두에서 시인은 울 수도 웃을 수도 없는 깊은 좌절감과 심적인 고통을 토로하고 있다. 이러한 감정은 자신과 같은 젊은이들이 섹스나 언쟁이나 모험과 같은 하찮은 일에 정력을 허비하고 있는 사실에서 느끼는 분노라고 할 수 있다(Carey 12). 죄인에게는 "친절한 연민"을 느끼지만 죄에 대해서는 "대담한 조소"로 경멸할 수밖에 없는 서로 상충하는 자신의 감정이 절묘하게 묘사되고 있는 것이다. 첫 행의 거친 음의 자음 "Kind"와 "chokes", "scorn", 그리고 "spleen" 뒤의 갑작스러운 휴지부, 이 모두는 화자의 분노를 효과적으로 표현하고 있다고 하겠다(Nutt 117). 여기에 사용된 "spleen"이라는 단어는 원래 비장을 뜻하는 의학용어이지만, 울화나 울분 등의 심리적인 질병과 생리적인 현상 모두를 두루 지칭할 수 있는 말이다(Strier 287). 따라서 화자는 "오랜 질병"으로 표현된 자신을 둘러싼 세상의 해묵은 죄악으로 인해 정신적으로나 육체적으로 심한 고통과 슬픔을 느끼고 있음을 알 수 있다.

이어서 그는 "이 오랜 질병을 꾸짖어 고칠 수 있을까"라며 당대의 사회악에 대해 단지 욕하고 비난함으로써 문제를 해결할 수 있다는데 대해 의문을 제기하고 있다. 만약 단순히 비판함으로써 사회의 죄악과 문제를 고칠 수 있다고 믿는다면, 던의 시가 이처럼 복잡하고 애매한 양상을 띠지 않을 것이기 때문이다. 풍자시인으로서 잘못된 것을 지적하지 않을 수 없지만, 이를 고칠 가능성이 없다는 사실에서 느끼는 깊은 좌절감이 표현되고 있다(Guibbory, 1993, 131). 시의 화자는 또한 "우리의 연인인 훌륭한 종교는 … 우리의 온 영혼을 다 바칠 만한 가치가 있지 않은가"라고 물음으로써, 세상이 세속적인 것을 따라가느라 진리를 추구하는 일에는 게으르며 등한시하고 있음을 비판하고 있다.

던은 자신이 신봉하는 종교적 믿음이나 이데올로기를 독자들에게 제시하고 있지는 않다. 다음 시행이 보여주듯이 고대 철학자들이 자신들의 신념이 믿음으로 인정받아 천국에서 자신의 아버지를 만나게 되고, 정작 자신의 영혼은 아버지의 자상한 가르침에도 불구하고 저주받아 지옥에 떨어질 수도 있다는 생각은 화자를 매우 당혹스럽게 하고 있다.

　　　　　　　　　　또한 그대 부친의 영혼이 천국에서
엄격한 삶을 살았기에 신앙으로 인정될지도 모르는
눈먼 철학자들을 만나, 그대가 지옥에 빠졌다는 소식
들을 것인가, 따르기 쉽고도 가까운 방식들을
그대에게 가르쳐 주었음에도? 만일 그대가 두려워한다면, 이것을 두려워하라.
이 두려움은 위대한 용기이고, 용맹이니까.

　　　　　　　　　　and shall thy father's spirit
Meet blind philosophers in heaven, whose merit
Of strict life may be imputed faith, and hear
Thee, whom he taught so easy ways and near
To follow, damned? O if thou dar'st, fear this;
This fear great courage, and high valour is. (11-16)

이는 화자가 선친의 종교를 무시하고 다른 종교를 선택하는 데 따르는 도덕적·신앙적 갈등이나 고뇌와 함께, 그럴 경우 혹시 그리스도가 세상에 오기 전에 착하게 살았던 이교도 보다 못한 신세가 될 수도 있을지 모른다는 우려와 불안감을 드러내 보이고 있다. 던은 자기 아버지와 가족이 대대로 이어오고 있는 믿음과 유산을 배반하고 있을 뿐만 아니라, 이러한 배신이 진리를 추구하는 데 꼭 필요한 자질임을 강조하는 시를 여러 편 남기고 있다(Docherty 125-26). 15행의 휴지부와 이어지는 "fear this; / This fear"라는 반복된 구절은 참된 종교를 찾기 위해 필요한 진정한 용기를 갖도록 도전하는 영적인 부름을 강한 어조로 재치 있게 표현하고 있다고 하겠다. 이 극적인 갈등의 순간에 용기를 강조하고 있는 것은 각 개인이 자신의 이성적 판단에 기초하여 나름대로의 진리를 추구하는 것이 얼마나 중요한지를 역설하고 있는 것으로 해석된다. 아울러 진정으로 용기 있는 자는 끔찍스러운 파멸이나 저주에 대한 두려움을 감수하고(15-16행), 뒤에 열거하고 있는 악마와 세상과 육체와 같은 신의 "적들"(foes)에 맞서서 싸울 수도 있어야 한다는 사실(33-42행)을 말하고 있는 것이다.

자신의 욕망에 의해서만 움직이는 던 시대의 모험가들은 세속적인 이익을 얻기 위해 스페인 정복자들에 맞서서 "불온한 네덜란드인을 돕기"(aid mutinous Dutch; 17) 위해 원정을 가는 것도 마다하지 않았다. 이들은 또한 "나무로 만든 묘소"(wooden sepulchres; 18) 같은 배를 타거나 "바다와 땅의 지하 감옥에 뛰어들고"(dive seas, and dungeons of the earth; 20), "얼어붙은 북쪽 땅"(frozen north; 22)까지도 서슴없이 탐험하며 추위나 극심한 신체적 고난도 감수했다고 말한다. 뿐만 아니라 그들은 금으로 만든 우상에게 절하지 않는다고 느부갓네살(Nebuchadnezzar)왕에 의해 타는 풀무불 속으로 던져진 "경건한 신의 자녀들"(divine / Children; 23-24)인 다니엘서의 사드락과 메삭과 아벳느고(Daniel 3. 11-30)나, "적도"(the line; 24)로 탐험하는 자들이 겪은 열기까지도 견딘다고 한다. 황금으로 만든 우상을 섬기기를 거부하다가 불속에 던져진 이들과 황금을 숭배하며 이를 얻기 위해 적도의 불길로 뛰어드는 탐험가들이 묘한 대조를 이루고 있음을 볼 수 있다(Hester 43). 시의 화자는 이 모든 세속적인 모험에 필요한 용기보다 진리를 추구하다가 저주받을 두려움도 감내하는 것이 훨씬 더 큰 용기임을 말하고 있는 것이다.

화자는 이러한 무모한 용기를 진정한 용기와 대조가 되는 "보잘것 없는 용기"(courage of straw; 28)라고 말하면서, 단지 금전적인 "이익을 위해 고난을 견딜 수 있겠는가?"(Canst thou for gain bear; 26)라고 묻고 있다. 세속적인 것을 좇아 참된 종교와 진리를 모색하는 일을 소홀히 하는 자를 "무모한 겁쟁이"(desperate coward; 29)라고 꾸짖으며, 성급한 태도로 덤벼드는 것이나 비겁하게 몸을 사리는 태도를 모두 경계하고 있는 것이다. 이들은 세속적인 이익을 얻기 위한 "금지된 전쟁"(forbidden wars; 32)에서는 저돌적으로 덤벼들기 때문에 용감한 것 같이 보이지만, 기독교인들이 그리스도의 군사로서 도덕적·신앙적 싸움을 행해야 할 "정해진 전쟁터"(th'appointed field; 32)에서의 영적인 전투는 두려워하여 피해버리는 자들이다. 이는 "신의 세상 수비대에서 보초를 선 병사"(stand / Sentinel in his [God's] world's garrison; 30-31)로 묘사되는 진정으로 용기 있는 자와 대조를 이루고 있다(Scodel, 2002, 24-25).

4

지금까지는 종교적인 헌신을 전통적인 기독교의 적들과 맞서 싸우는 용기와 동일시했다면, 43행부터는 이를 서로 자신의 교리가 옳다고 싸우는 세상의 수많은 종파 속에서 진정한 기독교 신앙을 모색하는 용기와 동일시하고 있다(Scodel, 1993, 486). "참된 종교를 찾아라"(Seek true religion; 43)라며 약 30행에 걸쳐 화자는 로마 가톨릭과 제네바의 신교, 영국 국교 등 인간이 선택할 수 있는 다양한 기독교를 각각 다른 종류의 여성에 비유하면서, 그릇된 이유로 특정 종교(아내)를 선택하는 자들을 비판함과 동시에 이들 모두에 대한 회의적인 태도를 보이고 있다. 화자가 그 가운데 어떤 교회도 흔쾌히 받아들이지 않는다는 사실은 이 세상에서는 그에게 맞는 장소나 교회가 없다는 점을 시사한다. 참된 종교나 진리를 찾고 추구하라는 말은 당연하고 훌륭한 권고로 보이지만, 16세기 말 유럽이라는 상황에서 이는 이상한 말이라고 스트라이어는 주장한다. 왜냐하면 이 시기 대부분의 유럽인들에게는 종교가 찾고 모색할 대상이 아니라, 태어날 때부터 이미 정해져서 무조건 믿고 따를 대상이었기 때문이다(Strier 292).

엘리자베스 여왕당시 로마는 가톨릭의, 제네바는 신교, 특히 칼뱅의 장로교의 본산지였다. 진리를 추구하는 가상의 구도자들로 열거되고 있는 영국인 미레우스(Mirreus)와, 독일이나 네덜란드를 연상시키는 이름 크란츠(Crants), 그리스인 그라이우스(Graius), 프리지아인 프리기우스(Phrygius), 그리고 로마의 정치가였던 그라쿠스(Gracchus)는 모두 역사적인 인물로서 다양한 형태의 종교의 양태를 나타내기 위해 던이 사용한 일종의 인유이다. 먼저 참된 종교가 영국에는 없다며 로마에서 찾으려고 하는 미레우스는 로마 가톨릭(Roman Catholicism)을, 그리고 제네바에 참된 종교가 있다고 생각하는 크란츠는 칼뱅주의(Cavlinism)를 상징한다. 이들은 각각 지나치게 의식적인(ceremonial) 면을 중시하거나 배격하는 입장을 취하고 있다.

한편 그라이우스는 어떤 변화도 바라지 않고 안주하려는 유형의 인간으로서, 영국 국교회주의(Anglicanism)를 대표한다. 그러면 이들 가운데 프리기우스와 그라쿠스에 관한 구절을 읽어보자.

자유로운 프리기우스는 모두가 다 좋을 수는 없다며
이 모두를 혐오한다. 마치 어떤 여인들이 창녀임을 아는 자가
아무와도 결혼하지 않으려는 것처럼.
그라쿠스는 모든 것이 하나같이 좋다며 그렇게 생각한다.
마치 여인들이 여러 나라에서
다양한 의상을 입지만 여전히 여인이듯,
종교도 역시 그러하다고. 너무 많은 빛이
눈을 멀게 한다. 그러나 그대는 동요하지 말고
온 힘을 다해 하나의 종교만,
강요당하는 일이 있더라도 오직 하나의 종교만을 허용해야 한다.
더욱이 올바른 종교를.

Careless Phrygius doth abhor
All, because all cannot be good, as one
Knowing some women whores, dares marry none.
Gracchus loves all as one, and thinks that so
As women do in divers countries go
In divers habits, yet are still one kind,
So doth, so is religion; and this blind-
ness too much light breeds; but unmoved thou
Of force must one, and forced but one allow;
And the right; (62-71)

모든 선택의 가능성을 배제하지 않고 자유주의를 신봉하는 프리지아인인 프리기우스는 다양한 신들을 인정하지만, 신·구교 모두 창녀

처럼 부정하고 불완전하다는 것을 알기에 어느 쪽도 믿을 수 없다는 자들을 가리킨다. 프리기우스에 대해 이야기하는 이 구절에서 "모두"(all)라는 말이 특별히 강조되고 있음을 알 수 있다. 여기서 "Careless"는 자유롭다는 뜻 이외에 조심성 없거나 무모하다는 의미도 물론 함께 지니고 있다. 너무 선택의 폭이 넓어서 차라리 참된 종교/배우자를 선택하지 않기로 성급하게 결정을 내리는 그는 앞서의 "무모한 겁쟁이"에 다름 아니다. 한편 그라쿠스는 진보적 자유주의로 유명한 로마 가문 출신의 개혁운동가로서, 어느 종교도 다 좋다는 입장을 대변한다. 마치 여러 나라의 여인들이 각국의 다양한 의상을 입지만 똑같은 여성들이듯, 종교도 나라마다 다양한 모습을 띠고 있지만 본질적으로는 하나이며 동일하다는 것이다. 그러나 모든 종교가 진리의 빛을 가지고 있다고 생각하는 자는 거짓으로부터 진리를 구별해내지 못하며 참된 진리에 대해서는 눈이 멀게 된다는 사실을 강조하고 있다.

이처럼 시의 화자는 무분별하게 옛 것이나 새 것을 좋아하거나, 신앙의 선조나 대부들이 말해주는 것을 그대로 받아들이거나, 어느 쪽도 선택하기를 포기하고 무관심하게 되는 당시의 세태를 풍자하고 있다 (Carey 12). 우리는 여기서 던이 「풍자시 3」에서 지나침과 부족함 사이의 중도(the mean, the middle way)라는 윤리적 미덕에 대한 그 시대의 생각과는 다른 새로운 시각을 밝히고 있다는 스코들(Joshua Scodel)의 주장에 주목할 필요가 있다. 그에 따르면 던 시대의 많은 성직자와 정치가들은 영국교회가 가톨릭과 급진적인 프로테스탄트 사이의 중도적 입장에 서야 마땅하다는 입장을 취했다고 한다. 그러나 겉으로 보기에는 바람직하고 균형 잡힌 듯한 이러한 태도가 사실은 당대의 종교적·사회정치적 구도를 정당화하기 위한 방편이었음을 그는 지적하면서, 던이 「풍자시 3」에서 중도라는 개념을 각 개인이 진리를 모색하고 지켜나가기 위해 이들이 행사해야 할 독립과 자유를 장려하기 위해 사용하고 있음을 밝히고 있다(Scodel, 2002, 21-47).

다음 부분은 던이 시를 쓰던 당시 자신의 야망과 물려받은 신앙 사이에서 생기는 갈등을 해결하기 위해 필사적으로 몸부림치는 신앙의 위기를 겪고 있었음을 보여주면서, "현명하게 의심"하며 "잠자거나 그릇된 길로 달려"가지 않고 치열하게 참된 종교를 모색하는 구도자의 자세가 필요하다는 점을 강조한다. 그러나 참된 종교를 모색하는 자의 상황이 매우 회의적이라는 느낌이 「풍자시 3」 전반에 깔려 있음이 이 구절에서 분명하게 드러나 있다. 화자는 모든 종파와 교파가 갖고 있는 독단주의와 잔인함, 광신적인 믿음, 비겁함과 맹목성 등에 대한 깊은 불신감을 토로하고 있는 것이다(Carey 222; Gross 39).

> 우상을 숭배하거나 경멸하고 항의하는 것,
> 이 모두가 나쁠 수 있다. 현명하게 의심하라, 낯선 길에선
> 바른 방향을 물으며 서있는 것이 길을 잃지 않는 방법,
> 잠자거나 잘못된 길로 달려가는 것은 길을 잃는 것.
>
> To adore, or scorn an image, or protest,
> May all be bad; doubt wisely, in strange way
> To stand inquiring right, is not to stray;
> To sleep, or run wrong is. (76-79)

"우상을 숭배"한다는 것은 성모와 천사와 성인들을 섬기는 로마 가톨릭 신자가 되는 것을 말하며, 우상을 "경멸"한다는 것은 성상을 세우고 받드는 것을 우상숭배로 간주하여 가톨릭을 반대하는 입장에 서는 것을, 그리고 "항의하는 것"은 프로테스탄트가 되라는 것을 의미한

다. 이는 성상에 대한 주요 교회들의 견해, 즉 가톨릭의 숭배와, 칼뱅주의자와 급진적인 스위스 개혁주의자들의 성상파괴주의(iconoclasm), 그리고 루터파와 엘리자베스 시대 영국교회가 취한 중도적 입장 모두가 잘못된 것일 수 있음을 말하고 있는 것이다. 던의 시와 생애는 17세기 초 영국과 유럽의 종교적인 상황에 대해 많은 것을 알려줌과 동시에, 이들 사이에서 균형을 잡는 일이 얼마나 어려운가를 이야기하고 있다(Parfitt 51). 화자는 진리는 단순하지도 않고 손쉽게 얻어지는 것도 아니기 때문에 어느 하나의 입장만이 옳다고 쉽게 단정을 내리는 것 자체가 위험하고 나쁠 수 있다는 점을 지적한다. 이것저것을 따지거나 현명하게 의심해보지 않고 "잠자거나 잘못된 길로 달려가는 것"은, 무관심하거나 무비판적으로 별 생각 없이 그릇된 길을 택하는 것이기에 이를 헤매고 방황하는 것이라고 말하고 있는 것이다. 그러기에 화자는 지금까지 믿어온 그릇된 확신에 의문을 제기하고, 기성 교회의 억압적인 신앙에 대한 요구나 도덕률 등에 맞설 것을 요구하고 있는 것으로 보인다(Gross 397-98). 어쩌면 그는 혼란스럽고 타락한 세상에서 유일하게 도달할 수 있는 목표는 탐색의 목적이나 결과라기보다는 치열하게 탐구하는 행위 그 자체라는 사실에 대한 인식을 제시하고 있는지도 모른다.

화자는 확실한 진리를 발견하는 것이 절박한 반면 그만큼 힘들기도 하다는 데서 회의를 느끼면서도, 단순히 절망감에 사로잡히는 자세에 대해서는 통렬히 풍자하며 경계하고 있다. 그가 권하고 있는바 모든 독단적인 주장에 대해 적극적으로 의심을 품는 태도와 프리기우스의 회의적인 자세 사이에는 큰 차이가 있음에 주목해야 한다(Scodel, 1993, 495). 화자는 참된 종교를 모색하는 구도자의 길이 얼마나 어려운가 하는 것을 노동하듯이 힘든 리듬을 사용한 다음 구절로 여실히 말해주고 있다.

울퉁불퉁하고 깎아지른
거대한 바위산 위에 진리는 서 있으니, 그녀에게
다가가려는 자는 돌아서, 또 돌아서 가야한다.
그래서 산이 갑자기 나타나 오르는 것을 막더라도 극복해야 한다.
그러나 더욱 노력하라, 그대 영혼이 쉬게 될 죽음의 황혼, 노년이 오기 전에,
그 밤에는 누구도 일 할 수 없으니.

On a huge hill,
Cragged, and steep, Truth stands, and he that will
Reach her, about must, and about must go;
And what the hill's suddenness resists, win so;
Yet strive so, that before age, death's twilight,
Thy soul rest, for none can work in that night. (79-84)

강세가 연달아 오는 "Truth stands"라는 구절 앞뒤로 짧은 구절이 번갈아 옴으로써 진리가 있는 높은 산으로 오르는 길이 숨 가쁘게 힘들고 꼬불꼬불하다는 사실을 암시하고 있다. 이러한 느낌은 "Reach her"와 "about must", 그리고 "and about must go"와 같이 고르지 않고 힘들게 읽혀지는 구절이 반복해서 이어짐으로써 한층 강화된다. 돌고 돌아서 끝없이 이어지는 진리에 이르는 길을 가다가 갑자기 수직으로 깎아지른 듯한 산에 마주치게 됨을 묘사하는 "And what the hill's suddenness resists, win so"라는 구절은 앞의 나선형의 움직임과 함께 조금씩 수직으로 오르는 구도자의 움직임을 절묘하게 형상화하고 있다(Hester 48).

시의 화자는 거대하고 힘든 산과 같은 진리는 결단력 있고 용감한 자들만이 접근할 수 있다고 하면서, "그러므로 지금 하라"(therefore now do; 85)라고 촉구한다. 이처럼 던의 시에서는 사랑과 죽음과 시

에 대한 개인적인 경험의 탐구가 주된 관심사로 다뤄지는데, 여기에 위트와 논리, 애매한 표현 등이 모두 이바지하고 있다. 시의 화자는 참된 종교를 찾아가는, 힘들지만 꼭 필요한 과정을 강조하고 있다. 아마 인간은 평생 산 정상에 있는 진리에 도달하지 못하고 돌고 돌다가 중턱에 머물고 말지도 모른다는 회의론적 시각이 시에 지배적으로 깔려 있다. 그럼에도 불구하고 그는 "육체의 수고로 힘든 업적을 이루듯이 정신의 노력으로/어려운 지식도 얻게 된다"(Hard deeds, the body's pains; hard knowledge too/The mind's endeavours reach; 86-87)며, 부단히 애쓰며 앞으로 나아가야 한다는 사실을 강조하고 있다. 비록 던은 종교와 종교적 진리에 대해 말하고 있지만, 발견과 과정과 경험의 중요성은 그의 시 전반에 흐르고 있는 관심사다. 그가 자기 시대의 부패상을 해부하든지, 다양하고 복잡한 사랑을 탐구하든지, 죄와 은총과 구원에 대해 명상하든지 간에, 던은 자신의 경험에서 생겨나고 그 경험에 알맞은 진리를 추구하고 있다고 하겠다. 물론 그의 시에는 사회 제도와 전통에 대한 회의적인 시각이 드러나 있지만, 개인은 자기 혼자 힘으로 진리를 추구해야 한다는 확신과 함께 이를 추구하는 행위 자체와 과정을 강조하고 있음을 보여주고 있는 것이다(Guibbory, 1993, 128-29).

5

"그대가 찾은 진리를 지키라"(Keep the truth which thou hast found; 89)며 시작되는 시의 결말 부분은 이상하게도 종교에서 정치로 초점을 옮아가고 있다. 그러나 던이 살던 시기에는 종교와 정치가 밀접하게 연결되어 있었다는 사실을 고려할 때, 시인이 종교적 믿음을 영적인 것으로만이 아니라 사회적·정치적·경제적인 요인들과 불가피하게 서로 얽혀 있는 것으로 파악한 것으로 볼 수 있을 것이다. 시의 정치적 화자는 계속해서 진리를 추구하고자 하는 욕망을 견지하고 있으나 이를 인간과 왕과 권력 그 자체와 대치되는 것으로 설정해 놓고 있다. 그는 진리를 고수할 것을 촉구하면서 하나님은 왕들이 마음대로 사람을 죽일 수 있는 특권을 부여하지 않을 것이며, 왕은 운명의 역할을 수행하는 것이 아니라 단지 신의 명령을 차질 없이 수행하는 도구인 "교수형 집행자"(hangman; 92)에 불과함을 역설하고 있다. 이는 진리를 추구하는 고결한 사람이 직면하는 딜레마에 대한 인식을 표현하고 있다. 즉, 지상의 권력이 신의 법이 아닌 "인간의 법"(man's laws; 94)으로 진리를 추구하는 자를 재판하지만, 이 세속적인 권력에 순응하는 것은 영적인 죽음을 수반한다는 사실이다.

계속해서 시의 화자는 스페인의 필립(Philip) 2세와, 교황무오설을 주장하며 세상의 권력자들에 대한 권력을 확고히 한 교황 그레고리(Gregory) 7세나 그레고리 14세, 영국 국교회의 창시자 헨리(Henry) 8세, 그리고 종교개혁자 마르틴 루터(Martin Luther) 등 세속적인 권력이나 교회의 권위를 대표하는 왕과 교황과 개신교와 가톨릭의 종교 개혁가들을 열거한다. 그러면서 이들 모두가 신의 눈에는 단지 "마지막 날"(the last day; 95)에 심판을 받아야 하는 인간에 불과하다는 사실을 강조하고 있다(95-99행). 그는 신교와 구교 사이의 갈등을 언급하면서 어느 한 쪽이 옳다는 사실을 말하기보다는, 신앙의 갈등을 반영하며 이들 둘 모두를 거부하고 있는 것이다. 그러면서 외부 권력과 권위의 영향을 배제하면서 참된 진리와 종교를 찾기 위해서는 각 개인의 책임과 자율이 얼마나 중요한 것이지를 강조하고 있다. 시인은 개인의 양심과 국가의 법 사이의 갈등을 극화하면서, 개인의 양심에 미치는 국가의 종교의 영향에 문제를 제기하고 있다고 하겠다(Wiggins 41). 이러한 맥락에서 프로테스탄트와 가톨릭, 그리고 세속적인 권력과 종교적인 권력을 포함하여 모든 종류의 권력을 비판하고 있는 「풍자시 3」은 스트라이어의 주장처럼 16세기 유럽에서 가장 급진적인 사상을 구체적으로 표현하고 있는지도 모른다(Strier 283-321).

그러면 인간이 택할 수 있는 최상의 길은 무엇일까? 이에 대해 시는 권력이라는 강물의 상류에 살면서 하나님을 믿는 것이라고 결론짓는다. 이를 통해 우리는 체제에 속하여 안정된 지위를 누리는 한편, 외롭게 참된 종교적 진리를 추구하기를 원한 시인의 분열되고 복합적인 욕망을 읽을 수 있다. 던은 "권력"과 "한계"에 관해 언급하면서 다음과 같이 자연스럽게 강의 이미지를 도입하고 있다.

> 그대는 권력의 한계를 알고 정당하게 권력에 복종하겠지.
> 권력은 일단 한계를 넘으면 그 속성과 이름이 바뀐다. 그러니
> 권력에 비굴하게 구는 것은 우상숭배이다.
> 권력은 강물과 같은 것. 거친 강물의 조용한 상류에 사는
> 축복받은 꽃들은 번창하고 잘 자란다.
> 그러나 그 근원을 떠나 폭군과 같은
> 사나운 강물에 자신을 맡기면, 아, 물방앗간과 바위와 숲을 지나
> 떠내려가다가 마침내 거의
> 소진되어 바다에서 사라져버린다.
> 신이 맡긴 것보다, 신이 위임한 권력이 아닌 인간의 부당한 권력을
> 더 선택한 영혼들은 그렇게 멸망한다.

> That thou mayest rightly obey power, her bounds know;
> Those past, her nature, and name is changed; to be
> Then humble to her is idolatry.
> As streams are, power is; those blessed flowers that dwell

At the rough stream's calm head, thrive and prove well,
But having left their roots, and themselves given
to the stream's tyrannous rage, alas are driven
Through mills, and rocks, and woods, and at last, almost
Consumed in going, in the sea are lost:
So perish souls, which more choose men's unjust
Power from God claimed, than God himself to trust. (100-10)

용기가 정도를 지나치면 무모함이 되듯이, 복종도 지나쳐서 비굴하게 행동하면 이는 "우상숭배"라는 죄에 빠지는 것임을 경고하고 있다. 이러한 맥락에서 권력도 도를 넘어 지나치게 되면 그 속성과 이름이 바뀌어 폭군과 같이 된다는 사실을 지적한다. 이 행들은 시인의 초점이 "연인인 훌륭한 종교"(mistress fair religion; 5)에서 정치와 통상의 문제로 옮겨감을 보여주고 있다. 즉 시의 마지막 부분은 종교적인 권력뿐만 아니라 정치적·경제적 권력의 파괴적인 잠재력까지도 경고하고 있는 것이다(Herek 193).

여기서 강물은 군주의 권력을 의미하고 있는 것이 분명하다. 모든 개인은 자연히 권력을 향하여 나아가게 되어 있지만, 이 권력은 폭군과 같고 불가항력적이며 잔인하고 가혹한 속성을 지니고 있음을 이들 시행은 암시하고 있다. "폭군과 같은/사나운 강물에 자신을 맡기면"이란 구절은 신앙을 저버리고 세속적인 권력에 복종하는 것을 말한다. 인간은 권력에 대한 이기적인 욕망으로 인해 뿌리 채 뽑혀버리고 자신이 마땅히 지켜야 할 자리를 떠나버린다는 것이다. "일단 한계를 넘으면"(Those past) 권력은 인간을 걷잡을 수 없는 파멸로 몰고 갈 수 있다. 그러므로 지상 권력의 궁극적인 근원이 신이라는 사실을 알고 "거친 강물의 조용한 상류에 사는 축복받은 꽃들은 번창하고 잘 자란다"고 시인은 표현하고 있다. 신에게만 복종하는 자들이 "축복"

받고, "번창"하고, "잘 자란다"고 말함으로써 시인은 이것이 인간이 선택할 최선의 길임을 암시하고 있다.

시의 화자는 이런 지상 권력의 대표로 앞서 교황과 국왕, 종교개혁가 등을 열거하였지만, 그에게 있어서 참된 종교와 진리를 찾아 나서는 데 직접적으로 가장 장애가 되고 두려운 권력자는 누구였을까? 여기서 우리는 앞에 구체적으로 거론한 권력자는 모두 남성들이지만, "권력"(Power)을 의인화하여 지칭한 대명사는 모두 여성(her)이라는 사실에 주목할 필요가 있다. 이에 대해서 슬로안은 "한계"를 넘어 "폭군과 같은 사나운 강물"이 되어 "부당한 권력"을 휘두를 수 있는 권력자는 바로 엘리자베스여왕을 의미하는 것이라고 주장한다(Sloan 24-25). 이 풍자시가 정확하게 언제 씌어졌는지는 알 수 없지만, 물과 같은 속성을 지닌 여성 인물로 그려진 군주의 권력에 대한 불안과 걱정이 표현되고 있는 것으로 미루어 대체로 엘리자베스 여왕이 통치하던 시기의 것으로 분류하고 있다. 귀버리 역시 시의 화자가 자신을 "축복받은 꽃들"과 동일시하고 부정한 군주를 사나운 강물이라고 표현하면서, 마지막 복잡한 시행들을 통해 군주의 권력에 대한 두려움과 함께 그에 대한 저항감을 구체적으로 드러내고 있는 것으로 해석하고 있다(Guibbory, 1999, 36). 화자는 지상의 통치자들에 대한 우상숭배와 같은 복종을 거부하고 모든 권력의 근원인 신을 상징하는 조용한 상류에 삶으로써 궁극적인 안전을 찾게 되기를 바라고 있는 것이다.

던은 이 시에서 탐욕과 이기적인 욕망을 풍자하고 있다. 앞서 등장한 종교를 맹목적으로 추구하는 미레우스와 크란츠, 그라이우스, 프리기우스, 그리고 그라쿠스는 모두 구원을 얻기 위한 열망에서가 아니라 이기적인 동기에서 종교를 찾는 자들을 예시하고 있다. 그러나 자기중심적이고 이기적인 동기는 종교의 영역에만 국한된 것이 아니다. 탐욕은 권력과 연관된 악이며, 이 권력은 마치 진리의 산에 있는 빙

하가 녹아 내려 강을 이뤄 흐르는 물과 같은 모양을 하고 있다고 말한다. 헤렉은 이 강이 당시 유럽의 심장부를 통과하는 수로와 강들을 지칭한 것으로 보고 있다. 또한 이 강물이 "물방앗간과 바위와 숲을 지나" 흐른다고 특별히 "물방앗간"을 언급한 것은 런던의 경제적 성장과 함께, 경제 성장의 기회가 종종 타락과 부패의 기회로 변모된 사실을 염두에 둔 것이라는 흥미로우면서 나름대로 설득력이 있는 주장을 펴고 있다(Herek 194). 이처럼 「풍자시 3」에서 던은 철학자에서 모험가, 그리고 산으로부터 강에 이르기까지 주제와 관련된 아이러닉한 인유뿐만 아니라 시어의 선택에 있어서도 다의적이고 애매한 표현을 사용하여 시에 유동성을 부여하고 있다. 이는 독자들을 혼란스럽게 하기 위한 것이라기보다는 시가 말하고자 하는 바를 독자들이 보다 깊이 탐구하도록 하기 위한 것으로 보인다. 즉 던은 독자들이 풍자시의 언어를 이해하기 위해 애쓰게 함으로써 진정한 종교를 찾는데도 그만큼 노력을 하기를 희망하고 있는 것이다.

5. 『거룩한 소네트』: 내면의 갈등과 신과의 대화

1

던의 시집 『노래와 소네트』(*Songs and Sonnets*)에는 제목에도 불구하고 단 한편의 소네트도 포함되어 있지 않은데, 이로 미루어서 그가 소네트 형식을 그리 선호하지 않았음을 짐작할 수 있다. 던은 대략 40여 편의 종교시를 남기고 있는데 이들 대부분은 1615년 공식적으로 사제로 임명받은 후인 만년에 씌어졌다. 『거룩한 소네트』(*Holy*

Sonnets)에는 부인 앤 모어(Ann More)와 사별한 후 느낀 죽음과 관련된 고통과 슬픔이 지배적으로 드러나 있다. 그리고 이들 소네트는 그가 사제로서 공식적인 임무를 수행할 때 겪은 신앙적인 동요나 내면의 갈등과 불안 같은 사적인 내용을 담고 있다. 이들 종교시는 신앙인으로서 시인이 겪은 경험과 생각을 표현한 것으로 그의 자유로운 기질과 종교적인 의지 사이의 갈등과 투쟁을 생생하게 반영하고 있다. 따라서 신에 대한 찬양이나 신앙의 확신을 기쁘게 노래한 당시의 종교시와 달리 구체적으로 자신의 신앙적 체험과 고뇌를 형상화하고 있다는 점에서 오늘날 독자에게도 많은 공감을 불러일으키는 것 같다.

이 던의 소네트에서는 엘리자베스 시대 작품들이 지니고 있는 매력과 우아함을 찾아보기 힘들다. 던은 자신이 느끼는 긴장감과 정서적 혼란을 수반하는 매우 조직적이고 압축된 생각을 반영하기 위해 소네트라는 규칙적이고 제한된 형식을 사용하고 있는 것이다. 이 시집의 복잡한 어조는 여기에 포함된 19편의 시가 신앙에 대한 확신과는 거리가 먼 불신과 죄책감, 망설임, 그리고 영적인 좌절에 대한 것임을 보여준다. 아울러 이 시들은 신과의 논쟁과 세속적인 것과 영적인 것 사이의 해결되지 않는 충돌을 담고 있다. 던은 신의 사랑과 신앙적 갈등을 과학적이고 성적인 용어를 통해 자연스럽게 다룸으로써 형이상학적 기상(metaphysical conceit)의 극치를 보여주고 있다.

시드니와 셰익스피어가 자신들이 물려받은 페트라르카의 소네트 형식에 수정을 가한 새로운 소네트 형식을 영국의 소네트 시인들에게 제시를 했다면, 던은 이탈리아식 소네트 형식에 보다 확실하게 영국적인 목소리를 부여했다. 던의 시들은 앞서 살펴본 바와 같이 지동설이 새로운 학설로 등장하고, 과학적으로 입증되지 않은 것은 믿을 수 없다는 회의주의가 생겨나고, 새로운 과학적 발명과 지리적 탐험이 이뤄지던 그 시대의 급격히 변화하는 감수성을 반영하고 있다. 이러한 격변의 시대를 살았던 던은 자신이 느끼는 복잡한 감정과 정서를 약강 5보격의 14행이라는 전통적인 소네트 형식에 도저히 다 담을 수가 없었던 것 같다. 따라서 그의 소네트에는 형식과 전달하려는 메시지 사이에 존재하는 긴장을 찾아볼 수 있다.

던은 가톨릭교도들이 박해를 받고 공직에 나아가는 길이 신교도들에게만 제한되어 있었던 시대에 가톨릭 집안에서 태어났다. 야망에 찬 젊은이였던 그는 법을 공부했고 출세를 위해 자신이 믿던 가톨릭을 버리고 성공회로 개종했다. 하지만 그를 곤경에 빠트린 것은 이러한 종교적인 문제가 아니라 그가 개인 비서로서 일했던 토마스 이거튼(Thomas Egerton) 경의 조카딸이자 피후견인이었던 앤 모어와 1602년에 눈이 맞아 달아난 사건이었다. 이거튼 경은 던을 비서직에서 파면하고 잠시 동안 투옥시키게 된다. 이 일로 해서 상당 기간 던의 경력은 엉망이 되었고 몇 년 간을 가난하게 보낸다. 그러다가 그는 1615년 영국 국교회의 목사가 되고, 곧 런던의 성 바울 성당의 수석 사제가 되었다.

던은 젊은 시절 정부에서 외교직을 맡아 세속적 출세를 꾀했던 25세 이전에는 주로 연애시를 썼다. 그러다가 앤 모어와의 스캔들 이후에는 후원자를 위한 시를 쓰며 우울하게 몇 년을 보냈고, 그 후 성직자의 길을 가게 되면서 그의 시작 활동은 새롭게 왕성해졌는데 이 시기의 시들은 종교적 성향을 보였다. 이전에 여성에게 향했던 힘과 열정은 이제 신에게 모아졌다. 그의 종교시와 연애시가 가진 공통점은 어조가 자연스럽다는 점이다. 그가 구사하는 시어는 구어적이고 현대적인 분위기를 지니고 있다.

던은 10권의 『설교집』(*Sermons*)을 낸 종교시인으로서 그의 설교는 연애시 만큼이나 독특하였다. 젊은 날의 방황과 어렵게 시작한 결혼, 평탄치 않았던 결혼생활과 아내의 죽음 등은 그가 성직자로서 설교를 통해 신에게로 향하게 되는 큰 동기가 되었다. 던은 죽음에 대해 깊이 묵상하고, 죽음의 궁극적인 원인과 다양한 형태 및 죽음이 가져오는 결과에 대해 설교하였다. 그가 설교에서 죽음을 자주 다루는 이유는 일생동안 자신과 가까운 사람들의 죽음을 많이 겪었기 때문이기도 할 것이다. 던은 가족 중에 남동생과 삼촌의 죽음을 경험했으며, 그의 생애 가운데 특히 힘들었던 경험은 바로 사랑하는 아내 앤 모어의 죽음이었다. 그녀는 1617년 8월 15일에 13번째 아이를 낳고 산고로 7일 후 33세의 나이로 요절했다. 아내의 죽음은 시인에게 큰 비애와 절망을 가져왔으며, 이후 세속적인 인연을 끊고 슬픔을 극복하기 위해 신에게 헌신하게 되었다고 한다(Bennette 14).

2

다음에 읽을 시는 던이 인간과의 관계에서 완전한 의미 찾기를 포기하고 신과의 관계를 모색하려고 애썼던 만년에 쓴 종교시들 가운데 『거룩한 소네트』에 실린 19편의 시 중 하나인 「14번 소네트」(“Holy Sonnet 14”)이다.

> 내 심장을 때려 부수소서, 삼위일체 하나님이시여. 지금까지는
> 두드리고 숨을 불어넣고 비추고 고치려고만 하셨지만
> 이젠 일어나 설 수 있도록 절 넘어뜨리고, 힘을 기울여
> 부수고 불고 태워서 절 새롭게 만드소서.
> 저는 함락된 도시처럼 남의 소유가 되어
> 당신을 받아들이려고 해도, 아, 소용이 없습니다.
> 제 속에 거하는 당신의 총독인 이성은 날 지켜줘야 하지만

포로로 잡혀 약해지고 믿을 수 없게 되어버렸습니다.
아직도 전 당신을 지극히 사랑하며 또 사랑 받고 싶으나
당신의 적과 약혼한 신세랍니다.
나를 이혼시켜 주시고, 그 연분을 다시금 풀거나 끊어주소서.
절 당신에게로 데려가 가두소서. 저는
당신이 노예로 만들지 않으면 결코 자유로울 수 없고,
정숙할 수도 없답니다, 당신이 절 겁탈하지 않는다면.

Batter my heart, three-personed God; for You
As yet but knock, breathe, shine, and seek to mend;
That I may rise and stand, o'erthrow me, and bend
Your force to break, blow, burn, and make me new.
I, like an usurped town, to another due,
Labor to admit You, but O, to no end;
Reason, Your viceroy in me, me should defend,
But is captived, and proves weak or untrue.
Yet dearly I love You, and would be loved fain,
But am bethrothed unto Your enemy.
Divorce me, untie or break that knot again;
Take me to You, imprison me, for I,
Except You enthrall me, never shall be free,
Nor ever chaste, except You ravish me.

첫 행부터 화자는 절박한 심정으로 울부짖듯이 신에게 호소하고 있다. 그는 지난날의 방탕한 생활을 청산하고 새롭게 거듭나기를 간절히 바라고 있는 것이다. 그러나 신의 뜻대로 살려고 하다가도 늘 실패하고 죄 가운데 살고 있는 자신의 모습을 고발하면서, 강압적이고 폭력적인 방법을 써서라도 자신을 완전히 새롭게 바꾸어 달라고 하나

님에게 절규한다. 이러한 절박한 심정을 강조하기 위해 과격한 행동을 나타내는 동사를 사용함과 동시에 약강 5보격의 운율에도 파격을 가하고 있다. "Batter"라는 첫 단어부터 강세가 첫 음절에 오는 강약격으로 시작함으로써 듣는 이를 놀라게 하며, 시의 화자가 처한 곤경에 대해 지금껏 무관심한 것처럼 보였던 신의 주의를 끌 수 있는 온갖 방법을 모색하고 있음을 강조하고 있다.

그는 성부와 성자와 성신의 삼위일체 하나님에게 말하고 있는데, 여기에 등장하는 동사들도 이들 삼위의 신성을 반영하고 있다. 지금까지 성부는 부드럽게 화자의 마음을 두드리고, 성령은 "숨을 불어넣고", 성자는 단지 사랑과 은총을 "비추고" 있을 따름이다. 그러나 죄로 마음이 굳어져 있는 화자에게 이러한 부드러운 접근은 전혀 도움이 되지 않기에, 그는 보다 강하고 격렬한 태도를 신에게 요구하고 있는 것이다. 그래서 그는 부드럽게 두드리는 대신 "부수고", 숨을 불어넣는 대신에 강하게 불어 버리고, 빛을 비추는 것이 아니라 태워줄 것을 요청한다. 그리하여 자신이 "이젠 일어나 설 수 있도록 절 넘어뜨"려 달라는 역설적인 주장을 하고 있다. 여기에서 신은 대장장이처럼 묘사되고 있다. 거친 파열음으로 시작되는 "break"와 "blow", "burn"과 같은 동사들은 앞의 "batter"와 두운을 이루면서 마치 대장장이가 망치로 쇠를 두드려 새로운 물건을 만드는 것과 같은 압축되고 집중된 에너지를 강하게 전달하고 있다 (Garrett 52-53).

시인은 두 번째 4행 연구에서 다양한 이미지를 제시하고 있다. 그러면서 네 행 모두 강약격의 음보로 시작함으로써 불안정한 리듬을 유지함과 동시에 혼란스럽게 꼬여 있는 문장구조를 취하고 있다. 이는 "함락된 도시"와 같은 죄지은 화자의 혼란스럽고 불안한 마음 상태를 반영하고 있다. 화자는 신에게 충실해야 하지만 사탄에게 함락

당해 지배받는 영토로 자신을 묘사하고 있다. 그는 신을 자신의 삶 속에 받아들이기 위해 몸부림치지만 지금까지 실패를 거듭해왔다. 그가 얼마나 애써왔고 자신의 실패를 안타까워하고 있는지는 강약격으로 시작되는 "labor"와 "but O"라는 애절하고도 절망적인 탄식을 통해 잘 드러나 있다. 그는 인간이 신에게서 부여받은 거룩한 이성마저도 신을 배반하고 사탄의 편이 되어버린 한층 더 절망적인 상황을 이야기한다. 이처럼 인간을 도시와 같이 묘사한 이미지는 인간의 수동적이면서 무력한 상태를 암시하고 있다. 시인은 자신을 적에게 사로잡혀 구조되기를 갈망하고 있는 도시일 뿐만 아니라, 성적인 의미에서 연인을 받아들이려고 노력하는 한 여성으로도 보고 있다. 이렇게 볼 때 감탄사 "O"는 단지 아직도 성에 대한 포위가 풀리지 않았다는 실망감의 표현일 뿐만 아니라, 사모하는 남자로부터 자신의 욕망을 채우기를 거부당해 좌절한 여인의 탄식으로 볼 수 있을 것이다(Garrett 54). 여기서 반복되고 있는 "me"는 화자가 느끼는 불안감을 강조하고 있는데, 시 전체에서 이 단어는 9번이나 등장하고 있다. 이는 침묵하고 있는 신과 대화가 단절된 데서 느끼는 필사적이면서 절박한 심정을 잘 전달하고 있다(Nutt 140).

6행 연구에서는 앞에서의 성적인 내용들이 한층 구체적으로 전개된다. 시인은 본의 아니게 악마와 약혼한 처지이지만 신에 대한 사랑을 갈망하고 있는 불운한 여성으로 자신을 그리고 있다. 중세 로망스에서 유폐되어 있는 처녀를 사랑하는 왕자가 나타나서 구출하듯이, 하나님이 자신을 사탄의 지배로부터 구해주기를 요청하고 있는 것이다. 그는 자기 스스로는 탈출할 수 없으므로 "나를 이혼시켜 주시고, 그 연분을 다시금 풀거나 끊어주소서"(Divorce me, untie or break that knot again)라며 점점 의미가 격렬해지는 3개의 동사를 사용하여 신에게 간청하고 있다. 흥미로운 것은 시인이 여기서 순수하고 영적인 신과의 사랑을 갈구하면서 젊은 날에 경험한 남녀간의 성적인 사랑을 노래하듯 매우 노골적인 성적 이미지로 이야기하고 있다는 점이다. 이는 시의 화자가 신과 인간 사이의 거리를 좁히려고 애쓰면서 보다 인간적인 차원에서 신이 자신을 이해해주기를 바라면서, 그만큼 열정적으로 신과의 새로운 관계를 원하고 있음을 보여준다.

시는 두 가지 역설로 끝을 맺고 있다. 먼저 화자는 자유로워지도록 신이 자신을 감옥에 가두거나 노예로 삼아주기를 요청한다. 마음을 사로잡거나 노예 상태로 만든다는 뜻을 지닌 "enthrall"이라는 단어를 통해, 신이 주인처럼 자신을 절대적으로 소유하면서 자신의 마음을 다른 곳에 빼앗기지 않도록 사로잡아주기를 바라는 간절한 소망을 표현하고 있다. 다음의 역설은 앞서 함락된 도시에서 포로로 잡힌 여성의 이미지를 발전시켜 신이 자신을 강간하지 않는다면 결코 자신이 순결한 처녀가 될 수 없다고 말하는 부분이다. 이러한 표현은 오늘날의 페미니스트들의 비위를 상하게 할지도 모른다. 그러나 마지막 행의 "ravish"라는 단어는 물론 성적으로 겁탈한다는 뜻을 지니지만, 이와 아울러 성령이 죄인의 영혼을 지배할 때 넘쳐흐르는 황홀한 영적 기쁨을 암시하기도 한다(Garrett 55). 이는 명백히 모순된 표현이지만, 시인은 신이 자신을 완전히 그리고 강제적으로 소유할 때만 자신이 모든 유혹에서 벗어나 깨끗하고 거룩해질 수 있음을 깊이 인식하고 있는 것이다. 습관적으로 죄를 범하는 죄인의 삶에 신이 물리적으로 개입해주기를 바라는 절실한 요청이 이들 이미지와 시어, 그리고 구문과 운율 등을 통해 총체적으로 전달되고 있다. 화자는 신과의 관계를 생각할 때 이지적이거나 추상적으로 접근하기 보다는, 구체적으로 만지고 느낄 수 있게 자신이 이해하기 쉬운 정열적이고 관능적인 방식으로 신에 대한 자신의 사랑을 표현하고 있다고 하겠다.

3

대부분의 던의 시가 그러하듯이 인생의 마지막 순간을 노래한 「6번 소네트」 역시 정확하게 언제 씌어진 것인지 알 수가 없다. 다만 시인의 죽음이 매우 임박한 때나 병을 앓던 시기에 쓴 것으로 여겨지며, 매우 극적인 힘으로 죽음에 대한 생각을 다루고 있다.

이것은 내 연극의 마지막 장면. 여기서 하늘은
내 순례의 마지막 노정을 정하고, 헛되이
빠르게 달려온 내 경주는 이제 마지막 발걸음을 옮긴다,
내 생애의 마지막 순간, 내 시간의 마지막 지점을.
그러면 게걸스러운 죽음이 순식간에 내 몸과 영혼을
떼어놓고 나는 잠시 잠들리라.
그러나 나의 언제나 깨어있는 영혼은 그 얼굴을 볼 것이고
그분에 대한 두려움으로 벌써 내 모든 관절이 떨리네.
그러면 내 영혼은 처음 있었던 하늘로 날아가고
땅에서 난 육신은 땅에 머물게 되듯이,
내 모든 죄는 그것이 생겨나 갈 권리를 가진 지옥으로 떨어지고
나를 그곳으로 밀어붙일 것이다.
나를 의롭다 여기시고 악에서 정화시키소서.
그래야 제가 세상과 육신과 악마를 떠날 수 있습니다.

This is my play's last scene; here heavens appoint
My pilgrimage's last mile; and my race
Idly, yet quickly run, hath this last pace;
My span's last inch, my minute's latest point;
And gluttonous Death will instantly unjoint
My body and soul, and I shall sleep a space;

But my ever-waking part shall see that face,
Whose fear already shakes my every joint.
Then, as my soul to heaven her first seat takes flight,
And earth-born body in the earth shall dwell,
So fall my sins, that all may have their right,
To where they're bred and would press me to hell.
Impute me righteous, thus purged of evil,
For thus I leave the world, the flesh, the devil.

인생을 연극에 비유한 경우는 셰익스피어(Shakespeare)의 맥베스(Macbeth)가 내뱉는 유명한 독백에서처럼 그 예가 많이 있다. 그러나 던은 여기서 인생을 단순히 무대에 비유하는 데 그치지 않고, 죽음에 임박한 순간을 여러 단계로 나열하면서 점점 죽음에 다가가는 긴박감을 강화하고 있다는 점에서 독창적이다(Nutt 158). 던이 첫 4행에서 "마지막"(last)이라는 단어를 4번이나 사용하고 있다는 사실에 주목할 필요가 있다. 그는 죽음에 너무나 가까이 직면해 있어서 다른 종교시에서 볼 수 있는 것과 같은 신과의 대화를 나눌 시간 따위는 생각할 수도 없는 듯이 보인다. "헛되이 빠르게 달려온"(Idly, yet quickly run)에서의 역설법과, 죽음을 "순식간에 내 몸과 영혼을/떼어"낼 준비를 하고 있는 "게걸스러운" 인물로 의인화하고 있는 표현 또한 강력하고 인상적이다. 이어서 시인은 자신의 "언제나 깨어있는 영혼"이 창조주를 만나고 있는 장면을 상상한다. 그는 신에 대한 두려움으로 모든 관절이 떨릴 정도의 극도의 불안한 상태에 처하게 된다. 여기서 시의 화자는 육신과 영혼이 분리될 때 그의 영혼은 천국으로 가고, 몸은 땅에 머물고, 죄는 영혼에서 떨어져 나와 지옥으로 가게 되기를 바란다. 그렇게 되면 그의 영혼은 멀리 지옥으로 가버린 죄에게서 자유로워질 것이라고 생각하기 때문이다.

마지막 2행 연구는『거룩한 소네트』 전반에 깔려 있는 생각을 잘 요약해 주고 있다. 그것은 바로 원래 자기가 믿던 가톨릭에서 성공회로 개종한 사실로 인해 자신이 과연 구원받을 수 있을까 하는 절박한 불안감과 걱정이다. 자신의 영적 건강에 대한 본질적 회의와 근심은 초기의 산문에서 뿐만 아니라 만년의 설교문에서도 드러나는데,「6번 소네트」에는 이러한 고민과 불안감이 아름답게 그려져 있다. 이 시에서 화자는 다른 시에서 볼 수 있는 극도의 좌절감 대신 다소 체념한 듯하면서도 솔직한 어조로 신에게 이야기한다. "나를 의롭다 여기시고"라고 할 때 사용한 "Impute"는 어느 한 속성을 누군가에게 귀속시킨다는 전문적인 의미를 지닌 신학 용어이다. 그는 신이 완전한 선(善)이듯 자신에게도 선한 속성이 있음을 보고, 자신을 선하게 생각하여 영혼을 구원해주기를 요청하고 있는 것이다. 우리는 여기서 던이 사용하고 있는 "unjoint"나 "shakes my every joint", 그리고 "would press me"와 같은 표현들이 당시에 가톨릭교도들을 박해할 때 행해졌던 여러 형태의 고문 방법을 연상시킨다는 점에 주목할 필요가 있다. 가톨릭 신앙을 지키기 위해 박해를 받고 순교를 당하는 자들을 바라볼 때 던은 말로 표현하기 힘든 감정과 가책을 느꼈을지 모른다. 이러한 가책과 염려 때문에 그의 종교시에는 폭력적이고 잔인한 이미지와 가학적인 태도로 계속해서 자신에게 벌 주기를 신에게 요구하는 모습이 자주 등장하는지도 모른다.

4

다음에 읽을「10번 소네트」는 던의 종교시 가운데서 가장 유명한 시일 것이다. 죽음에 대해 꾸짖듯이 이야기하고 있는 이 시의 목소리는「6번 소네트」에 비해 훨씬 강력하고 도전적이며 확신에 차있다.

죽음아, 우쭐거리지 마라, 어떤 사람들은 너를
힘세고 무섭다고 하지만 사실은 그렇지 않으니까.
네가 멸망시킨 줄로 여긴 사람들은
죽지 않는다, 불쌍한 죽음아, 또한 넌 나도 죽이지 못해.
단지 네 그림에 불과한 휴식이나 잠으로부터도
많은 즐거움이 흐르니, 너로부터는 더 많은 즐거움이 흘러넘쳐야지.
우리의 훌륭한 사람들은 얼른 너와 함께 간다
뼈의 안식과 영혼의 해방을 찾아서.
너는 운명과 우연, 왕들, 그리고 자포자기한 사람들의 노예며,
독약과 전쟁과 질병과 함께 살지.
아편이나 마법도 우릴 곧잘 잠들게 할 수 있어
네가 어루만지는 것보다 더 잘. 그런데 넌 왜 뽐내니?
짧은 한순간의 잠을 자고 나면 우리는 영원히 깨어난다네,
그러면 죽음은 더 이상 없을 것이니, 죽음아, 넌 죽으리라.

Death, be not proud, though some have callèd thee
Mighty and dreadful, for thou art not so;
For those whom thou think'st thou dost overthrow
Die not, poor Death, nor yet canst thou kill me.
From rest and sleep, which but thy pictures be,
Much pleasure; then from thee much more must flow,
And soonest our best men with thee do go,
Rest of their bones, and soul's delivery.
Thou art slave to fate, chance, kings, and desperate men,
And dost with poison, war, and sickness dwell,
And poppy or charms can make us sleep as well
And better than thy stroke; why swell'st thou then?

One short sleep past, we wake eternally
And death shall be no more; Death, thou shalt die.

화자는 죽음을 신랄한 어조로 꾸짖으면서 "넌 나도 죽이지 못해"라며 자신이 불멸하는 존재라는 대단한 선언을 하고 있다. 그러므로 그는 죽음이 흔히 생각되는 것처럼 그렇게 힘세고 무서운 존재가 아니라고 주장하는 것이다. 이러한 대담한 주장은 죽음을 가능한 한 깎아내리려는 6행 연구에서도 계속되고 있다. 화자는 죽음을 "운명과 우연, 왕들, 그리고 자포자기한 사람들"의 노예로 폄하시킨다. 그리고 죽음을 독약이나 전쟁, 질병과 함께 사는 보잘것없는 존재로 묘사한다. 더욱이 마약이나 마법 같이 천하고 하찮은 것들도 죽음만큼이나 우리를 곧잘 잠들게 할 수 있다고 말하는 부분에 이르러서는 앞서 두렵고 힘센 존재로 보였던 죽음이 한없이 처량하고 나약한 자로 전락한 느낌이다.

절제된 리듬과 자신만만한 효과를 주는 두운을 통해 마지막 2행 연구에서 던은 드디어 무시무시한 죽음을 제거하고 고뇌하는 자신의 영혼은 안식을 발견하기에 이른다. 죽음과 영생 사이에는 단지 "짧은 한순간의 잠"이 있을 따름이며, 그러기에 그는 "죽음아, 넌 죽으리라"라며 죽음의 죽음을 선언하고 있다. 비록 이 소네트에서 하고 있는 주장이나 생각이 아무리 혼란스럽고 납득이 가지 않더라도, 우리는 마지막 시행의 확신에 찬 어조와 힘에 감동을 받게 된다. 심지어 죽음을 극복해보려는 무모하기까지 한 시도와 야망에서 강한 인상을 받게 될 것이다.

그러나 한편으로는 스타치니에프스키(John Stachniewski)가 주장하듯이 겉으로 드러난 주장과 화자가 실제로 느끼는 감정 사이에 존재하는 긴장에서 시의 진정한 의미를 찾아볼 수도 있다. 사실 매우 수사적이며 웅변적인 「10번 소네트」의 어조는 확신에 차있기 보다는 과장된 허풍에 가깝게 들린다. 시의 화자는 죽음을 인간을 죽이려고 애쓰는 건방진 인물로 주제넘게 희화화시키면서 그를 노예라고 부른다. 죽음이 "운명과 우연, 왕들, 그리고 자포자기한 사람들"에게서 덕을 보는 존재가 아니라 이들의 노예라는 주장이다. 시의 논리는 "단지 네 그림에 불과한 휴식이나 잠으로부터도 / 많은 즐거움이 흐르니, 너로부터는 더 많은 즐거움이 흘러넘쳐야지"라고 하는 데서 삐끗거린다. 여기에 사용된 "must"라는 단어는 이 주장이 취약하다는 사실을 반증할 따름이다. 시의 후반에 이르러 화자가 죽음에게 "그런데 넌 왜 뽐내니?"라고 빈정거릴 때, 정작 분수도 모르고 우쭐거리는 존재는 화자 자신이라는 느낌이 강하게 든다. 만약 죽음이 실제로 죽거나 소멸되었다면 시를 끝맺을 때 구태여 "thou shalt die"라는 강한 톤으로 동사를 사용하지 않았을 것이기 때문이다(Stachniewski 272-73). 이렇게 볼 때 죽음의 존재 자체를 부인하고 무시하는 듯한 대담한 표현 이면에는 필사적인 노력에도 불구하고 죽음의 공포에서 한 발자국도 벗어나지 못하고 있는 시인의 불안감이 정반대의 어조로 표출되고 있다고 해석할 수 있는 것이다.

5

던의 『거룩한 소네트』에서 마주치게 되는 병들고 절망감에 사로잡힌 영혼의 상태는 이 시를 읽는 20세기의 독자들을 당혹하게 한다. 많은 독자들은 성 바울 성당의 성공회 수석 사제였던 던에게서 영적인 건강이나 믿음과 위안을 얻고 싶어 하지만, 그의 시에서 이런 기대를 충족시키기는 어렵다. 이 19편의 소네트를 각각 독립적인 시로 읽어야 하는지, 아니면 하나의 연속된 작품으로 읽어야 하는지에 대해서는 학자들마다 의견이 분분하다. 그러나 분명한 것은 이들 소네트가 하나로 묶여 있기는 하지만 각각 독자적이면서 완전한 목소리로 혼란스러운 정신 상태와 복잡한 감정을 생생하게 그리고 있다는 점이다.

『거룩한 소네트』에서 신은 흔히 인간으로부터 멀리 떨어져서 침묵하고 있는 존재처럼 보인다. 시의 화자는 자신이 타락하여 신으로부터 버림받은 상태에서 느끼는 절망과 소외감을 토로하고 있다. 비스톤(Lawrence Beaston)은 던의 소네트에서 볼 수 있는 이러한 신의 부재와 침묵을 기독교의 오랜 신비주의 전통 속에서 파악하고 있다. 즉 기독교인들은 인간으로부터 멀리 떨어져있는 듯한 신의 부재를 경험하면서 절망하는 것이 아니라, 역설적으로 신의 존재를 더 깊이 깨닫고 구원에 이르게 된다는 것이다(Beaston 96-99). 시의 화자는 자신의 죄를 깊이 인식하거나, 사탄에 사로잡힌 인간이나 임박한 죽음의 공포 앞에서 두려워 떠는 존재로 자신을 묘사한다. 이러한 절박한 순간에 부르짖는 그의 호소에 신은 마치 존재하지 않는 듯이 멀리서 침묵하고 있다. 거의 모든 소네트가 자신의 죄를 용서하는 신의 은총을 간절히 호소하는 내용을 담고 있다. 그러나 신은 계속해서 침묵하고, 화자는 신에게서 멀리 떨어져있다는 소외감을 처절하게 느끼며 절망에 가까운 몸부림을 친다. 이는 마치 이스라엘이 이집트의 지배를 벗어나 가나안으로 가는 도중에 광야에서 보낸 40년의 역사와 맥을 같이하는 것이다. 인간의 지력과 논리적인 한계를 넘어 무한한 진리와 신에게 다가가도록 신은 부재하는 듯이 침묵을 지키고, 인간은 고통스런 깨달음을 통해서 신을 경험하게 된다는 것이다. 이렇게 볼 때 인간이 영혼의 어두운 밤 속에서 고통스러워할 때 침묵하는 신은 무관심하기 때문이 아니라 인간의 이성과 언어의 한계를 넘어선 신의 속성과 신비를 보여주기 위함인 것으로 이해할 수 있다. 『거룩한 소네트』에서 신은 침묵함으로써 화자의 삶을 재조정하며, 인간이 경험과 이성에 의지하지 않고 더욱 신에게 의지하게 함으로써 신의 존재를 발견하게 한다(Beaston 107).

제7장 '카페 디엠'을 노래한 왕당파 시인들

- 존슨과 헤릭 -

1

벤 존슨(Ben Jonson, 1572-1637)은 17세기 초의 문단에서 배우이면서 극작가며, 시인이자 학자며, 비평가, 번역가로서 다양한 일을 한 대표적인 석학이었다. 또한 그는 1616년에 계관시인이 되었으며, 이른바 '존슨 일파'라는 영국 최초의 문학 '유파'(school)의 대표로서 당대에 가장 큰 영향력을 행사한 문인이었다. 일찍 아버지를 여읜 존슨은 어린 시절 벽돌공의 양자로 들어갔으며, 군인으로 전쟁에 참여하기도 하였다. 배우와 극작가로도 활약했으며 성격이 괄괄하여 동료 배우를 결투에서 죽인 죄로 교수형을 받을 뻔 했으나 사면을 받고 가톨릭으로 귀의했다가 후에 성공회로 개종했다. 만년에는 왕의 사랑을 받는 시인으로서 궁정 주변의 총아가 되었으며, 당대의 셰익스피어나 던과 같은 문인들이나 저명인사들의 좋은 친구였다고 한다. 그의 희곡 가운데 대표작으로는 『볼폰』(*Volpone*, 1606)과 『연금술사』(*The Alchemist*, 1610)를 들 수 있는데, 이들은 영국 연극계에서 손꼽히는 풍자희극(satiric comedy)이다. 그리고 궁정을 위하여 많은 가면극을 쓰기도 하였다. 사랑을 노래한 존슨의 서정시와 희곡에는 엘리자베스 시대의 전통에 따라 수식적인 언어가 많이 등장하며 경구적인 풍자시(epigram)를 즐겨 썼다.

존슨은 제임스 1세 당시 문학의 황제로 군림했다. 그는 런던의 선술집(Mermaid Tavern)에 모여든 작가 그룹을 이끄는 주도자였으며 재사(才士)였다. 존슨의 영향을 받은 젊은 시인들로는 왕당파 시인(Cavalier Poets)이라고 일컬어지는 로버트 헤릭(Robert Herrick)과 토마스 캐어리(Thomas Carew), 존 써클링(Sir John Suckling)과 리차드 러브레이스(Richard Lovelace) 같은 시인들이 포함되어 있다. 이들은 자칭 존슨의 '아들들'(Sons of Ben) 혹은 '종족'(the tribe of Ben)이라고 부르기도 했다. 영국 청교도혁명 때 의회를 지지하는 의회파들에 대항하여 찰스(Charles) 1세를 지지하는 왕당파(Royalists)들로서 높은 지위와 교양을 지닌 궁정시인들이었으므로 이들을 왕당파 시인이라고 일컬었다. 그리고 주로 유흥과 연애, 사냥 등에 관심을 가지고 시를 썼기 때문에 종교시인과 구별하여 세속시인이라 할 수 있으며, 여성에 대해 정중한 예의를 지키는 기사도 정신이 깃든 위트 있고 세련된 서정시를 쓴 시인들이었다. 왕당파의 시는 대체로 그리스나 로마의 고전에서 영향을 받아 교훈적인 주제와 풍자적인 가벼운 사랑을 주제로 다루었다. 이들의 시에는 '오늘을 잡아라'(Seize the day)나 '지금을 즐겨라'(Enjoy now)는 뜻의 '카페 디엠'(*Carpe Diem*) 모티브가 많이 등장한다. 이들 시의 화자는 아가씨에게 현재의 쾌락을 즐기라고 권유하려는 뜻에서 인생은 무상하고 세월은 빨리 지나간다는 점을 강조한다.

2

영국인들로부터 영어로 씌어진 가장 아름다운 사랑시라고 일컬어지기도 하는 존슨의 「실리아에게」("Song: To Celia")를 감상해보자.

이 시는 실리아에게 바쳐진 세 편의 시 가운데 하나이다.

오직 그대 눈으로 축배를 들어요
　　나 또한 눈으로 맹세하리.
아니면 술잔에 키스를 남겨주세요
　　그러면 난 술을 찾지 않으리.
영혼으로부터 타오르는 갈증은
　　신성한 술을 원한다오.
비록 제우스의 음료를 마실 수 있다한들
　　그대의 것과는 바꾸지 않으리.

얼마 전 장미 꽃다발을 그대에게 보냈지요,
　　그대를 영광스럽게 하기 보다는
거기선 장미가
　　시들지 않으리라 기대하면서.
그러나 당신은 장미 향기만 맡고
　　그걸 내게 돌려보냈지요.
그 후 그것이 자라 향기를 풍겼다오, 정말이지,
　　장미 향기가 아니라 그대의 체취를.

Drink to me only with thine eyes,
　　And I will pledge with mine;
Or leave a kiss but in the cup,
　　And I'll not look for wine.
The thirst that from the soul doth rise,
　　Doth ask a drink divine:
But might I of Jove's nectar sup,
　　I would not change for thine.

I sent thee late a rosy wreath,

Not so much honoring thee,
As giving it a hope that there
It could not withered be.
But thou thereon did'st only breathe,
And sent'st it back to me;
since when it grows and smells, I swear,
Not of itself, but thee.

시는 약강 4보격(iambic tetrameter)과 약강 3보격(trimeter)이 번갈아 오는, 각각 다른 장면을 보여주는 두 개의 8행시로 구성되어 있다. 연인의 맹세로 시작되는 시의 첫 부분에서 연인은 자신의 사랑에 축배를 들고 술잔을 마시는 대신, 실리아의 사랑스런 눈길을 기대하면서 그녀의 눈으로 축배를 들어주면 자신도 그에 대한 답으로 눈으로 맹세를 하겠다고 말한다. 나아가서 만약 그녀가 술잔에 키스를 남겨주면, 즉 키스를 약속해주면 자신은 술 따위는 잊어버리겠다고 이야기한다. 실리아의 사랑이 주는 쾌락이 술이 주는 즐거움보다 훨씬 더 큰 관능적인 즐거움으로 흥분시키고 취하게 하기 때문이다. 두 번째 4행 연구에서 그는 자신의 갈증은 영혼으로부터 느끼는 것이므로 신들이 마시는 음료로만 축일 수 있다며 갑자기 기독교적인 이미지를 도입하는 듯하다. 그러나 바로 이어서 관능적이고 감각적인 즐거움을 만끽한 신인 "제우스의 음료"를 언급함으로써 기독교적인 관념은 사라진다. 그는 만일 실리아가 주는 음료를 마실 수 있다고 한다면 현세적인 즐거움의 상징인 제우스의 음료까지도 포기하겠다고 한다.

다음 연은 과거에 대한 회상을 다루고 있다. 시인은 실리아에게 장미를 보내면 영원히 시들지 않으리라는 희망에서 그녀에게 화환을 보냈다고 한다. 이는 그가 실리아를 생명과 빛과 즐거움의 원천으로 이상화하고 있음을 보여주는 부분이다. 시의 결말에서 결국 그녀는 화환을 돌려보냄으로써 시인의 사랑을 거부한다. 그러나 시인은 그녀가 장미 화환에 내뿜은 달콤한 숨결이 그 꽃에서 풍기고 있다며 스스로를 위로하고 있다.

이처럼 이 짧으면서도 사랑스러운 시는 포도주와 장미 화환이라는 두 개의 이미지를 중심으로 전개되고 있다. 포도주는 사랑의 환희와 도취, 그리고 관능적인 쾌락 등을 암시한다. 이 포도주 대신 시인은 사랑하는 실리아의 눈길과 키스를 택하겠다고 한다. 그리고 사랑의 표시로 전통적으로 사랑을 상징하는 장미꽃을 영원함을 상징하는 원형의 화환으로 만들어 보내지만 거부당한다. 매끄럽게 진행되던 시의 리듬은 마지막 행에서 "Not of itself" 다음에 갑작스러운 휴지부(caesura)가 오면서 끊기고, 자연스럽게 "but thee"가 강조되고 있다. 지금까지 화자가 중심이 되어 진행되던 시가 연인에게로 중심이 옮겨지면서, 현실에 변화를 가져오는 이상적인 존재로서의 "그대"를 강조하고 있는 것이다. 이처럼 시는 이상과 현실을 나란히 병치시킴으로써 이들 사이의 조화와 균형을 모색하고 있다. 예를 들어 첫 연에서는 긴 행에서 은유적이고 이상적인 면을, 짧은 행에서는 보다 직접적이고 구체적인 현실을 언급하고 있다. 첫째 연에서는 현재적 상황을 다루는데, 이는 육체적이면서 동시에 영적인 사랑의 맹세를 구하는 이상적인 사랑의 순간이다. 반면 둘째 연은 과거의 상황으로서 육체적으로 사랑하는 사람과 떨어져 있으며, 사랑의 표시로 보낸 화환도 거절당했으나 억지로 자신의 처지를 이상화하면서 자위하고 있다. 시인이 보낸 물질적인 장미 화환에 그녀가 사랑의 숨결을 불어넣어 영적인 것으로 변화시켜주기를 기대함으로써 물리적인 것과 영적인 것 사이의, 그리고 현실적인 것과 이상적인 것 사이의 결합과 조화를 노래하고 있는 것이다.

3

성직자이면서 시인이었던 로버트 헤릭(Robert Herrick, 1591-1674)은 런던의 부유한 금은 세공의 아들로 태어나 자신도 금세공인으로서 도제생활을 하다가 1613년에 케임브리지 대학에 들어가 1617년에 졸업하였다. 이후에 성공회 목사가 되었으며 한때는 벤 존슨의 무리들과 어울리기도 했다. 헤릭이 시골 목사이면서도 자주 왕당파 시인으로 분류되는 까닭은 이들처럼 연애시와 여자에 대한 정중한 찬사로 가득 찬 많은 서정시에서 벤 존슨의 경향을 따르고 있기 때문이다. 그의 시는 존슨의 우아함에다 자연과 주변에서 일어나는 일상적인 일들을 엮어서 독특한 경지를 개척해 나갔다. 헤릭의 시가 호소력이 있는 것은 인간 감정에 대한 진실함과 꾸밈없는 소박함, 그리고 완벽한 문체와 뛰어난 회화적 상상력과 음악성 때문인데, 주로 고전작가의 영향을 받아 고전적 우아함 때문에 당대의 가장 훌륭한 서정시인으로 손꼽힌다.

'카페 디엠'이라는 모티브를 다룬 대표적인 시 가운데 하나인 헤릭의 「아가씨들에게, 시간을 최대한 이용하도록」("To the Virgins, to Make Much of Time")은 왕당파의 시 중에서도 가장 감미로운 시로 평가받고 있다. 약강 4보격과 약강 3보격이 번갈아 오는 발라드(ballad) 형식의 이 시에서 시인은 아름다운 청춘도 한번 가면 다시 오지 않는다는 점을 강조하면서 현재의 쾌락을 즐기라고 권유하고 있다. 그는 육체적인 아름다움의 무상함과 결국은 맞이하게 될 죽음을 강조하기 위해 장미라는 상징을 사용하고 있다.

그대들이 할 수 있을 때 장미 봉오리를 모아라.

  늙은 시간은 끊임없이 날아가고
오늘 미소 짓는 바로 이 꽃도
  내일이면 죽으리니.

하늘의 찬란한 등불인 태양도
  높이 솟으면 솟을수록
그만큼 더 빨리 달려가서
  일몰에 더 가까워지리라.

젊음과 혈기가 뜨거운
  첫 시절이 가장 좋은 때,
이 시절을 보내고 나면 더 나빠지고
  최악의 시간이 잇따르리라.

그러니 수줍어 말고 시간을 활용하라.
  그리고 할 수 있는 동안에 결혼하라.
청춘은 한번 잃고 나면
  영원히 기다려야 하리니.

Gather ye rosebuds while you may,
  Old time is still a-flying;
And this same flower that smiles today,
  Tomorrow will be dying.

The glorious lamp of heaven, the sun,
  The higher he's a-getting,
The sooner will his race be run,
  And nearer he's to setting.

That age is best which is the first,
  When youth and blood are warmer;

But being spent, the worse, and the worst
  Times still succeed the former.

Then be not coy, but use your time,
  And while ye may, go marry;
For having lost but once your prime,
  You may forever tarry.

처녀들에게 젊을 때 인생을, 그것도 특히 육체적 쾌락을 즐기도록 초대하는 이 짧은 서정시는 시간을 잘 활용하는 것을 한창 때의 장미꽃을 따 모으는 것에 비유한다. 둘째 연에서는 시간의 흐름을 태양의 움직임이라는 새로운 이미지로 묘사하면서, 이를 "경주"(race)에 비유하여 시간이 얼마나 빨리 흐르는지를 강조하고 있다. 그러니 예쁜 꽃봉오리의 미소도 곧 사라지고, 떠오르는 태양도 이내 지고 말 운명임을 알 수 있다. 셋째 연에서는 젊은 날에서 노년으로 옮겨가는 것을 마치 태양의 열기가 점점 식어지는 것처럼 묘사하고 있다. 마지막 연에서는 그러니 더 이상 수줍어하지 말고 할 수 있을 때 결혼하지 않으면 영원히 기다려야 할지 모른다고 충고하며 마무리하고 있다. 이 시에서 말하고자 하는 성적인 주제는 분명해 보이지만, 독자가 어느 성(姓)의 관점에서 읽느냐에 따라 각 은유는 다르게 해석될 여지를 안고 있다고 하겠다.

네 개의 연이 각각 4행으로 이뤄져 마치 전통적인 찬송가의 구조를 하고 있다. 헤릭이 이처럼 매우 세속적인 주제에 교회의 찬송가 형식을 차용하고 있다는 점이 흥미롭다. 이 시는 애인을 설득하는 시 전통의 한 부분을 차지하고 있는데, 앞서 말로의 「사랑에 빠진 목동이 그의 애인에게」("The Passionate Shepherd to His Love")에서도 목동이 온갖 감각적인 즐거움을 약속하며 자기 애인의 사랑을 구하고 있다. 그리고 롤리는 이 시에 대한 답가로서 유명한 「목동에 대한 아가씨의 대답」("The Nymph's Reply to the Shepherd")을 남겼다. 헤릭을 뒤이어 마벨(Andrew Marvell)은 헤릭이 사용한 꽃과 태양의 이미지를 그대로 답습한 「수줍은 연인에게」("To His Coy Mistress")라는 또 한편의 아름다운 시를 발표한다.

4

이어서 헤릭의 여성의 옷차림에 대해 노래한 두 편의 재기에 넘치는 상큼한 시를 남기고 있다. 이들 시에서 여성의 의상을 묘사한 대부분의 표현들은 윤리적이며 사회적인 의미를 지니고 있다는 사실을 염두에 두면서 먼저 「무질서 속의 즐거움」("Delight in Disorder")을 읽어보자.

의상의 멋진 무질서는
옷에 활기를 불 지른다.
절묘한 산만함으로
어깨너머로 내던져진 스카프.
진홍빛 가슴옷 여기저기서
마음 홀리며 나풀거리는 레이스.
아무렇게나 한 손목단추, 그 옆에
혼란스럽게 흘러내리는 리본들.
폭풍 치듯 펄럭이는 페티코트의
눈길끄는 매혹적인 물결.
함부로 맨 신발끈 매듭,
난 거기서 야성적인 세련미를 느낄 수 있어.

나를 훨씬 사로잡는다네
기교가 어느 면에서나 완벽할 때보다.

A sweet disorder in the dress
Kindles in clothes a wantonness.
A lawn about the shoulders thrown
Into a fine distractiòn;
An erring lace, which here and there
Enthralls the crimson stomacher;
A cuff neglectful, and thereby
Ribbons to flow confusedly;
A winning wave, deserving note,
In the tempestuous petticoat;
A careless shoestring, in whose tie
I see a wild civility;
Do more bewitch me than when art
Is too precise in every part.

헤릭은 먼저 여성의 옷차림에서 "멋진 무질서"를 발견하고는 그 자유분방함과 쾌활함을 찬양한다. 그러면서 어깨너머로 내던져진 스카프부터 시작해서 그 무질서를 묘사하고 있다. 이 스카프는 한랭사라고도 하는 얇고 투명한 론천(lawn)으로 짠 것이다. 그는 이어서 보디스 밑에 입는 옷을 장식한 레이스 자수에 주목하는데, 이 레이스는 단정하게 제자리에 있지 않고 어딘가 풀려서 나풀거리고 있다. 그 다음으로는 아무렇게나 채운 손목단추와 흘러내리는 리본으로 시선을 옮긴다. 마지막으로 폭풍 치듯이 펄럭이는 페티코트의 매혹적인 물결과 함부로 맨 신발끈을 언급하면서 마무리한다. 시인은 사소한 옷차림에서도 야성적인 세련미를 발견하고 있는 것이다. 그가 말하고자

하는 바는 기교가 모든 부분에서 너무 완벽하고 정확할 때보다 약간 혼란스럽고 무질서할 때 오히려 매혹을 느낀다는 사실이다.

시인은 처음부터 끝까지 의상에 대해 말하고 있지만 사실은 이들에게서 연상되는 여성의 달콤한 무질서 내지는 자유분방함을 기대하고 있다고 하겠다. 레이스나 손목단추가 제자리에 단정하게 묶이거나 채워져 있지 않다는 사실은 이 여성이 엄격한 도덕적 가르침이나 사회적·윤리적 규범을 지키는데 약간 소홀하다는 점을 암시하고 있다. 시에 사용된 많은 단어들이 이러한 이교적이고 퓨리터니즘과 반대되는 정서를 함축하고 있다. 예를 들어 "불 지른다"(Kindles)는 표현은 잔잔하던 가슴에 뜨거운 열정과 불길이 일어나게 한다는 사실을 암시한다. 그리고 "활기"(wantonness)라는 단어는 17세기 당시에는 단지 '쾌활함'이나 '장난기'를 뜻했지만 경박한 성적인 유희 같은 오늘날의 의미도 내포하고 있다. "산만함"(distraction)은 "나풀거리는"(erring)과 함께 여인의 마음이 보다 흥분되는 것을 찾아 이리저리 헤매고 있다는 사실을 암시한다. 여인의 허리를 감싸고 있는 가슴옷(stomacher) 여기저기 풀려 하늘거리는 레이스는 보는 이의 넋을 잃게 할 정도로 매혹적이다. 걸을 때 "폭풍 치듯 펄럭이는"(tempestuous) 페티코트나 "함부로"(careless) 매어진 신발끈, 그리고 여기서 느껴지는 "야성적인"(wild) 세련미는 여인이 사회적인 구속이나 주변의 시선에 별로 아랑곳하지 않는 자유분방한 성격의 소유자임을 알게 해준다.

시 전체를 통해서 옷차림과 여성의 도덕적·성적 성향을 동시에 함축적으로 이야기하는 데서 오는 긴장감은 "멋진 무질서"(sweet disorder)나 "야성적인 세련미"(wild civility) 같은 모순어법을 통해 조성되고 있다. 또한 스카프와 레이스, 손목단추, 리본, 페티코트의 물결, 그리고 신발끈을 차례로 언급하고 있는 하나로 된 긴 문장 역시 이러한 긴장을 강화시킨다. 매사에 너무 정확하고 완벽한 것 보다는 약간 흐트러진 것을 더 좋아하는 시인의 취향은 청교도들과는 다른 왕당파들의 기질이기도 하다. 이러한 분위기는 시의 불완전한 운(imperfect rhyme)에서도 반영되고 있으며, 마지막 2행에서 일반적인 리듬을 깨뜨린 파격적인 리듬에서 그 절정에 달하고 있다.

이어서 의상에 대한 짧고도 기발한 시 한 편을 더 감상해보자. 다음의「줄리아의 의상에 대하여」("Upon Julia's Clothes")는 화자가 사랑하는 연인 줄리아를 상당히 관능적이고 다소 자극적인 어조로 묘사하면서 시작된다.

> 실크옷을 입은 나의 줄리아가 지나갈 때
> 그 때, 그 순간에, 내 생각엔, 얼마나 감미롭게 흐르는지
> 그녀 옷의 물결이.
>
> 그 다음, 내가 눈길을 던져
> 멋지게 사방으로 자유로이 흔들리는 것을 볼 때,
> 아, 그 빛나는 모습이 얼마나 날 매혹시키는지!
>
> Whenas in silks my Julia goes,
> Then, then, methinks, how sweetly flows
> That liquefaction of her clothes.
>
> Next, when I cast mine eyes and see
> That brave vibration, each way free,
> Oh, how that glittering taketh me!

첫 연에서 독자는 실크옷을 입고 우아하게 걸어가는 여인과 그녀의 매혹적인 모습을 몰래 바라보는 화자를 상상할 수 있을 것이다. 부드럽고 입었을 때 윤곽이 자연스럽게 드러나는 실크로 된 옷을 입은 줄리아는 옷과 그녀가 거의 일체가 되어 움직이고 있다. 몸매가 드러나

는 옷을 입고 지나가는 줄리아의 모습에 화자는 "그 때, 그 순간에, 내 생각엔"(Then, then, methinks)하며 흥분되어 숨이 막힐 지경이다. 다음으로는 줄리아가 입고 있는 실크옷이 액체가 되어 녹아내리는 것 같은 시각적 이미지를 "flows"와 "liquefaction"이라는 단어를 통해 보여준다. 이는 화자의 상상 속에서 줄리아의 옷이 물결처럼 흘러내려 그녀의 몸이 드러나게 되는 매우 성적인 순간을 묘사하고 있는 것이다.

"그 다음"(Next)이라며 시작되는 다음 연에서는 앞에서의 상상이 진행되어 이제 줄리아의 옷보다는 그녀 자신을 흠모하고 갈망하고 있는 화자의 상태를 보여준다. 화자의 상상 속에서 여인의 옷은 이미 흘러내려 줄리아는 벗은 상태로 있다고 할 수 있다. 여기서는 앞서의 시각적 이미지에 흔들리는 촉각 이미지가 첨가되고 있다. 그 "흔들림"(vibration)은 활동적이고 도전적인 인간의 움직임을 나타내는 "brave"라는 형용사로 의인화된다. "vibration"이라는 단어는 줄리아가 걸을 때 사방으로 펄럭이는 옷의 움직임을 뜻하면서, 동시에 빛을 발한다는 의미도 당시에는 지니고 있었다. 그만큼 옷을 팔랑이며 걷는 그녀의 모습이 눈부시게 아름답다는 사실을 말하고 있는 것이다. 또한 옷이 "자유로이"(free) 흔들린다는 것은 그녀가 속옷을 거의 입지 않았다는 것을 은연중에 나타내면서 화자의 성적인 상상을 부추기고 있다. 마침내 마지막 행에서는 "그 빛나는 모습이 얼마나 날 매혹시키는지!"라며 화자 자신이 아름다운 줄리아의 모습에 완전히 사로잡히고 말았음을 시인하고 있다. 특히 2연에서는 각 행의 마지막 단어인 "see"와 "free"와 "me"가 긴 파열음으로 끝나면서 사랑하는 여인의 아름다움에 흠뻑 빠져서 황홀해 하는 화자의 심정을 생생하게 느끼게 한다.

우리는 여기서 잠시 이 시에 사용된 낚시에 대한 은유에 주목할 필요가 있다. 둘째 연의 첫 행에서 화자는 줄리아의 모습을 바라보는 것을 마치 낚시를 던지는 것처럼 "내가 눈길을 던져"(when I cast mine eyes) 본다고 묘사하고 있다. 르네상스 시대에 사랑을 노래한 시에는 남녀관계를 마치 낚시꾼이 물고기를 유혹하고(luring) 따라가서(chasing) 낚는(catching) 것처럼 낚시에 비유한 경우가 많다. 그러나 이 시에서 아이러니한 것은 낚싯줄을 던지듯이 눈길을 던진 자는 화자이지만, 정작 바늘에 걸려 완전히 낚여버린(taketh) 것은 줄리아가 아닌 화자 자신이라는 사실이다. 옷을 입은 줄리아의 모습에 반하였던 화자가 이제는 벗은 그녀의 모습을 마음속에 그리면서 성애적 상상에 빠져 흥분 상태에서 정신을 차리지 못하고 있다고 하겠다.

第8장 형이상학파 시인들

- 허버트와 마벨 -

1

17세기를 대표하는 시인들로서 우리는 보통 형이상학파 시인들과 앞서 살펴본 왕당파 시인들, 그리고 이 어느 부류에도 속하지 않으면서 독특한 시세계를 구축하고 있는 르네상스를 대표하는 존 밀턴(John Milton)을 들 수 있다. '형이상학파 시인들'(Metaphysical Poets)이라는 명칭은 존 드라이든(John Dryden)이 『풍자론』(*Discourse of Satire,* 1693)에서 존 던에 관해 언급하며 던이 자기 시에서 "형이상학을 즐겨 사용하고 있다"고 한 말에서 비롯되었다. 여기서 형이상학이란 중세 스콜라 철학자들의 용어와 난해한 논법을 의미한다. 그리고 사무엘 존슨(Samuel Johnson)은 「카울리 전」("Life of Cowley," 1779)이란 예리하고 균형 잡힌 비평문에서 이 '형이상학적'이란 용어를 던으로부터 한 시인의 유파로 확대시켰다. 오늘날 이 명칭은 던에게 직접적으로 영향을 받았든지 안 받았든지 간에 던과 비슷한 시 양식과 이미지를 사용한 17세기 시인들에게 사용되고 있다. 이들은 크게 종교시인(religious poets)과 세속시인(secular poets)으로 나뉜다. 종교시인으로는 조지 허버트(George Herbert)와 헨리 본(Henry Vaughan), 리처드 크래쇼(Richard Crashaw) 등이 있으며, 세속시인으로는 앤드루 마벨(Andrew Marvell)과 카울리(Abraham

Cowley) 등을 들 수 있다.

던은 엘리자베스 시대의 시를 대표하는 스펜서와 페트라르카 풍의 소네트 시인들의 작품에서 찾아볼 수 있는 달콤하고 이상화된 연애관에 정면으로 맞서는 시를 씀으로써 형이상학시의 모범을 보였다. 그는 페트라르카의 전통을 배격하고 실제 생활에서 사용되는 거친 대화와 율격을 그대로 썼다. 또한 던은 앞서 살펴본 바와 같이 기발하고도 억지스러운 논리와 주장을 펴기를 좋아했으며, 위트와 역설과 말장난이 두드러지는 시를 많이 남기고 있다. 그러나 이러한 특징을 지닌 형이상학파 시인들은 17세기 후반 들어 신고전주의(neoclassicism) 시대부터 재미는 있으나 괴팍하게 교묘하고 난해한 괴짜로 여겨지기 시작했다. 그러다가 20세기 초 엘리엇(T.S. Eliot) 등이 이들의 시를 '통합된 감수성'(unified sensibility)을 보여주는 시의 전형으로 높게 재평가를 함으로써 영시에서 중요한 자리를 차지하게 되었다(Abrams 158-59).

이들 형이상학파 시인들 가운데 종교시인으로 대표되는 조지 허버트(1593-1633)는 웨일즈의 명망 높은 가문에서 태어났다. 일찍 아버지를 여의고 경건한 신앙심과 문학에 대한 사랑을 지닌 어머니에 의해서 길러졌다. 케임브리지대학을 뛰어난 성적으로 졸업하였으나 일반적인 예상과는 달리 궁정에서 직위를 얻는데 실패한다. 한동안 직장도 없이 세월을 허송하다가 마침내 1630년에는 던이 그러했던 것처럼 성직자가 되었다. 그는 자신이 성직자가 되려고 하는 것이 신에게 봉사하고 섬기기 위해서인지, 아니면 자신의 실업 문제를 해결하기 위해서인지를 계속해서 자문하며 괴로워한 것으로 보인다. 허버트의 시는 끊임없이 자신에게 던지는 이러한 질문과, 하나님에게 인정받고 자신의 소명과 사랑에 대해 확신을 하다가도 어느 순간엔 절망적인 두려움에 빠져들기도 하는 감정적인 동요를 반영하고 있다.

그러나 죽기 3년 전에 목사가 된 허버트는 헌신적으로 설교하고, 교회를 개축하고, 가난하고 병든 사람들을 돌보는 등 존경 받는 성직자의 삶을 살았으며 신에게 봉사하는데서 만족을 찾았다. 이 기간 동안 그는 『성당』(*The Temple*, 1633)이라는 시집에 실려 있는 시들을 완성하였다.

그의 기질은 던과는 매우 달랐다. 던이 종교적인 의혹과 긴장과 불안을 표현한 시인이라면, 허버트는 신뢰와 복종과 수용의 신앙을 표현한 시인이라고 할 수 있다. 이들 모두 형이상학파 시인으로 분류되고 기발하고 희한한 이미지들을 사용하는 점에서는 같다. 그러나 허버트의 시는 던의 시처럼 강렬하게 극적이거나 자유분방하지 않다. 그의 시와 삶은 자신을 신의 뜻에 철저히 복종시키는 신앙을 반영하고 있다. 허버트는 인간의 자기중심적이고 기만적인 본성을 깨닫고는 신에 대한 찬미를 시의 유일한 목적으로 생각하게 된 것 같다. 그의 시는 가능한 한 불필요한 장식을 제거하고 가리지 않은 진실을 있는 그대로 단순하고 직접적인 어투로 이야기하는 경향이 있다. 허버트의 시는 모든 사랑의 원형이라고 여기는 하나님의 사랑에 바쳐지고 있다. 그는 신의 사랑의 조잡한 모사에 불과한 인간의 사랑, 특히 성적인 사랑에 인간의 마음이 빠져 있는 현실을 개탄하는 듯하다. 그래서 허버트는 자신의 시를 통해 끊임없이 자신과 이기적인 욕망을 버리고 하나님과 그분의 사랑을 향해 나아가려고 하고 있다. 이 점이 던과 두드러지게 다른 점이라고 할 수 있을 것이다.

2

허버트의 시에는 삶이란 자신의 목소리를 고집하는 자아와 신에게 복종하라고 하는 내면의 목소리인 영혼 사이에 벌어지는 투쟁의 연속이라는 의식이 강하게 나타나 있다. 그의 시 전체를 통하여 이러한 자아와 내면의 목소리 사이에 조화가 이뤄질 때 인간은 다시 태어나게 된다는 점을 강조하고 있다. 그러나 인간의 본성상 거듭남은 일시적일 수밖에 없으며 일생동안 이러한 과정을 되풀이하게 된다는 것이다(Garrett 57). 허버트는 이러한 과정에서 자신의 마음속에서 일어나는 갈등과 생각을 그리스도와 친구 사이에 대화하는 것처럼 표현하고 있다. 「사랑(III)」(“Love (III)”)에서는 시인과 그의 주인으로 묘사되는 그리스도 사이에서 느끼는 이러한 친밀감이 잘 나타나 있다.

사랑이 반가이 나를 맞아 주었지만 내 영혼은 물러섰네,
　　　　흙과 죄의 허물 때문에.
그러나 눈치 빠른 사랑은 내가 처음 들어설 때부터
　　　　꾸물거리는 것을 보고
내게 더 가까이 다가와 상냥하게 물었지,
　　　　혹시 내게 무슨 부족한 것이 있는지를.

“이곳에 손님으로 들어올 자격이 없어요”라고 난 대답했지.
　　　　“너는 자격이 있단다”라고 사랑은 말했어.
“불친절하고 배은망덕한 제가요? 아, 사랑하는 이여,
　　　　저는 당신을 쳐다볼 수도 없답니다.”
사랑은 내 손을 잡고 미소 지으며 대답하길
　　　　“눈을 만든 자가 내가 아니고 누구지?”

“옳습니다 주님, 하지만 저는 눈을 망쳐놓았어요. 제 수치로
　　　　응분의 벌을 받게 하소서.”
“누가 그 책임을 졌는지 넌 모르니?”하고 사랑은 말하네.
　　　　“사랑하는 분이여, 그렇다면 저는 섬기겠어요.”

"너는 앉아서 내 살을 먹어라"고 사랑은 말하네.
그래서 나는 앉아서 먹었다네.

Love bade me welcome: yet my soul drew back,
Guilty of dust and sin.
But quick-eyed Love, observing me grow slack
From my first entrance in,
Drew nearer to me, sweetly questioning
If I lacked anything.

"A guest," I answered, "worthy to be here":
Love said, "You shall be he."
"I, the unkind, ungrateful? Ah, my dear,
I cannot look on thee."
Love took my hand, and smiling did reply,
"Who made the eyes but I?"

"Truth, Lord; but I have marred them; let my shame
Go where it doth deserve."
"And know you not," says Love, "who bore the blame?"
"My dear, then I will serve."
"You must sit down," says Love, "and taste my meat."
So I did sit and eat.

이 시는 하나님과 인간이 대화를 나누는 극적인 상황을 설정하여 평이하고도 간결한 표현으로 입체적 효과를 거두고 있다. 인간과 신의 관계를 이처럼 훌륭하고 완벽하게 표현한 영시는 찾아보기 힘들다고 하겠다. 이 관계는 사랑에 기초를 두고 있음을 시의 제목뿐 아니라 6번이나 등장하는 "사랑"이라는 단어를 통해 알 수 있다. 시의 화자는 인간에게 다정하게 대하는 성자 하나님에게 부드러운 어조로 자신의 죄를 용서해주도록 요청하고 있다. 이 시에서는 던의 소네트에서와 같은 뒤틀린 구문이나 비밀스러운 은유나 삼위일체와 같은 난해한 개념이 등장하지 않는다. 허버트의 시에 사용된 언어는 어린이들의 말처럼 대개 단음절로 된 단순하고 소박한 어휘들로써, 화자가 잃어버린 유년시절의 순수함을 서서히 회복해간다는 사실을 보여준다.

정교하고 기발한 은유나 이미지가 많이 등장하는 다른 형이상학파 시들과는 달리 이 시에서 유일한 이미지는 잔치에 대한 것이다. 화자는 정중하게 이 성찬 의식과 같은 식사 자리에 초대를 받아서 진정한 신의 사랑을 마음껏 누리고 있다. 리듬도 뒤틀리거나 꼬여 있지 않고 잔잔하게 진행되어 결말 부분에서는 평온한 분위기 속에서 시인의 영혼이 구원받았다는 느낌을 전해준다. 화자를 잔치에 초대하고 있는 양성의 모습을 모두 지닌 사랑은 그에게 가까이 다가와 상냥하게 묻고, 손을 잡고, 미소를 짓지만 세속적인 사랑이나 유혹과는 거리가 먼 순수하고 성스러운 모습을 지니고 있다. 자신의 죄 때문에 초대에 응할 자격이 없다며 망설이던 화자는 사랑을 "사랑하는 이"라고 말하다가 나중에는 기도하면서 "주님"이라고 부르게 된다. 시인은 마지막 연에서 그리스도의 희생을 통한 영생에 대한 약속을 암시하면서 우리를 아가페나 그리스도의 사랑의 품으로 인도하고 있다. 시가 정점에 이르면서 시제도 과거("Love said")에서 현재("says Love")로 바뀌고 있다. 이는 화자가 죄를 짓고 신의 선물을 헛되게 써버리던 삶에서 돌이켜 자신의 앞날을 신에게 헌신하겠다고 약속함으로써, 과거의 삶은 일시적인 것으로 끝이 나고 그가 영원한 구원의 축복을 받게 될 것임을 암시하고 있다.

시 전체가 부드러운 광채와 조용한 황홀감, 마음속으로 그리스도를 영접한 그리스도인의 확신과 기쁨으로 스며들어 있다. 신은 인간을 벌주거나 심판을 하는 엄하고 무서운 모습이 아니라 온유하고 사랑에 넘치는 존재로 다가오고 있다. 화자가 길게 이야기하면 사랑인 그리스도가 짧게 대답하는 형식의 시는 규칙적인 약강격 리듬과 함께 신과 인간 사이의 조화로운 관계를 묘사하고 있다. 시의 마지막 행은 하나님의 사랑을 기념하면서 성찬의 즐거움에 참여하는 화자의 모습을 "그래서 나는 앉아서 먹었다네"(So I did sit and eat)라며 단순한 단음절어로 절묘하게 극적으로 표현하고 있다. 이 성찬은 바로 평범한 것과 특별한 것, 인간과 하나님, 그리고 욕망과 욕망의 충족이 교차되는 순간을 표시한다고 할 수 있을 것이다.

3

허버트를 흔히 시 형식과 언어의 대가라고 일컫는다. 앞서 읽은 「사랑(III)」가 투명하고 직접적인 언어로 씌어진 소박한 서정시의 정수를 보여주고 있다면, 다음의 「제단」("The Altar")이라는 시는 그의 대표적인 '형태시'(pattern poem)라고 할 수 있다. 허버트는 「제단」과 「부활절 날개」("Easter Wings") 등 형태의 중요성을 보여주는 작품을 많이 남기고 있는데, 이들은 시의 주제나 의미, 혹은 사물을 묘사하기 위해 시에 회화적이고 시각적인 형태를 부여하고 있는 것이 두드러진 특징이다. 그러면 먼저 「제단」이라는 시를 감상해보자.

부서진 제 단 을, 주 여, 당신 종이 세웁니다,
심 장 으 로 만 들 고 눈 물 로 굳 게 된.
　심장의 부분들은 당신 손이 빚으신 그대로
　어느 장인의 연장도 손대지 않았나이다.

심 장 이 야 말 로
당신의 힘으로
벨 수 있 는
그 러 한 돌.
그러므로 단단한
내심장의 부분들은
이 뼈대에서 만나
당신 성호 찬양해요.
행 여 내 가 침 묵 할 지 라 도
이 돌들이 당신을 찬미하길 그치지 않도록.
아, 당신의 축복받은 그대 희생 제 것 되게 하시고
이 제 단 신성하게 하여 당신 것 되게 하소서.

A broken A L T A R, Lord, try servant rears,
Made of a heart, and cemented with tears:
Whose parts are as thy hand did frame;
No workman's tool hath touched the same.
A H E A R T alone
Is such a stone,
As nothing but
Thy power doth cut.
Wherefore each part
Of my hard heart
Meets in this frame,
To praise thy Name:
That, if I chance to hold my peace,
These stones to praise thee may not cease.
Oh let thy blessed S A C R I F I C E be mine,
And sanctify this A L T A R to be thine.

인쇄된 시의 형태가 상형문자처럼 제단의 모양을 하고 있음을 독자는 금방 시각적으로 알아차릴 수 있다. 이러한 형태시는 기원전 3세기경부터 그리스 시인들에 의해 씌어지기 시작하였으며 르네상스와 17세기에 상당히 유행했다고 한다. 이 시에서 보듯이 각 시행의 인쇄된 형태가 그 시의 주제를 시각적으로 제시할 수 있도록 길이를 달리하고 있는데, 형태에 대한 이러한 실험은 전 세계에서 시도되었다. 20세기에도 미국의 에즈라 파운드(Ezra Pound)나 커밍즈(e.e. cummings) 등이 형태시의 전통을 이어받은 실험을 보여주고 있다.

이 시에서 핵심적인 세 단어라고 할 수 있는 "ALTAR"와 "HEART", 그리고 "SACRIFICE"는 모두 대문자로 처리되어 있다. 시인은 부서져 내린 돌과 같은 자신의 심장을 다시 모아 신을 찬양하는 제단을 다시 세우면서 그리스도의 희생이 자신을 위한 것이 되기를 기도하고 있다. 구약시대에 제물을 바치는 제단은 인간이 만든 연장을 대지 않은 돌로 만들게 하였는데, 희생 제물을 드리던 옛날의 제단을 오늘날에는 눈물을 흘리며 죄를 회개하는 부서진 심장으로 다시 세우고 있는 것이다. 죄로 굳어진 마음이 희생당한 그리스도를 생각하면서 녹아져서 눈물을 흘리며 회개하게 되고, 다시 정결해진 마음으로 신에게 찬양의 제물을 올리는 화자의 모습이 제단의 형태로 시각적으로 제시되고 있다고 하겠다.

「부활절 날개」 역시 「제단」처럼 허버트의 대표적인 형태시 가운데 하나로서 부활을 하여 하늘로 날아가는 날개의 형태로 인쇄되어 있다.

풍 요 롭 게 인 간 을 창 조 하 신 주 님,
비록 어리석게도 인간은 당신을 잃긴 했지만
점 점 더 타 락 하 여
인간이 가장 가난하게

될 때 까 지.
당 신 과 함 께
오 저를 일으켜 주소서.
종 달 새 처 럼, 조 화 롭 게
오늘 당신의 승리를 노래하게 하소서.
그러면 추락이 더 높이 내 마음을 날게 할 것입니다.

제 어린 시절은 슬픔 속에서 시작되었지요.
그리고 언제나 병과 수치심으로
당 신 은 죄 를 벌 하 셨 지 요.
그 래 서 저 는
야위어갔지요.
당신과 함께
제가 하나가 되게 하시어
오늘 당신의 승리를 느끼게 하소서.
내 상한 날개를 당신 날개에 접붙이면
고통이 내 마음을 더 멀리 날게 해줄 것이니까요.

Lord, who createdst man in wealth and store,
Though foolishly he lost the same,
Decaying more and more
Till he became
Most poor:
With thee
O let me rise
As larks, harmoniously,
And sing this day thy victories:
Then shall the fall further the flight in me.

My tender age in sorrow did begin:

And still with sicknesses and shame
Thou didst so punish sin,
That I became
Most thin.
With thee
Let me combine,
And feel this day thy victory;
For, if I imp my wing on thine,
Affliction shall advance the flight in me.

첫째 연에서는 풍요롭게 창조된 인간이 가난한 상태로 떨어져 있는 상태에서 부활한 예수와 함께 "조화롭게" 종달새처럼 다시 날아오르고 싶다는 기원을 담고 있다. 그리고 둘째 연에서는 병과 수치심으로 야위어가는 화자가 자신의 상한 날개를 예수의 날개에 접붙여 높이 날아오르게 되기를 소망하고 있다. 이 두 연은 대칭형으로 되어 있는데 6행과 10행, 그리고 16행과 20행은 각각 "thee"와 "me"로 끝나고 있다. 이는 인쇄된 형태뿐만 아니라 각운 형식도 대칭을 이루고 있음을 알려주는데, 이는 부활한 예수 그리스도와 시인 자신이 연합되어 하나가 됨을 강조하고 있는 것이다.

또한 가장 긴 1행에서 "풍요롭게" 창조된 인간은 가장 짧은 5행에서 "가장 가난하게" 되어 시의 내용이 행의 길이로도 형상화되어 있다. 11행에서 슬픔 속에서 시작된 시인의 어린 시절은 15행의 짧은 행에서 몹시 야위어버린 자신의 모습을 그려내고 있다. 이러한 대조는 시 전체를 걸쳐 다뤄지는데, 질병과 건강, 부패와 성장, 가난과 부, 어리석음과 지혜, 죄와 대속(代贖)의 구원, 패배와 승리, 타락과 비상, 죽음과 삶이 대조를 이루며 전자에서 후자로 변화되어 가는 과정을 노래하고 있다. 한 행 내에서도 이러한 대칭은 발견되는데, 10

행의 "fall"과 "flight", 그리고 20행의 "Affliction"과 "flight"가 그러하다. 인간이 부활한 예수와 연합하여 하나가 될 때 타락에서 비상으로, 고통과 죽음에서 승리와 생명으로 변화될 부활의 의미를 탁월하게 형상화하고 있다고 하겠다.

4

앤드루 마벨(Andrew Marvell, 1621-78)은 영국에서 엄청난 사회적 변혁이 있던 시기에 살았다. 그는 이 격렬하고 소란스러운 혁명기간 동안 신중하게 처신한 재치 있는 사람들 가운데 하나였다. 이 당시 영국에서는 무역 등을 통해 급속히 부상한 부르주아 계층과 왕의 신성하고 절대적인 권리와 봉건 영주로서의 자신들의 특권을 옹호한 오래전부터 있었던 지주 귀족계층 간의 긴장이 팽팽하게 커져가고 있었다. 1642년에 일어난 내란 때 머리를 짧게 깎은 청교도들(Roundheads)이 중심이 된 이들 신흥 부르주아 계층들은 의회를 통하여 자신들의 입장을 관철하려고 노력하였다. 이들은 의회에서 선출된 자들을 통해 왕의 권력에 제한을 가하고 귀족들의 세력을 견제하려고 시도했기 때문에 의회파(Parliamentarians)라고 불렸다. 한편 왕을 지지하는 자들은 왕당파(Cavaliers)나 국왕파(Royalists)라고 일컬어졌다. 1642년에 의회는 찰스 1세(Charles I)가 요구했던 돈을 의결해주지 않자 왕은 의회를 해산시켰으며 이로써 내란은 발발하게 된다. 왕은 사로잡혀서 결국 1649년에 참수형에 처해졌다. 1066년 노르만 정복(Norman Conquest) 이래로 영국 역사상 유일하게 왕이 없는 이 시기를 올리버 크롬웰(Oliver Cromwell)이 호국경이 되어 다스린다. 이 공화정(Commonwealth) 체제는 18년 동안 지속되다가 1660년에 찰스 1세의 아들인 찰스 2세(Charles II)가 왕위에 복귀함으로써 끝이 난다.

이러한 격변의 회오리 속에서 케임브리지대학을 졸업한 마벨은 1650년 경 의회군의 총사령관이었던 토마스 페어펙스(Thomas Fairfax)경의 딸의 가정교사가 되었으며, 이 당시부터 그는 많은 시를 쓰기 시작한다. 그러다가 1657년에 마벨은 당시 크롬웰의 공화정부에서 외교문서 담당관이었던 눈먼 밀턴의 보좌관으로 임명된다. 그는 후에 왕정복고가 되었을 때 밀턴이 처형되지 않도록 결정적인 도움을 주게 된다. 1659년에 자기 고향에서 국회의원이 되어 죽을 때까지 훌륭하게 그 직을 수행한다.

마벨의 시는 익살스럽고 어조가 기지에 차 있으며, 운율은 경쾌하고 정확한 시어를 구사하고 있는 점이 높이 평가된다. 그는 대표작이라고 할 수 있는 「수줍은 연인에게」(“To His Coy Mistress”)에서 순간의 즐거움을 만끽하자는 ‘카페 디엠’(Carpe Diem)을 노래함으로써 금욕만을 강요하던 당시 청교도들이 주도하던 시대를 비꼬는 매우 혁명적인 정신을 담고 있다. 극적 독백(dramatic monologue) 형식을 취한 이 시에서 화자는 전통적인 도덕에서 벗어나 자신과 잠자리를 같이 하자고 순진한 처녀를 유혹하는 남자의 목소리로 말하고 있다.

　우리에게 충분한 세계와 시간만 있다면
이 수줍음은, 아가씨여, 죄가 되지 않을 것이요.
우리는 앉아 있기도 하고, 어느 길을 걸을까
생각도 하며 사랑의 긴 날을 보낼 수 있으리니.
그대는 인도의 갠지스 강가에서
루비를 찾고, 나는 험버 강어귀에서

슬픈 사랑노래 부를 수 있으리. 나는 노아의 홍수
십년 전에 그대를 사랑하고,
그댄 원한다면 유대인들이 개종할 때까지
거절해도 좋으리.
식물 같은 나의 사랑은 제국보다
더 거대하게 천천히 자랄 것이요.
그대의 두 눈을 찬양하고
그대 이마를 바라보는데 백년,
두 젖가슴을 숭배하는데 이백년,
그리고 나머지에는 삼만년이 소요되리라.
모든 부분에 적어도 한 시대,
그리고 마지막 시대에 그대의 마음을 보이리라.
님이여, 그대는 이런 존대를 받을 만하고
나 또한 이보다 낮은 정도로는 사랑하지 않으리.
  그러나 등 뒤에서 나는 항상 듣나니
날개 달린 시간의 마차가 급히 달려오는 소리를.
그리고 우리 앞 저편에는 온통
광막한 영원의 사막이 펼쳐져 있다오.
그대 아름다움도 더 이상 찾을 길 없고
그대의 대리석 무덤에선 메아리치는
내 노랫소리도 들리지 않으리. 그땐 구더기들이
오래 간직한 그대의 처녀성을 맛볼 것이며
그대의 까다로운 정조는 먼지로 변하고
나의 모든 욕정은 재가 되리라.
무덤이 훌륭하고 호젓한 곳이기는 하지만
아무도 거기서는 포옹하지 않으리.
  그러니 지금 청춘의 색깔이
그대 살결에 아침 이슬처럼 앉아 있는 동안에,

그리고 그대 의욕적인 영혼이 모든 숨구멍에서
당장의 열정으로 숨쉬는 동안,
지금 즐길 수 있을 때 즐겨요,
그리고 지금, 사랑 나누는 맹금처럼
즉시 우리의 시간을 먹어치워요
천천히 삼키는 시간의 힘에 시들기보다는.
우리의 모든 힘과 우리의 모든 달콤함을
굴려서 하나의 공으로 만들어요.
그래서 인생의 철문을 뚫고
우리의 기쁨을 세차게 작열시켜요.
그리하여 우리가 태양을 가만히 멈출 수는 없지만
달리게는 할 수 있을 것이니.

Had we but world enough, and time,
This coyness, lady, were no crime.
We would sit down, and think which way
To walk, and pass our long love's day.
Thou by the Indian Ganges' side
Shouldst rubies find; I by the tide
Of Humber would complain. I would
Love you ten years before the Flood,
And you should, if you please, refuse
Till the conversion of the Jews.
My vegetable love should grow
Vaster than empires and more slow;
An hundred years should go to praise
Thine eyes, and on thy forehead gaze;
Two hundred to adore each breast,
But thirty thousand to the rest;

An age at least to every part,
And the last age should show your heart.
For, lady, you deserve this state,
Nor would I love at lower rate.
  But at my back I always hear
Time's wingèd chariot hurrying near;
And yonder all before us lie
Deserts of vast eternity.
Thy beauty shall no more be found,
Nor, in thy marble vault, shall sound
My echoing song; then worms shall try
That long-preserved virginity,
And your quaint honor turn to dust,
And into ashes all my lust:
The grave's a fine and private place,
But none, I think, do there embrace.
  Now therefore, while the youthful hue
Sits on thy skin like morning dew,
And while thy willing soul transpires
At every pore with instant fires,
Now let us sport us while we may,
And now, like amorous birds of prey,
Rather at once our time devour
Than languish in his slow-chapped power.
Let us roll all our strength and all
Our sweetness up into one ball,
And tear our pleasures with rough strife
Thorough the iron gates of life:

Thus, though we cannot make our sun
Stand still, yet we will make him run.

수줍어하거나 부끄러워하는 아가씨를 설득하는 이 시의 내용은 세 부분의 주장으로 전개되고 있다. 첫 부분(1-20행)은 만약 삶에 주어진 조건이나 상황이 다르다면 무엇을 할 것인지를 하나하나 제시하고 있다. 따라서 여기에 사용된 동사들은 모두 가정법 동사들이다. 따라서 주장의 첫 단계는 만약 시간적·공간적 제약만 없다면 시인의 구애는 한없이 인내하는 과정이 되어도 좋고, 혼인의 잠자리로 나아가는 길이 아무리 천천히 진행되어도 상관없다는 정교한 환상으로 구성되어 있다. 이러한 주장이 "Had"로 시작되는 조건절인 "우리에게 충분한 세계와 시간만 있다면"(Had we but world enough, and time)이라며 제시된다.

두 번째 부분은 "그러나"(But)로 시작하여 세상의 현실은 그렇지 못하다는 점을 지적한다. 우리가 처한 이러한 현실을 깨닫게 되면 사랑은 그만큼 절박하고 속히 이뤄져야 하기에 앞서의 점잖고 얌전빼는 태도를 버려야 한다고 주장한다. 그렇지 않으면 우리는 시간에게 집어삼켜져 사랑도 한번 나눠보지 못하고 곧 무덤에 묻히게 될 것이기 때문이다. 세 번째 주장은 "그러니"(therefore)로 시작되는 점에서 짐작할 수 있듯이 결론 부분이다. 만약 결혼의 잠자리라는 목표에 이르는 것을 방해하거나 가로막지 않는다면 애인에게 비위나 맞추면서 구혼하려고 했을 것이다. 그러나 머뭇거리다가 사막과 같은 황량한 죽음을 맞이하는 위험을 감수하기보다는 즉시 사랑을 나누는 것이 최선이라고 화자는 결론을 내리고 있다.

이처럼 화자는 처음에는 시간을 초월한 있을 수 없는 상태를 제시하다가, 다음에는 죽음이 가까이 왔다는 사실을 과장하여 이야기하고,

마지막으로 죽음이 곧 문을 두드리며 위협할 것이니 어서 자신과 사랑을 나누자고 재촉하고 있다. 삼단논법에 따른 주장을 펴고 있는 것 같으나 사실은 논리에는 맞지 않는 억지 주장을 하고 있는 것이다. 이를 좀 더 자세히 분석해보면, 첫 부분은 전체가 만약 인간에게 시공간의 장벽이 제거된다면 어떤 일이 일어날 것인가 하는 가정적인 상황에 근거하고 있다. 그런 일이 일어난다면 사랑을 나누자는 시인의 제안에 대해서 그녀가 수줍어하거나 망설이는 것은 전혀 잘못된 일이 아니라는 것이다. "사랑의 긴 날"(long love's day)이라고 할 때의 두운과 장모음과 이중모음들은 시간이 느리게 진행된다는 느낌을 주고 있다. 여기 등장하는 동사들은 "앉아 있기도 하고"(sit down) "생각도 하며"(think) 영원까지 펼쳐지는 시간을 기꺼이 받아들이는 수동적인 상태를 나타낸다. 자신이 고향에 있는 지저분한 험버 강어귀에서 그녀가 돌아오기만을 기다리며 슬픈 사랑노래를 부르는 동안, 그녀가 인도의 갠지스 강가에 가서 자신을 치장할 보석을 찾도록 허락하겠다고 한다. 여기서 시인은 정열에 사로잡혀 괴로워하는 애인으로, 그리고 그의 연인은 마음을 다른데 두고 사랑을 받아주지 않는 무정한 여인이라는 전통적인 페트라르카의 연인의 역할을 하고 있는 것이다.

계속해서 쌀쌀맞게 대하는 애인에게 영원토록 헌신하는 남자에 대한 이야기가 정교하게 이어진다. 만약 삶이 영원하다면 화자는 상상할 수 없을 정도로 먼 과거인 노아 홍수 이전에 그녀를 사랑하기를 시작했을 것이라고 한다. 반면 그녀에게는 시간이 전혀 문제되지 않기 때문에 동일하게 먼 미래인 유대인이 개종할 때까지 계속 그의 애를 달구며 장난을 칠 것이다. 이와 같은 애인의 무관심에도 불구하고 그의 사랑은 눈에 띄지 않게 서서히 성장하는 식물처럼 천천히 영원히 자랄 것이라고 한다.

이제 화자는 애인의 매력적인 신체의 각 부분을 언급하고 있다. 그녀의 몸에서 가장 순수한 부분이라고 할 수 있는 이마에서 시작하여 시선을 점점 아래로 옮겨 성적으로 훨씬 더 매력적인 은밀한 장소로 나아가고 있다. 마치 감정인이 값을 매기듯이 시인은 애인의 눈과 이마를 바라보고 찬양하는데 100년이, 그리고 두 젖가슴을 숭배하는데 200년이 걸릴 것이라고 말할 때까지는 이것도 지나친 것처럼 보인다. 그러나 이어서 그는 "나머지"를 찬양하기 위해서는 3만년이 소요된다며 앞에 비교해서 균형이 맞지 않는 세월을 할당하며 마무리를 짓고 있다. 여기서 "나머지"는 아마 애인의 몸 중에서 직접적으로 언급하기 어려운 부분을 완곡하게 말하고 있는 것 같다. 그는 "그대는 이런 존대를 받을 만하다며 존경과 찬사를 받고 싶어 하는 그녀의 허영심과 욕망을 달래면서 결론을 짓고 있다.

둘째 부분에서는 지금까지 애인에게 아첨하며 비위를 맞추던 화자는 "그러나"라고 단호하게 말하면서 그녀의 처녀성에 대해 공격을 퍼붓는다. 그는 시간이 연인의 뒤에서 몰래 다가오고 있으며, 자신은 시간이 황급히 다가오고 있는 소리를 항상 듣고 있다고 겁을 준다. "나는 항상 듣나니 / 날개 달린 시간의 마차가 급히 달려오는 소리를"(I always hear / Time's wingèd chariot hurrying near)에서 반복되는 'h'음과 'ch'음은 마차가 날개를 치며 달려올 때 나는 거친 바람소리를 느끼게 한다. 죽음이 언제 내려와서 누구를 채갈지는 아무도 모른다는 사실을 강조하면서 현재의 순간을 즐기라는 주제로 나아가고 있다. 그는 모두에게 다가올 "광막한 영원의 사막"에 대해 경고하면서 애인에게 현재의 삶을 마음껏 즐기자고 제안한다. 그는 또한 차가운 대리석 무덤 속에서는 자신의 메아리치는 노랫소리도 들리지 않을 것이라고 덧붙인다. 무덤에서는 그녀가 그토록 조심스럽게 지키려고 했던 순결(maidenhood)을 상징하는 처녀막(maidenhead)을 벌레들이 "맛볼" 것이라며 소름끼치는 말로 경고한다. 엘리자베스 시대에 "벌레"(worm)는 남성 성기(penis)의 속어로 사용되었다는 점을 생각할 때 여기에 깔린 강한 성적인 암시를 짐작할 수 있다. 이러한 성적인 암시는 "까다로운 정조"(quaint honor) 부분에 와서는 더 분명해진다. 사랑을 즐기자는 화자의 요구를 거절하는 여자의 "정조"를 "까다로운" 것으로 묘사함으로써 그녀의 행동을 이상하고 낡아빠진 것으로 표현하고 있다. 여기서 "quaint"(queynte) 역시 중세 영어에서 여성의 외음부(pudendum)를 의미하는 말로서 말장난(pun)으로 사용되었음을 알 수 있다(Garrett 66-68). 화자는 만약 그녀가 계속해서 자신을 거부하면 고이 간직한 그녀의 처녀막이나 자신의 욕정도 다 먼지나 재가 될 것이라고 경고한다.

마지막 부분에서 화자는 청춘의 아름다움과 열정을 지닌 연인의 모습을 묘사하면서, 자신들이 성행위를 통해 시간을 물리칠 수 있다는 궤변을 다시 펴고 있다. 그는 "우리의 모든 힘과 우리의 모든 달콤함을/굴려서 하나의 공으로 만들어요"(Let us roll all our strength and all/Our sweetness up into one ball)라며 가만히 있다가 시간에게 먹히기 전에 성적 결합을 통해 자신들의 몸을 공처럼 둥글게 만듦으로써 자신들만의 세계를 만들자고 한다. 이들 시행에서 반복되는 'l'음과 입 뒤쪽에서 나는 장모음들 역시 무엇을 굴려서 동그랗게 만드는 행동을 연상하게 한다. 남성의 "힘"과 여성의 "달콤함"을 합쳐서 하나의 완전한 세계를 형성하자는 것이다. 그러다가 갑자기 혀 앞쪽에서 나는 모음(前舌音)으로 바뀌고 의성어 "tear"가 등장함으로써 마치 "공"이 대포알(cannonball)로 변한 듯한 느낌을 준다. "인생의 철문을 뚫고/우리의 기쁨을 세차게 작열시켜요"라는 구절은 처녀성처럼 지금까지 전통적으로 금지되어 온 것들과 강요된 제약들을 수동적으로 받아들였던 감옥과 같은 상태에서 벗어나 자신들의 열정을 폭발시켜 불태우자는 제안이다. 시는 "우리가 태양을 가만히 멈출 수는 없지만/달리게는 할 수 있을 것이니"(though we cannot make our sun/Stand still, yet we will make him run)라고 마무리 짓고 있다. 강세가 연이어 오는 "Stand still"에서는 태양이 멈춘 듯하다가 "we will make him run"에서는 별 강세 없이 빠르게 이어져 읽혀져 태양이 빨리 달리는 듯한 느낌을 주는데, 이는 성적 흥분이 최고도에 이른 연인들의 행위를 연상시키기도 한다.

Three Poets, in three distant Ages born,
Greece, Italy, and England did adorn.
The First in loftiness of thought Surpass'd;
The Next in Majesty; in both the Last.
The force of Nature cou'd no farther goe:
To make a Third she joynd the former two.

제9장 인간의 타락과 낙원 상실을 다룬 서사시

- 밀턴의 『실낙원』 -

1. 『실낙원』의 주제와 서사시 전통

1

『실낙원』(*Paradise Lost*)이 출판된 1667년 당시 존 밀턴(John Milton, 1608-74)의 나이는 59세로서, 이미 십여 년 전부터 완전히 실명된 데다가 자신이 몸담고 일했던 크롬웰(Oliver Cromwell) 정권이 물러나고 왕정이 복고됨으로써 정치적으로도 실패하여 고통스러운 나날을 보내고 있을 때였다. 인간의 불순종과 그로 인한 낙원의 상실이라는 성경의 주제를 다룬 이 기독교적 서사시(epic)가 씌어지기까지는 "선택은 오래 전에 했으나 시작은 늦었다"(9.26)는 시인의 말처럼 오랜 세월이 걸렸음을 알 수 있다. 밀턴이 『실낙원』을 집필한 시기는 대체로 1658년에서 1663년 사이로 추정된다. 하지만 숭고한 주제를 다룬 '영웅시'를 쓰려는 생각을 가지고 이 시의 단편들을 쓰기 시작한 것은 이보다 십여 년 전으로 거슬러 올라간다. 젊은 시절부터 밀턴은 아더왕(King Arthur)이나 크롬웰 같은 국민적 영웅을 칭송하는 위대한 서사시를 쓰겠다는 포부를 가지고 있었다. 그러나 결국 어느 한 시대나 국가에 국한되지 않는 보다 숭고한 주제인 아담(Adam)과 이브(Eve)의 불순종과 인류의 타락이라는 성경의 이야기를 자신의 주제로 선택하게 된다. 그러면 먼저 밀턴이 『실낙원』을 창작하게 된 배경과 과정을 살펴보자.

밀턴은 영국의 국민문학의 전통에 입각하여 기독교 정신에 근거를 둔 서사시를 쓰는 것을 자신의 사명으로 여겼다(Hunter 1980, 1). 그리하여 그는 『실낙원』을 라틴어가 아니라 자국어(vernacular)인 영어로 쓰겠다는 의도를 「방학 습작」("At a Vacation Exercise," 1628)과 「만수스」("Mansus," 1638-9)에서 밝히고 있는데, 이러한 생각은 르네상스 시대에 일어난 자국어 옹호 운동에 호응하는 밀턴의 애국심에 기인한 것으로 볼 수 있다. 처음에 밀턴은 영국의 전설적인 영웅인 아더왕의 이야기를 다루려고 했으나 아더왕의 전설(Arthurian legend)이 역사적 근거가 희박하다는 이유로 그 계획을 포기한다. 그 후 그는 폭정으로부터 영국을 해방시키려는 크롬웰을 찬양하는 시를 쓰려고 했으나 당시의 영국 국민들이 크롬웰의 영웅적 행동을 지지하지 않는다는 사실을 알고 그 계획도 포기했다. 마침내 그는 인간의 불순종과 그로 인한 낙원 상실의 이야기를 다루되 "인간에 대한 신의 뜻이 옳음을 밝히는"(justify the ways of God to men 1.26) 시를 쓰기로 결심하게 된다. 밀턴이 영국의 역사가 아닌 인류의 역사에서 그 소재를 취하였다는 사실은 낙원을 되찾는 것이 사회개혁을 통해서가 아니라 개인의 인격완성을 통해서만 가능하다는 자신의 신념에 따른 것으로 볼 수 있다.

밀턴은 인간의 타락이라는 주제를 처음에는 극의 양식으로 다루려고 했었다. 그러나 1642년 극장이 문을 닫게 된 시대적 상황과 함께, 다양한 인물과 방대한 시간, 그리고 빈번한 무대 전환 등을 극으로 나타내기에는 한계가 있었기 때문에 르네상스 시대에 최고의 문학 형태로 간주되었던 서사시의 양식을 최종적으로 택하게 된다. 시가 출판되자 드라이든(John Dryden)을 비롯한 당대의 비평가들과 독자들은 이 시를 주요 서사시로 인정하였으며, 그 이후 지금까지도 비평가들은 일반적으로 호메로스(Homer)나 베르길리우스(Virgil)의 서사시에 비길 대작으로 평가하고 있다. 『실낙원』은 호메로스와 베르길리우스가 확립한 서사시의 전통을 이어받아 시간과 공간적으로 광대한 영역을 다루고 있다. 즉 시간적으로는 인간의 타락을 중심으로 영원전부터 시작하여 그리스도(Christ)의 재림에 이르기까지를 다루고 있으며, 공간적으로는 에덴(Eden)동산을 중심으로 하여 천국과 지옥을 오가며 사건이 진행된다. 시의 중심 주제는 밀턴이 시의 서두에서 밝히고 있듯이 인간의 불순종과 그로 말미암은 인간의 타락과 그 영향이라고 할 수 있다. 시인은 아담과 이브가 타락하기 전의 에덴에서의 삶으로부터 타락하여 낙원을 상실하기까지의 과정을 탁월한 문학적 상상력으로 장엄한 문체를 사용하여 그리고 있다.

그러면 영웅시(heroic poem)라고도 하는 서사시에 대해 에이브람즈(M.H. Abrams)가 내린 정의를 들어보자.

> 서사시는 진지한 주제를 격식을 갖춘 고양된 문체로 말하는 긴 설화체 시로서, 그의 행동 여하에 따라 한 종족이나 국가의 운명, 혹은 (존 밀턴의 『실낙원』의 예처럼) 인류의 운명을 좌우할 수 있는 영웅적이거나 거의 신과 같은 인물이 주인공으로 등장한다.
>
> it(epic) is a long verse narrative on a serious subject, told in a formal and elevated style, and centered on a heroic or quasi-divine figure on whose actions depends the fate of a tribe, a nation, or (in the instance of John Milton's *Paradise Lost*) the human race. (Abrams 76)

이러한 서사시의 특징은 『일리아드』(*Iliad*)나 『오디세이』(*Odyssey*), 『아에나이드』(*Aeneid*) 등에서 확립되고 이어져 내려온 것이다. 그런데 르네상스 시대의 서사시에는 앞서와 같은 특징 외에도 당대의 종교적, 철학적, 정치적, 과학적 지식의 정수를 모두 포함하는 백과전서적 속성(encyclopaedic quality)을 아울러 지니고 있었다(Frye 5).

서사시는 호메로스의 서사시에서 유래한 특징들을 공통적으로 지니고 있는데 이를 서사시적 관례(epic conventions) 혹은 전통이라고 한다. 그 대표적인 특징으로는 회의(councils)와 수사적 웅변(rhetorical speeches), 언쟁(flytings), 우의적 삽화(allegorical episodes), 전쟁, 초자연적인 장애를 통과하는 여행(supernatural journeys), 저울질(scale), 경기, 기원(invocations), 장면의 이동, 예언 및 예언적 꿈, 서사시적 직유(epic similes), 목록(catalogues)등을 들 수 있다(Tillyard 1954, 4-13; Hanford 224). 『실낙원』도 시의 서두에 주제(argument)를 선포하고 뮤즈(Muse)에 대한 기원으로 시작한다든지, 서사적 직유나 목록을 길게 열거한다든지 하는 관례를 따르고 있다. 또한 플롯의 결정적인 순간인 중간에서부터 이야기를 시작하는(in medias res) 관례에 따라 『실낙원』도 타락한 천사들이 신에게 대항한 전쟁에서 패배하여 지옥에 떨어진 장면부터 시작하고 있다.

전체적인 구성면에서 볼 때 『실낙원』은 『오디세이』와 『아에나이드』로부터 다음과 같은 세 가지 영향을 받았다. 즉 첫째로 12권(혹은 12의 배수)으로 되어 있다는 것, 그리고 이야기가 크게 두 부분으로 분리되어 있다는 것, 마지막으로 전체 구조(total action)가 순환적인 구상을 따르고 있다는 것이다(Frye 12-5). 처음 밀턴은 『실낙원』을 10권으로 출판했으나 1674년에 나온 제2판에서는 초판의 제8권과 제10권을 각각 두 권으로 나누어 모두 12권으로 펴내게 된다. 그리고 『오디세이』와 『아에나이드』의 구성은 크게 둘로 되어있는데, 『오디세이』의 첫 12권은 주인공의 방랑을, 다음 12권은 변장한 거지가 돌아온 영웅으로 밝혀진다는 인지와 음모의 전형적인 희극을 다루고 있다. 『아에

나이드』 역시 첫 6권에서는『오디세이』와 유사한 탐색 이야기를 다루고, 다음 6권에서는 탐색을 마치고 새로운 사회를 건설하는 내용으로 되어 있다. 이처럼 두 서사시에서 탐색 주제와 사회 질서의 정착을 다룬 주제가 분리되어 그려진 것은 성경의 출애굽기에서 이스라엘 민족이 40년간 광야에서 방랑 생활을 한 후 신이 약속한 땅에 정착한다는 이야기와 병치를 이룬다고 볼 수 있다. 밀턴의『실낙원』역시 이들과 마찬가지로 첫 여섯 권은 천국과 지옥에서 일어난 일을 주로 다루고, 제7권에서부터는 그 내용이 바뀌는 전통적 요소를 포함하고 있다.

마지막으로 언급한 전체구조가 순환적인 구성을 따르고 있다는 것은 서사시의 가장 중요한 특징 가운데 하나로서, 플롯이 극적으로 고조된 지점에서 시작하여 다시 시작부분으로 돌아갔다가 결말을 향해 나가는 형식을 취하는 것이다. 이러한 순환적인 구성은 탐색의 주제라는 성격상 불가피한 것으로 볼 수 있다. 예를 들어『오디세이』는 오디세우스(Odysseus)가 이타카(Ithaca)를 떠나 트로이 전쟁(Trojan War)에 참가하기위해 출발하는 데서 시작하여 그가 다시 이타카로 돌아오는 것으로 끝난다.『일리아드』역시 그리스군이 트로이로 떠났다가 고향으로 되돌아오는 구성을 취하고 있다.『아에나이드』에서는 이니아스(Aeneas)가 그의 부인을 잃고 화염 속에 멸망해 가는 트로이를 떠나는 데서 시작하여 그가 재혼하고 로마에 새로운 트로이를 건설하는 것으로 끝난다. 시간적으로 영원 전부터 영원 후까지를 다루고 있는『실낙원』은 신이 존재하는 곳에서부터 가장 멀리 떨어진 지옥의 장면에서 시작되는데, 이는 신에게 반역한 천사들이 천국에서 쫓겨나 다시 복수를 모의하는 극적으로 고조된 지점이라고 할 수 있다.『실낙원』은 또한 시의 앞부분에서 사탄(Satan)의 음모와 아담과 이브의 타락을 다루고, 두 천사의 이야기가 주기의 나머지를 구성하는 순환구조를 취하고 있다.

2

『실낙원』은 창세기에 짧게 서술되어 있는 내용을 시적으로 다시 쓴 것이라고 할 수 있는데, 사탄과 그의 무리들의 타락, 인간 창조, 그리고 인간의 불순종과 그 결과를 이야기하고 있다. 즉 우주의 기원과 첫 남자와 여자의 출생, 첫 유혹, 첫 반역, 첫 가정, 첫 추방 등과 같이 시작과 기원에 관해 묘사하고 있다. 밀턴은 시의 첫 26행에서 뮤즈에게 올리는 기원을 통해 인간의 최초의 불순종과 그로 인한 타락의 결과 낙원을 상실하게 된 것과 이와 함께 인간에게 닥친 죽음과 재앙, 그리고 그리스도를 통해 축복의 자리를 회복하게 됨을 노래하여 "인간에 대한 신의 뜻이 올바름을 밝히겠다"(1.26)고 다음과 같이 주제를 선포하고 있다.

인간의 최초의 불순종과 그 치명적인 맛이
세상에 죽음과 온갖 우리의 재앙을 가져오고
에덴동산을 잃게 했으나, 마침내 한 위대한 인간이
우리를 회복시켜 복된 자리를 다시 찾게 해준
저 금단의 열매에 대해
노래하라, 천상의 시신이시여…

Of Man's First Disobedience, and the Fruit
Of that Forbidden Tree, whose mortal taste
Brought Death into the World, and all our woe,
With loss of Eden, till one greater Man
Restore us, and regain the blissful Seat,
Sing Heav'nly Muse … (1. 1-6)

다른 서사시의 시인들과 마찬가지로 밀턴은 이 첫 번째 기원에서 서사시의 전통에서 찾아볼 수 없는 신성한 시를 쓰려는 자신의 야심찬 문학적 업적을 강조하며 『실낙원』을 이전의 서사시와 차별화하고 있다. 『실낙원』도 "인간"과 그의 업적을 다루지만 호메로스나 베르길리우스의 서사시와는 달리 한 명의 영웅에 초점을 맞추어 관심을 기울이지 않는다. 또 『일리아드』와 마찬가지로 밀턴의 이 시도 "죽음"에 관한 것이지만, 그 죽음은 『실낙원』의 주제일 뿐만 아니라 알레고리적 인물로 구체적인 모습을 띠고 사탄의 사악한 아들로 등장한다. 그러나 밀턴의 서사시가 다른 서사시와 가장 다른 점은 『실낙원』 그 어디에서도 서사시에서 제일 중요하게 다뤄지는 주제인 전쟁에 대해서 비중을 두고 말하지 않고 있다는 사실이다. 물론 『실낙원』에서도 사탄과 천사 미가엘(Michael), 그리고 성자(the Son)가 전사로 등장하는 엄청난 '하늘의 전쟁'(War in Heaven)이 중요하게 다뤄지고 있지만, 이 전쟁과 무용(武勇)과 관련된 이전의 영웅적인 가치는 엄밀하게 검증되며 철저히 도전을 받고 있다. 즉 밀턴의 주된 관심은 아주 새롭게도 위대하고 성스러운 종교적 주제에 맞추어져 있는 것이다. 그의 시는 구약에서 신약으로, 첫 아담에서 그리스도로 옮겨가며, 창조에서 시작하여 인류의 종말로 진행된다. 트로이가 아니라 낙원을 잃은 부정적 역사는 인류의 회복을 이야기하는 미래의 역사에 관한 4행에서 깨어지고 있다. 이처럼 밀턴은 시의 서두에서 자신의 서사시가 기독교적이고 성서적인 서사시이며, 나아가 예언적인 프로테스탄트 서사시임을 선포하고 있는 것이다.

이어서 성령에게 다음과 같은 대담한 질문을 던짐으로써 방대한 시의 내러티브를 시작하고 있다.

> 먼저 말하라, 하늘도 지옥의 심연도
> 그대의 시야에서 아무것도 숨길 수 없나니, 먼저 말하라.

도대체 무슨 연유로 우리 최초의 조상이
하늘의 은총 입은 행복한 상태에서 창조주에 등 돌려
오직 한 가지 금기를 어겼던가를
그렇지 않았던들 세상의 군주 되었을 것을?

Say first, for Heav'n hides nothing from thy view
Nor the deep Tract of Hell, say first what cause
Mov'd our Grand Parents in that happy State,
Favor'd of Heav'n so highly, to fall off
From thir Creator, and transgress his Will
For one restraint, Lords of the World besides? (1. 27-32)

이 부분은 밀턴의 종교시에서 몇 가지 중심 되는 주제 즉, 최초의 조상의 불순종과, 행복한 상태로부터의 타락, 신의 전지 등에 대해 말해주고 있다. "최초의"라는 말은 첫 33행까지 여섯 번이나 나타나는데, 이것은 『실낙원』 그 자체가 기원과 시작에 관한 신성한 시임을 직접적으로 말해주는 것이기도 하다. 실제로 밀턴은 첫 번째 성령에게 하는 기원에서 "태초에 천지가 혼돈으로부터 어떻게 생겨났는지를 처음으로 선민에게 가르치신 그대여"(who first taught the chosen Seed, / In the Beginning how the Heav'ns and Earth / Rose out of Chaos 1.8-10)라며 창세기의 어투를 모방하고 있다. 신의 섭리와 인간에 대한 신의 뜻이 올바름을 밝히려는 시도에서 『실낙원』은 악의 원인과 기원을 설명하려고 야심차게 시작하고 있는 것이다.

창세기에서는 밀턴의 서사시처럼 타락으로 이끄는 동기와, 복잡한 심리상태나 감정, 아담과 이브의 각별히 친밀한 관계 등에 관한 상세한 언급이 없다. 또한 에덴동산에 교활한 뱀이 어떻게 들어오게 되었고 그 동기는 무엇이며, 어떻게 인간이 구사하는 언어능력을 가지게 되었는가에 대해서도 충분한 설명이 없다. 그러나 『실낙원』의 제9권에서 밀턴은 독자들에게 유혹과 타락의 상황에 관하여 상세하고 분명한 설명을 제시하고 있으며, 시의 처음 부분에서 사악한 뱀의 존재와 인류 최초의 어머니와 아버지를 유혹했던 끔찍스럽고 복수심에 불타는 동기에 대해 설명한다. 밀턴이 구상하는 신화적 해석은 사탄이 지옥의 사자이며, 세상을 파괴하고 신의 새로운 창조물인 인류를 정복하려는 신의 적이라는 것이다. 창세기와는 매우 다르게, 밀턴의 종교적인 서사시는 원인과 기원에 깊이 관여하여 어떻게 "인간이 다른 이로부터 속아 넘어가서 타락하게 되었는지"를 독자들에게 보여준다.

『실낙원』은 시작부분부터 그 독창성을 주장하고 있다. 즉 밀턴은 고전적인 서사시의 시인들에게 영감을 부어준 뮤즈들이 거하는 "이오니아 산", 즉 헬리콘 산(Mount Helicon) 보다 더 높이 오르겠다고 함으로써, 천상의 뮤즈인 성령의 도움으로 『일리아드』나 『오디세이』, 『아에나이드』 보다 더 위대한 기독교적 서사시를 쓰겠다는 시인의 야망을 밝히고 있다.

　　　　　중층천에 머무르지 않고
이오니아 산보다 더 높이 날아올라
이때까지 산문이나 운문으로 시도된 적이 없는 일을
노래하려는 대담한 노래에.

　　　　　advent'rous Song,
That with no middle flight intends to soar
Above th'Aonian Mount, while it pursues
Things unattempted yet in Prose or Rhyme. (1. 13-16)

이 시의 독창성과 대담성은 성서적·고전적 모델들을 밀턴 자신의 목적에 맞게 바꾸려는 시도에 있다고 할 수 있다(Loewenstein 31-2). 『실낙원』은 전혀 새로운 방법으로 서사시의 전통을 개정하고 있는 것이다. 이 첫 번째 기원은 고전 서사시의 전통을 개정한 밀턴의 새로운 서사시를 세계 문학사에서 기념비적인 작품으로 자리매김하고 있다고 하겠다.

3

『실낙원』은 흔히 인문주의적 기독교 서사시라고 불려진다. 이는 비록 이 시가 고전 서사시의 전통을 이어받고 있지만, 이 틀 속에서 고전적인 서사시의 영웅적인 가치와 무용, 미덕 등을 끊임없이 전복시키며 초월하면서 이와는 대조적인 인문주의적이고 기독교적 가치와 미덕을 중요하게 제시하고 있기 때문이다. 밀턴은 인간의 불신과 배반, 불순종과 이에 대한 하늘의 냉담한 심판과 분노를 비극적인 어조로 노래하기 시작하는 9권의 기원에서 이러한 주제가 영웅이나 신들의 분노나 고난을 다룬 고전 서사시의 주제들보다 더 웅장하다고 주장하며 고대 서사시와의 차별성을 계속해서 이야기한다.

슬픈 일이도다, 그러나 주제의
웅장함은, 트로이의 성벽 주변으로
세 차례 도망치는 적을 쫓은 단호한
아킬레스의 분노보다도, 또는 파혼한
라비니아로 인한 투르누스의 분노보다도,
오랫동안 희랍인과 키데리아의 아들을
괴롭힌 넵튠이나 주노의 분노보다 더하다.

Sad tast, yet argument
Not less but more Heroic than the wrath
Of stern Achilles on His Foe pursu'd
Thrice Fugitive about Troy Wall; or rage
Of Turnus for Lavinia disespous'd,
Or Neptune's ire or Juno's, that so long
Perplex'd the Greek and Cytherea's Son. (9. 13-19)

여기서 밀턴은 이전의 서사시들과 자신의 시를 대비시키기 위해 고전적 서사시의 영웅과 신들의 분노와 서사시 영웅들의 고통을 얘기한다. 『일리아드』에서 밝히고 있는 것처럼 분노는 서사시의 중요한 주제 가운데 하나다. 그러나 밀턴은 서사시 속에 등장하는 영웅의 분노와 고전 서사시의 신들의 분노를 능가하는 신성한 분노에 대해서 말하고 있다. 『실낙원』에는 사탄의 분노와 신의 분노가 다뤄지는데, 사탄의 분노는 질투와 증오에서 비롯된 아킬레스나 주노의 분노에 가깝다. 반면 신의 분노는 이교신들의 변덕스럽고 당혹스러운 분노와 달리 거룩하고 정당한 분노로서 성서적 성격을 띠고 있다는 점에서 이교적 서사시보다 차원이 높다고 밀턴은 주장하고 있다.

이어서 시인은 다음과 같이 기독교적 관점으로 영웅적인 가치를 노래하겠다고 말한다.

지금까지 영웅시의 유일한 주제라고
생각된 전쟁을 노래하는 것이 천성적으로
나는 마음 내키지 않는다. 그 주된 장기는
길고 지루한 파괴로 가상의 전투에서
허구의 기사를 베어 넘어뜨리고, 보다 훌륭한
견인불발이나 영웅적인 순교는

노래하지 않는다 …

Not sedulous by Nature to indite
Wars, hitherto the only Argument
Heroic deem'd, chief maistry to dissect
With long and tedious havoc fabl'd Knights,
In Battles feign'd; the better fortitude
Of Patience and Heroic Martyrdom
Unsung; … (9. 27-33)

밀턴은 자신의 성스러운 주제나 성경의 권위가 고대의 장군이나 기사에 대한 전설이나 허구의 이야기를 "길고 지루"하게 다루는 고전 서사시나 르네상스 시대에 인기 있었던 로망스의 주제나 신화와는 판이하게 다르면서 훨씬 우월하다는 주장을 펴고 있다.『실낙원』에서 고전 서사시의 영웅주의(epic heroism)는 기독교적 영웅주의(Christian heroism)의 반명제가 되는데, 시의 많은 부분이 이 둘을 구별 지으면서 후자의 우월성을 말하고 있다(Fish 1967, 162). 이와 같이 밀턴은 일반적으로 서사시라고 할 때 연상하게 되는 종류의 영웅주의와는 반대되는 영웅주의, 즉 영광과 전쟁, 개인의 업적, 적의 파멸, 입신(立身) 등과는 반대되는 자기 부인, 실패의 자인, 회개, 용서 등을 새로운 영웅주의로 정의하고 찬양하고 있는 것이다(Hunter 1980, 121). 이러한 기독교적 영웅주의는 그리스도와 압디엘(Abdiel), 그리고 회개한 아담 등을 통해서 제시되고 있음을 볼 수 있다. 이처럼 밀턴의『실낙원』은 위대한 서사시를 쓰겠다는 야망을 밝히는 것으로 시작하지만, 동시에 이 전통을 근본적으로 고쳐서 외부로부터의 시련과 전쟁에서 발휘되는 용기와 무용을 중시하던 이전의 영웅적인 가치에서도 벗어나겠다는 의도를 밝히고 있다. 그래서 서사시를 정신적인 시련과 비전을 다루는 보다 내면적인 양식의 시로 변모시키고 있고, 이런 점에서 아직 시도된 적이 없는 주제를 노래한 『실낙원』은 매우 전통적이면서 동시에 혁신적인 서사시라고 할 수 있을 것이다.

밀턴의 프로테스탄트 시가 어떻게 이교적인 고전 서사시의 내용과 다른가 하는 것은 고대 그리스에 멀키버(Mulciber)라고도 알려져 있는 유명한 지옥의 건축가 마몬(Mammon)에 대한 1권의 설명을 읽어보면 쉽게 이해할 수 있을 것이다.

> 또한 그의 이름은 고대 그리스에도 전해져
> 칭송받았으며, 아우소네스의 나라에선 그를
> 멀키버라 불렀다. 사람들의 얘기에 의하면,
> 그는 화난 죠브가 내던져, 하늘에서 수정성벽 너머로
> 똑바로 떨어졌는데, 아침부터 한낮
> 한낮으로부터 이슬 내리는 저녁까지
> 여름의 하루 해를 떨어져, 지는 해와 더불어
> 천심으로부터 유성처럼 에게 해의
> 렘노스섬에 떨어졌다 한다. 그들의 이야기는 이렇지만,
> 이것은 잘못이다.

> Nor was his name unheard or unador'd
> In ancient Greece; and in Ausonian land
> Men call'd him Mulciber; and how he fell
> From Heav'n, they fabl'd, thrown by angry Jove
> Sheer o'er the Crystal Battlements: from Morn
> To Noon he fell, from Noon to dewy Eve,
> A Summer's day; and with the setting Sun
> Dropt from the Zenith like a falling Star,

On Lemnos th' AEgaen Isle: thus they relate,
Erring. (1. 738-47)

이 구절에서처럼 『실낙원』에서 타락한 천사의 가치관과 행위는 종종 이교도적 서사시의 신화와 가치관에 의해서 해석된다. 밀턴은 "그들의 이야기는 이렇지만, 이것은 잘못이다"라고 말함으로써 고전 서사시의 신화가 잘못된 허구임을 강조한다. 이런 식으로 밀턴은 비록 그가 고전의 민담과 신화에 의해 매료되었지만, 이들과 그의 청교도시의 신성한 권위를 분리시키고 있는 것이다. 여기서 시인이 멀키버에 대해 언급한 목적은 장엄하게 보이는 지옥의 궁전 복마전(Pandemonium)이 건축가 마몬과 마찬가지로 안정성이 없고 쉽게 무너질 수 있다는 사실을 강조하기 위함이라고 볼 수 있다(Hartman 1978, 100-1). 독자는 멀키버의 추락을 묘사하는 구절에서 "저녁이 되며 아침이 되니 이는 (첫째) 날이니라"라는 성경적 리듬의 패러디를 인식할 수 있을 것이다. 즉 신의 창조행위를 연상시키는 리듬과 "수정성벽"이나 "이슬 내리는 저녁"과 같이 절대적인 냉정과 고요를 느끼게 하는 구절이 암시하듯이, 멀키버의 추락은 신과 신의 창조에 전혀 영향을 미치지 못한다는 느낌을 전달하고 있다고 하겠다.

2. 『실낙원』의 문체와 '밀턴논쟁'

1

『실낙원』에서 밀턴은 숭고한 주제를 다루는 서사시에 "어울리는 문체"(answerable style 9.20), 즉 크리스토퍼 릭스(Christopher Ricks)가 '장엄체'(grand style)라고 부른 수사적으로 고양되고 격조 높은 문체를 구사하고 있다. 이 장엄체는 의도적으로 일상적인 언어와 거리를 둔 문체로서, 영웅적인 주제와 구성의 웅대함과 양식성에 알맞은 의식적(ceremonial) 문체의 특징을 지니고 있다. 밀턴의 '장엄체는 라틴어에서 유래한 시어와 양식화된 구문, 낭랑한 이름들을 열거한 목록들과 광범위한 인유, 그리고 서사시적 직유와 형용어구들에 기인한다고 할 수 있다(Abrams 77-78). 그렇다고 해서 『실낙원』에 한 가지 문체만 있다는 말은 물론 아니다. 밀턴은 시의 다양하고 풍부한 주제와 특성에 적합한 다양한 문체를 구사하고 있다. 예를 들어 천지창조를 다룬 7권에서는 창세기와 같은 성서적 용어와 문체를, 타락한 후 아담과 이브의 언쟁에서는 시 앞부분의 격조 높은 서사시의 장엄한 문체와 판이하게 다른 신랄한 어조와 일상적인 구어체의 어법을, 타락한 후 인간의 역사를 비전으로 보여주는 시의 결말 부분에서는 냉랭하고 삭막한 분위기에 걸맞게 엄하고 수식이 없는 문체를 보여주고 있다.

밀턴은 영어의 일반적인 어순을 벗어난 라틴어식 구문과 도치, 프랑스어와 라틴어에서 차용된 어휘의 사용, 세밀하고 길게 묘사되는 서사시적 직유와 긴 목록, 다양한 고전의 인유 등을 통해 장엄하고 의식적인 독특한 문체를 창조하고 있다. 이러한 『실낙원』의 서사시적인 고양된 문체의 특성을 이해하기 위해 앞서 인용한 시의 첫 6행을 예로 들어보자. 『실낙원』을 시작하는 다음 시행들은 밀턴의 고매한 시적 문체를 보여주는 아주 인상적인 예로서, 이 위대한 서사시 내러티브의 숭고한 주제들을 선포하고 있다.

인간의 최초의 불순종과 그 치명적인 맛이

세상에 죽음과 온갖 우리의 재앙을 가져오고
에덴동산을 잃게 했으나, 마침내 한 위대한 인간이
우리를 회복시켜 복된 자리를 다시 찾게 해준
저 금단의 열매에 대해
노래하라, 천상의 시신이시여 …

Of Man's First Disobedience, and the Fruit
Of that Forbidden Tree, whose mortal taste
Brought Death into the World, and all our woe,
With loss of Eden, till one greater Man
Restore us, and regain the blissful Seat,
Sing Heav'nly Muse … (1. 1-6)

목적어 "Of Man's First Disobedience, and the Fruit"가 술부와 분리되어 맨 앞에 도치되어 있고, 그 사이에 불순종과 상실, 죽음과 고통, 회복이라는 주제를 나타내는 종속절과 수식어구들이 제시되어 있다. 6행에서 동사 "Sing"이 나오기까지 팽팽한 긴장감이 조성되면서, 아담에게까지 거슬러 올라갔다가 그리스도의 재림까지 다루는 의욕적인 시의 구도와 거룩하고 장엄한 주제를 독자로 하여금 강하게 느끼게 한다. 16행까지 한 문장으로 계속되는 시 첫 부분의 뒤틀린 구절은 밀턴의 전형적인 문체와 구문으로 흔히 언급되고 있다.

하늘에서 떨어진 사탄을 묘사한 다음 구절도 밀턴 문체의 특징을 잘 보여주는 예이다.

감히 전능자에게 도전한
그를 전능하신 신은 청화천에서 불붙여
무서운 추락과 파멸로
바닥 없는 지옥으로 거꾸로 내던져 버렸다,

거기서 단단한 사슬에 묶여
지옥의 불길 속에 살도록.

Him the Almighty Power
Hurl'd headlong flaming from th'Ethereal Sky
With hideous ruin and combustion down
To bottomless perdition, there to dwell
In Adamantine Chains and penal Fire,
Who durst defy th'Omnipotent to Arms. (1. 44-49)

여기서도 문장은 목적어, 주어, 동사 순으로 도치되어 있는데, 전통적인 영어 구문의 어순에서 벗어난 특별한 구문의 배열과 숨쉬지 않고 빠르게 진행되는 리듬으로 인해 사탄을 "거꾸로 내던져"버린 강력한 힘의 격렬함과 추락의 강도가 잘 전달되고 있다. 추락하는 느낌은 "Him"으로 시작되는 도치된 구문이 4행이나 지난 "perdition" 다음에 호흡점이 올 때까지 단숨에 읽힘으로써, 급격한 추락과 함께 거꾸로 정신없이 떨어지는 사탄의 모습을 생생하게 전달해준다. 그리고 지옥의 밑바닥에 떨어짐으로써 추락이 멈추어 정지되고 거기서 심한 저주와 벌을 받고 살게 될 사탄과 타락한 천사들의 운명을 느끼게 한다. 아울러 사탄을 지칭하는 목적어 "Him"이 문장 제일 앞에 나옴으로써 그가 겉보기에는 능동적으로 움직이는 것 같으나 실지로는 힘을 상실한 채 우주공간에 거꾸로 던져진 한갓 객체에 불과한 자로 전락한 느낌을 준다. 이렇게 해서 밀턴은 신의 가공할 만한 힘을 우리로 하여금 느낄 수 있게 하고, 하늘에서의 전쟁의 엄청난 규모와 이어지는 사탄의 지옥 형벌과 그의 복수를 예견하게 한다. 그리고 "With hideous ruin and combustion"이라는 수식하는 전치사구나, 타락한 천사의 끝없는 상실이나 파멸을 반영하는 "bottomless perdition"

같은 구절도 신에게 사납게 대항하여 우주적인 전쟁을 일으켰으나 패배하여 추락한 사탄의 파멸이 가져온 격렬한 혼란을 실감나게 전달해준다. 특히 여기 사용된 "Ethereal"이나 "hideous", "combustion", "perdition", "Adamantine" 같은 라틴어나 프랑스어에서 차용된 단어들은 고전의 인유와 도치된 구문과 함께 격조 높고 장엄한 서사적 문체를 창조하는데 이바지하고 있다.

2

그러면 이러한 밀턴식의 매우 의식적이고 고양된 문체와는 대조되는 다른 문체들의 예를 한번 살펴보자. 밀턴은 7권에서 대천사 라파엘(Raphael)이 동물과 다른 생명체의 창조를 묘사할 때에 의사영웅시적 문체(mock-heroic style)[3]를 다음과 같이 효과적으로 사용하고 있다.

먼저 기어가고 있는
신중한 개미는 선견지명이 있어서,
큰마음을 작은 가슴에 지니고 있다.
아마 차후 평민다운 민중의 집단에
연결되어, 올바른 평등의 본이
되리라.

First creept

3) 모의 서사시(mock epic) 혹은 의사 영웅시(mock-heroic)는 서사시 장르의 정교한 형식과 지나치게 딱딱한 문체를 흉내 내어 그것을 일상적인 또한 시시한 내용에 적용한다. 즉 이 용어는 낮은 주제에 고의로 잘못 짝지어 준 다른 위엄 있는 시 형식들에 흔히 사용된다.

The Parsimonious Emmet, provident
Of future, in small room large heart enclos'd,
Pattern of just equality perhaps
Hereafter, join'd in her popular Tribes
Of Commonalty. (7. 484-89)

밀턴은 이 부분에서 작은 생명체인 개미의 특성을 설명하기 위하여 "신중한"(Parsimonious)이라는 엄청난 단어를 사용하고 있다. 이처럼 매우 미미한 사물을 설명하는데 전혀 어울리지 않게 무게 있는 단어를 사용하고 있는 것은 전형적인 의사영웅시적 기법이다. 모든 피조물들 가운데서도 정말 작은 개미가 역설적으로 선견지명과 함께 "큰마음"을 지니고 있다고 재미있게 묘사하고 있다. 이 작은 개미는 일종의 밀턴식의 영웅이 되는데 그것 자체가 정치적 "평등"(equality)의 상징이라고 할 수 있을 것이다(Loewenstein 52).

이처럼 밀턴은 의사영웅시의 기법을 사용하여 서사시 안에서 문체를 아주 다양하게 변화시키고 있는데, 웅장한 "복마전"을 건설한 후 반역천사들의 모습을 벌 떼에 정교하게 비유하고 있는 1권의 마지막 부분도 그 대표적인 예이다.

모든 통로는 그들로 가득 차고
문과 넓은 현관, 특히 대공청은
(그것은 용감한 전사들이 무장하고 말 타고 들어와
솔단의 옥좌 앞에서 이교 무사 중 제일가는 자에게
결사전 혹은 창시합으로 도전했다고 하는
그 들판에 지붕 덮은 것 같긴 하지만)
지상, 공중 할 것 없이 빽빽이 들어차

날개 스치는 소리 소란하다. 그것은 봄날
해가 금우궁과 함께 말달릴 때, 벌들이
수많은 새끼 떼를 벌집 근처에 낳아 놓으면,
그것들이 신선한 이슬과 꽃 사이
이리 저리 날거나, 혹은 짚으로 지어진 성채의
문 밖, 향유로써 새로 문지른 반질반질한
널판 위로 걸어 나와 그들의 나라 일을
논의하는 것과도 흡사. 그처럼 하늘의 무리들
빽빽이 몰려들어 혼잡을 이룬다. 드디어 신호 내리니
보라, 기이하다, 지금까지 그 크기가
거대한 땅의 아들보다 크게 보이던 그들이
이제 제일 작은 난장이보다 작아져, 좁은 방에
무수히 군집한다. 저 인도의 산 너머 사는
소인족인가, 아니면 한밤중에
숲가나 샘터에서 잔치 벌이는 것을
어떤 늦게 돌아가는 농부가 보기도 하고
본 것으로 꿈꾸기도 한 그 새끼 요정들,
달이 머리 위에 구경꾼으로 앉아, 땅에 가까이
창백한 제 궤도를 돌 때, 그들이 환락과 춤에
도취되어, 즐거운 음악으로 그의 귀를 매혹하면,
당장 환희와 두려움에 그의 마음 고동치는.

            all access was throng'd, the Gates
And Porches wide, but chief the spacious Hall
(Though like a cover'd field, where Champions bold
Wont ride in arm'd, and at the Soldan's chair
Defi'd the best of Paynim chivalry
To mortal combat or career with Lance)
Thick swarm'd, both on the ground and in the air,

Brusht with the hiss of rustling wings. As Bees
In spring time, when the Sun with Taurus rides,
Pour forth thir populous youth about the Hive
In clusters; they among fresh dews and flowers
Fly to and fro, or on the smoothed Plank,
The suburb of thir Straw-built Citadel,
New rubb'd with Balm, expatiate and confer
Thir State affairs. So thick the aery crowd
Swarm'd and were strait'n'd; till the Signal giv'n,
Behold a wonder! they but now who seem'd
In bigness to surpass Earth's Giant Sons
Now less than smallest Dwarfs, in narrow room
Throng numberless, like that Pigmean Race
Beyond the Indian Mount, or Faery Elves,
Whose midnight Revels, by a Forest side
Or Fountain some belated Peasant sees,
Or dreams he sees, while over-head the Moon
Sits Arbitress, and nearer to the Earth
Wheels her pale course; they on thir mirth and dance
Intent, with jocund Music charm his ear;
At once with joy and fear his heart rebounds. (1. 761-88)

반역천사들은 처음에는 거대한 거인들로 언급되다가 "제일 작은 난쟁이"나 "소인족"으로, 그리고는 "새끼 요정들"로 묘사되고 있다. 시인은 여기서 타락한 천사들의 크기를 가지고 장난하듯이 놀리며 위엄 있어 보이던 이들의 모습을 미심쩍은 것으로 전락시키고 있다. 더욱이 이들 수많은 사탄의 무리의 크기가 축소된다는 점 외에도 이들이 늦게 귀가하는 농부에 의해 그들의 한밤중 잔치를 목격당한 "새끼 요정"에 비유될 때, 우리는 지옥의 장면과는 동떨어진 목가적 세계로 서서히 미끄러져 들어가게 된다. 그로 인해 독자들은 악마들의 세력과 영향력도 신의 세계에서 지극히 미미한 것으로 축소되어버린 느낌을 받게 되는 것이다.

3

밀턴의 시세계에서 언어는 단지 표현의 수단에 불과한 것이 아니라 시에 등장하는 다양한 인물들이 그들의 목적을 달성하기 위해 사용하는 설득력 있는 강력한 매체로서, 이들 등장인물들이 말을 사용하는 방법들은 그들 행동의 도덕적 동기에 대해 많은 것을 드러내 보여준다. 『실낙원』에는 모두 네 등급의 존재, 즉 신과 천사와 인간, 그리고 타락한 천사들이 등장한다. 이들 각 존재는 그 특성상 각기 구별되는 언어를 사용하고 있다.

먼저 성부(the Father)는 전지전능한 창조주며 입법자며 심판자이기 때문에 상대를 설득하는 수사를 사용하지 않고 단지 법을 제정하고 불순종의 결과를 공포할 뿐이다. 또한 하나님은 그의 창조 행위에서 볼 수 있듯이 인간이나 타락한 천사들의 언어와는 다르게 시간과 공간의 제약을 초월하며, 원인과 결과, 기호와 대상 사이에 틈이 없는 즉각성이나 충족성, 동시성을 그 특징으로 하는 언어를 구사한다. 한편 천사들은 책임(Gabriel)과 교훈(Raphael)과 명령(Michael)과 경비(Uriel), 그리고 복종(Abdiel)이라는 도덕적인 모범을 제시하면서 장차 인간이 얻게 될 높은 직관적(intuitive)인 지력과 육체적인 힘을 보여준다. 아울러 이들은 신에게 복종하며 예배드리는 공동체를 형성하며, 하나님의 뜻을 드러내며 순종하는 모습을 보여주고 있다.

이처럼 직관적으로 사유하는 천사들과는 달리 인간은 추론적(discursive)으로 사유하는 인지 양식을 특징으로 한다. 즉 인간은 추론적인 인지 양식을 지니고 있어서 시간과 공간의 제약을 받게 되고, 따라서 인간의 언어는 필연적으로 기호와 대상 사이에 틈을 지니게 된다. 끝으로 사탄은 자신의 추종자들로 하여금 하나님을 거역하여 더 큰 자유와 존엄을 선택하도록 설득하려고 한다. 여기서 주목할 만한 사실은 사탄이 가능한 한 많은 추종자를 얻기 위해서 아리스토텔레스(Aristotle)가 "어떤 주어진 상황에서도 가능한 모든 설득의 수단을 동원하는 능력"(the faculty of observing in any given case the available means of persuasion)이라고 정의한 수사법을 사용한다는 점이다(Aritstotle 1.2). 이러한 수사법은 이전에는 없었던 것으로, 사탄의 담론은 사실에 의존하기 보다는 성부가 선언한 말의 사실성 여부에 의문을 제기하고 공포와 자부심, 분노, 증오, 시기 같은 감정을 불러일으키는 데 집중하고 있다. 그 결과 사탄은 설득을 하기 위한 정략적인 수사법의 아버지가 되는 것이다. 이상의 네 등급의 존재 가운데 사탄과 타락한 천사들은 하나님께 불순종하기로 결심한 이후 본래의 자리에서 계속 타락의 길로 나아가는 과정을 보여주고 있을 뿐이며, 자신들이 행하는 선택과 행동으로 인해 존재와 인식상의 변화를 지속적으로 보여주며 그 변화가 언어에 반영되어 나타나는 존재는 아담과 이브 밖에 없다. 신이 사용하는 언어와 사탄이 사용하는 언어가 매우 대조적인 특성을 지닌 것처럼, 아담과 이브는 타락하기 전과 타락한 이후 판이한 언어와 문체를 구사하고 있음을 볼 수 있다. 이에 대해서는 타락의 비극을 다룬 10장에서 상세하게 살펴보게 될 것이다.

17세기 영국의 종교 개혁자들은 장식적인 언어를 영적인 만족을 추구하는 영혼을 어지럽히고 혼란스럽게 만드는 것으로 인식하고 있었다. 또한 옥스퍼드 영어사전에 열거되어 있는 "rhetoric"이라는 말의 뜻 가운데 "설득하기 위하여 계산된 용어로 표현된 말이나 글. 따라서 흔히 좋지 못한 의미로 인위적이거나 허식적인 표현을 특징으로 하는 언어"라는 정의가 포함되어 있는데, 이 사전에 인용된 예로 보아서 수사학에 대한 좋지 못한 의미도 이미 17세기 초에 확립되었음이 분명하다. 밀턴 시대의 수사학에 대한 심미적, 도덕적인 나쁜 평판은 『실낙원』에서 분명하게 찾아 볼 수 있다. 2권의 복마전에서 열린 사탄과 타락천사들의 회의에서는 각 연설이 실제로 살았던 옛날의 훌륭한 웅변가와 역사가를 모델로 하여 일정한 순서대로 배열되어 있다(Nicholson 204-5). 제일 먼저 말하는 자는 "광포한 왕"(furious king)인 몰록(Moloch)인데, 그는 전쟁에서 가브리엘(Gabriel)에 의해 패배당할 때 하나님에 대해서 "모독하는 말"(tongue blasphemous 6.360)을 했던 자로서 또 다른 전쟁에 대해 절대적으로 찬성 한다.

> 내 의견은 공개적인 전쟁에 찬성이오. 간계는
> 잘 꾸미지 못하니 좋아하지 않소. 그런 것은 필요한 자가
> 필요한 때에 꾀하도록 하되 지금은 아니오.
>
> My sentence is for open War: Of Wiles,
> More unexpert, I boast not: them let those
> Contrive who need, or when they need, not now. (2. 51-53)

그의 연설로 미루어 볼 때 몰록은 정략가나 수사가와는 거리가 먼 것 같다. 왜냐하면 그는 공격의 수단으로서 간계를 믿지 않을 뿐만 아니라, 쓸데없는 말을 하지 않고 단도직입적으로 자신의 의견을 말하고 있기 때문이다.

그러나 다음 연사인 벨리알(Belial)은 그와는 판이하게 키케로(Cicero)가 말한 타락한 웅변가의 전형을 보여주고 있다. 키케로는 좋은 웅변과 나쁜 웅변의 기능을 대조시키면서 후자에 대해서 "미덕의 타락한 모방인, 어떤 태도의 유쾌함이 아무런 도덕적 의무도 고려하지 않은 채 웅변의 힘을 획득할 때, 재주에 의해 움직이는 저급한 교활이 도시를 타락시키고 인간의 삶을 좀먹기 쉽다"라고 말하고 있다(Cicero 1.2.3). 키케로가 말하는 타락한 수사가의 모습을 우리는 벨리알에게서 분명하게 찾아볼 수 있다.

태도가 한층 우아하고 고상한 벨리알.
타락천사치고 이보다 더 준수한 자 없고
마치 높은 지위와 공훈에 알맞게 만들어진 자 같다.
그러나 그 모두가 거짓되고 공허했으니, 혀에서
만나가 떨어지고, 그릇된 이치를
훌륭하게 꾸며대어, 결론에 이른 의견을
혼란하게 하고 무산시킬 수 있지만, 그의 생각이 비열했기 때문이다.
악에는 약빠르나 고상한 일에는
겁을 내고 꾸물대기 때문이다. 그러나 그는
듣기 좋게 그럴싸한 말투로 이렇게 시작했다.

Belial, in act more graceful and humane;
A fairer person lost not Heav'n; he seem'd
For dignity compos'd and high exploit:
But all was false and hollow; though his Tongue
Dropt Manna, and could make the worse appear
The better reason, to perplex and dash
Maturest Counsels: for his thoughts were low;
To vice industrious, but to Nobler deeds

Timorous and slothful: yet he pleas'd the ear,
And with persuasive accent thus began. (2. 109-18)

이 구절에서 밀턴은 수사학에 대해 비판적인 모든 전통적인 주장들을 모아서 수사적인 표현으로 재서술하고 있다. 벨리알이 일어서는 몸짓도 외모와 얼굴로 청중의 시선을 끌기 위한 적절한 방법 가운데 하나다. 벨리알이 이처럼 피상적으로 눈에 띄게 행동하는 것을 "act"라는 단어로 암시하고 있다. 여기서 이 행동은 "graceful"한 것으로 묘사되는데 우아한 것은 단지 그의 외양일 뿐이며, 이는 그가 "humane"이나 "fairer"하다고 묘사되는 경우와 마찬가지로 타락된 수사를 비난하는 의미로 사용된 것이다. "compos'd"라는 단어는 이제 "affected"나 "made-up"이라는 경멸적인 의미를 띠며, "high"는 한때 과장이 심했던 웅변가가 애호하던 문체를 의미하는 것으로서 그의 생각이 저급하다는 사실을 반어적으로 부각시키고 있다. 사실 그는 "거짓되고 공허한" 자인데, 이 표현은 수사학을 비난하는 사람들이 수사학을 표현하기 위해서 사용되던 것으로, 말을 잘하는 기술인 수사학이 진실과 관련된 어떤 것이 아니라 속이 빈 가식에 근거한 것에 불과하다는 사실을 꼬집고 있다. 벨리알은 "그럴싸한 말투"로 진리나 선 어느 것에 대해서도 책임을 느끼지 않고 거리낌 없이 수사의 힘을 과시하며 청중들을 자신의 논리로 이끌어 가는 것이다. 이어서 벨리알은 사탄이 선동하는 전쟁에 참가하기를 귀찮아하면서 성부의 전지와 전능을 인정하고 힘과 간계에 반대하는 견해를 객관적인 사실 보다는 태도나 문체에 더 의존하여 주장한다. 그는 악령들이 지옥에 머물게 되면 곧 고통에 익숙해질 것이고 장래의 해방까지도 꿈꿀 수 있다고 말한다. 아울러 그는 사색가가 되기를 주장하면서 다시 하나님과 싸우게 되면 "이 지적 존재를, 영원을 소요하는 이 사상을"(this intellectual being, / Those thoughts that wander through eternity 2.147-48) 잃게 될 것이고, "영원한 신음과 함께 살게"(to converse with everlasting groans 2.184)될 것이라며 두려워한다.

이상의 두 연사를 비교해 보면 몰록은 전능자에 대해서 자살 행위와 같은 공격을 다시 한번 감행하려는 가슴 뛰는 장군인데 반해, 벨리알은 공격을 무의미한 것으로 여기면서 자신들이 처한 어려움에 대해 보다 "정치적인" 해결을 모색하는 지적인 정략가다. 또한 몰록은 수사적 장식 없이 자신의 뜻을 무뚝뚝하게 조목조목 곧장 이야기해 나가는데 반해, 벨리알은 사탄에 버금갈 정도로 세련된 수사를 구사하는 전형적인 수사가이다. 다시 말하면 몰록은 수사적 장치에 미숙하여 은유를 거의 사용하지 않으며 간략하게 자신이 할 말을 전하기 위해 과장을 많이 하는 반면, 벨리알은 많은 수사적 장치와 은유를 사용한다. 따라서 벨리알은 진지하지만 감정이 들떠 있는 장군의 실수를 바로 잡는 냉정하고 이지적인 정치가로서의 역할을 하고 있는 것이다.

그 다음 연사는 마몬(Mammon)인데, 그는 지옥에서 천국을 건설하는 것과 "화려한 노예의 안이한 멍에보다는 혹심한 자유를 택할 것"(preferring / Hard liberty before the easy yoke / Of servile pomp 2.255-57)을 권한다. 아무리 힘들지라도 굴종보다는 자유를 택하자는 마몬의 주장은 앞으로 있을 사탄의 제안을 극적으로 부각시키는 준비 역할을 하고 있다. 이제 사탄이 제안을 할 시기가 무르익자 그의 대리인인 비엘저붑(Beelzebub)은 그 행동 무대를 마련한다. 그는 힘과 기만과 지옥불과 유혹 중 어느 방편이 풍문으로 들리는 새 피조물을 가장 잘 파괴할 수 있을지를 의논할 것을 제의하며, 이에 사탄은 위험을 무릅쓰고 간계와 기만으로 이들을 파멸시킬 임무를 맡겠다고 자원한다. 이상에서 알 수 있듯이 타락한 천사들은 자신들의 시각을 물리적인 것에 한정시키는 특징을 보여준다. 예를 들어 몰록이 언어의 도덕적이며 함축적인 의미를 무시하는 축자주의(literalism)를 대표한다면, 마몬은 물질주의를 대표한다고 볼 수 있다. 마몬이 물질적인 풍요로 천국의 광휘를 모방하려는 것처럼 사탄은 말로써 현실을 창조하려고 거듭 시도한다. 사탄은 자신의 반역과 계속되는 저항을 정당화하기 위하여 하나님의 권위를 부인하고, 하나님의 승리를 군사적 책략의 탓으로 돌린다. 사탄은 하나님의 권위에 도전하기 위해 때로는 봉건 제후로, 때로는 평등주의자로서의 모습을 띠면서 동등한 자들 중의 우두머리에서 군주로, 그리고 마침내는 폭군으로 자신의 역할을 확대시키며 하나님을 대신하여 지도자의 자리를 차지하고 있는 것이다.

한편 인간의 경우 타락하기 전 아담과 이브는 자유의지와 이성으로 영적으로, 지적으로 자랄 수 있는 위치에 있었는데, 아담은 "말하려고 하니 곧 말이 나와 혀가 순종했고, 보는 것 무엇이나 이름 지을 수 있었다"(to speak I tri'd, and forthwith spake, / My Tongue obey'd and readily could name / Whate'er I saw 8.271-73)고 회상하고 있다. 이는 아담이 직관적으로 사물의 본성을 파악하고 그에 적합한 이름을 지을 수 있는 언어 능력을 지녔음을 보여주는 것이다. 아담과 이브가 사용하는 언어의 가장 풍부하며 아름답고 순수한 모습은 이들이 창조주에게 드리는 찬양에서 찾아볼 수 있다. "다양한 문체"(various style 5.146)로 드리는 아침기도는 "곰곰이 생각해서 하지 않고 즉석에서 나오는 웅변이, 더 아름답게 하기 위해 루트나 하프를 필요로 하지 않는 선율적인 가락의 운문이나 산문으로 되어 그들의 입술에서 흘러나온다"(Unmeditated, such prompt eloquence / Flow'd from thir lips, in Prose, or numerous Verse, / More tuneable than needed Lute or Harp / To add more sweetness 5.149-52). 이들의 찬양은 아름답고 창조적이며 때 묻지 않은 순수한 마음을 엿볼 수 있게 한다.

그러나 타락 전 인간의 이러한 순수성과 명석한 지력은 신의 금령을 어기고 불순종함으로써 변화를 겪게 된다. "인간의 타락과 함께 언어도 타락하게"(Ricks 109) 되어, 아담과 이브는 점점 타산적이고 진실에서 멀어져간다. 아담이 신의 명령을 어길 때 본질적으로 타락하게 된 언어는 이후에 바벨(Babel)에서 사회적 혼란과 지적 타락으로 분명하게 나타나게 된다. 타락 후 아담의 총명은 쇠퇴되고 아내에 대해 공손하던 태도가 바뀌어 자제력을 상실하고 정욕에 휩싸이며, 세속적인 말장난과 희롱하는 말, 말다툼, 비난을 하기 시작하는 등 그가 사용하는 언어와 문체는 타락하기 전과 비교할 때 엄청난 변화를 보여준다.

4

밀턴의 서사시에서 가장 두드러지고 훌륭하다고 할 수 있는 문체상의 특징 가운데 하나는 정교하고 복잡한 비유와 함께 확장된(extended) 직유인 서사시적 직유(epic simile)라고 하겠다. 『실낙원』에는 서사시의 문체가 지니고 있는 의식적인 특성을 고양시키기 위해 매체(vehicle)가 이것에 비유되는 원관념인 주의(tenor)와의 특정한 유사점에 대한 짧고 단순한 직유를 넘어서 발전하는, 훨씬 길고 격식에 맞고 지속되는 서사시적 직유가 많이 사용되고 있다. 밀턴은 『실낙원』에서 자연계와, 성서와 고대의 역사, 신화, 그리고 목가적 삶과 농촌이나 도시 생활 뿐만 아니라 과학과 르네상스 시대의 탐험, 동방의 전제정치 등 다양한 소재로부터 서사시적 직유를 끌어내고 있다. 이러한 확장된 직유들은 단순히 주제의 핵심에서 벗어난 지엽적이거나 장식적인 성격을 띠지 않고 시에서 필수적인 요소로 작용한다. 이들은 정확하고 날카로우며 여러 가지를 생각나게 하는 세부적인 묘사를 통해 독자들로 하여금 등장인물과 행위에 대해 적극적으로 해석하는 과정에 동참하도록 유도하면서 내러티브에 가치 있는 논평을 제공한다. 밀턴의 서사시적 직유의 많은 부분은 독자들을 긴장시키면서 사탄의 악마적인 교활함과 기만에 주의를 기울이게 하며, 그의 위엄 있고 변화무쌍한 외모와 능란한 수사에 속지 않도록 이끌고 있다.

그러면 먼저 지옥에서의 회의가 끝난 후 신세계로 가기 위해 지옥문으로 향하는 사탄의 대담한 여행을 묘사한 서사시적 직유를 읽어보기로 하자. 밀턴은 이 사탄의 "외로운 비행"(solitary flight 632)을 르네상스 시대의 상업주의적인 탐험과 제국주의적인 여러 가지 기도와 연관짓고 있다.

마치 뱅갈라로부터, 또는 상인들이
향료 가져오는 데르나테나 티도르의
섬으로부터 무역풍 받으며 밀집하여 배 저어
세찬 물결 타고, 넓은 인도양으로부터
희망봉으로 밤마다 남극 향해 나아가는
상선의 대열이 바다 멀리 떠 있어
구름에 걸려 있는 듯 아득히 보인다.

As when far off at sea a Fleet descri'd
Hangs in the Clouds, by Equinoctial Winds
Close sailing from Bengala, or the Isles
Of Ternate and Tidore, whence Merchants bring

Thir spicy Drugs: they on the Trading Flood
Through the wide Ethiopian to the Cape
Ply stemming nightly toward the Pole. (2. 636-42)

이 직유는 시에서 우리가 이제껏 보지 못했던 르네상스 시대의 중상주의적 문맥에 사탄의 모험에 넘치는 여행을 자리매김하고 있다. 여기서 시인은 사탄을 이국의 보물들을 고국으로 가져오는 임무를 띤 상업적인 목적의 항해인이나 식민지 개척자에 비유하고 있다. 이러한 방식으로 밀턴의 시는 계속해서 전통적인 서사시의 가치들을 전복시키고 고쳐가면서, 사탄의 대담한 계획과 개인주의를 르네상스 시대의 상업주의와 관련짓고 있는 것이다(Loewenstein 55-6).

다음에 살펴 볼 밀턴의 서사시적 직유는 어떻게 『실낙원』이 근대 초기의 과학의 세계를 이용하여 인간의 지식과 인지의 본질에 관해 근본적인 의문을 제기하도록 환기시키고 있는지를 보여준다. 이 직유는 사탄이 3권에서 태양의 구체에 착륙한 상황을 묘사하고 있다.

그곳에 마왕은 도착한다, 이런 흑점을
아마 천문학자도 망원경으로 태양의
빛나는 구체에서 아직 본 일이 없으리라.

There lands the Fiend, a spot like which perhaps
Astronomer in the Sun's lucent Orb
Through his glaz'd Optic Tube yet never saw. (3. 588-90)

밀턴의 이 시행들은 1609년 갈릴레오(Galileo)의 유명한 태양흑점 발견과 관련이 있다. 이 직유는 당대의 과학적 지식을 언급함으로써 서사시에 현대성을 부여하고 있다고 하겠다. 그러나 사탄을 태양의 흑점에 비유한 이 구절에서 밀턴은 "이런 흑점을 아마"와 같이 망설이는 듯한 어조로 이야기하다가 "아직 본 일이 없으리라"라고 마무리함으로써 새로운 과학적 지식에 대해 유보적인 입장을 취하며 빠져나갈 여지를 두고 있다. 즉 흥미로운 새로운 과학적 지식에 대한 밀턴의 시각이 유동적인 것임을 보여주는 부분이다.

밀턴이 서사시적 직유를 통해 거두고 있는 최고의 효과 가운데 하나는 어떤 인물이나 물건 혹은 행동을 확대하고 축소하는 것이다. 예를 들어 사탄의 방패는 페솔레(Fiesole)나 발다르노(Valdarno)에서 갈릴레오의 망원경을 통해 관찰되는 달처럼 그의 어깨에 걸쳐 있는 것으로 묘사되고 있다(I.284-91). 풍부하고 정교한 이런 직유를 통해 밀턴은 사탄과 반역천사들의 지옥에서의 행동들을 확대하거나 축소시킬 뿐만 아니라 그것들과의 거리를 유지한다. 투스칸(Tuscan)의 기사인 갈릴레오가 망원경으로 달을 보는 것과 꼭 마찬가지로,『실낙원』의 예술가 또한 공간과 시간을 매우 솜씨 있게 옮기며 다양한 관점에서 지옥과 지옥에 살고 있는 사탄의 무리들을 바라본다. 밀턴이 기울이고 있는 주된 노력은 우리로 하여금 사탄이 결코 어떤 저항할 수 없는 추상적인 능력이 아니라 실재하는 무시무시한 존재임을 믿게 하려는 것이다. 이는 밀턴이 1권에서 악령들의 이름과 지명들을 긴 목록으로 나열한 이유이기도 하다. 시인은 사탄이 고전 서사시의 영웅처럼 가장 힘 있고 매력적인 존재로 비칠 때에 그의 영향력과 그에 대한 독자들의 그릇된 인상을 전복시키는 방편으로 이 서사시적 직유를 사용하고 있다. 그 대표적인 예는 앞서 의사영웅시적 기법을 이야기할 때 언급한 1권 끝부분의 복마전으로 몰려드는 타락한 천사들을 벌 떼에 정교하게 비유하고 있는 구절을 들 수 있을 것이다.

다음 구절은 9권의 유혹 장면에서 밀턴이 어떻게 서사시적 직유라는 시적 기법을 이용하고 있는가 하는 것을 보여준다. 유혹자인 사탄이 이브에게 마지막으로 말을 걸려는 장면에 대한 묘사이다.

마치 지금은 잠잠하지만, 옛날엔 웅변이
성했던 아테네나 자유 로마의
유명한 연사가 어떤 큰 문제를 말하려고
유유히 일어서면, 그 자태나 동작이나
몸가짐이 우선 청중을 매혹하듯이,
정의의 열정에서 서론의 지체를 참을 수 없어
때로는 주제의 중심에서 말을 꺼내기도 전에.

As when of old some Orator renown'd
In Athens or free Rome, where Eloquence
Flourish'd, since mute, to some great cause addrest,
Stood in himself collected, while each part,
Motion, each act won audience ere the tongue,
Sometimes in highth began, as no delay
Of Preface brooking through his Zeal of Right. (9. 670-76)

밀턴은 이 복잡하고 확장된 직유를 통해 사탄을 배우와 옛날 그리스 로마시대의 웅변가에 비유하고 있다. "part"와 "act"라는 단어는 사탄이 연기를 하고 있다는 사실을 넌지시 말하고 있으며, "motion"은 물론 몸짓이나 설득력을 의미하지만 이것이 단지 인형극과 같은 것임을 말해주고 있다. 이렇게 해서 밀턴의 복잡한 직유는 독자들로 하여금 사탄이 마지막으로 행하는 유혹이 기만적인 수사력과 꾸며낸 연기의 성격을 지니고 있음을 충분히 깨닫게 한다. 이 유혹의 말에 넘어가 결국 이브는 금지된 과일을 맛보게 되는 것이다(Loewenstein 57-58). 이러한 밀턴의 시를 읽을 때 독자들은 시가 지니고 있는 지적이고 감각적인 풍부함과 문체상의 다양성과 표현의 풍부함 뿐만 아니라, 시의 미묘하고 압축된 표현과 같은 특징들에 민감하게 반응할 준비가 늘 되어 있어야 한다. 특히 훌륭하고 정확한 묘사로 구성된 밀턴의 면밀히 다듬어진 직유들을 대할 때, 독자들은 특별한 관심을 갖고 보다 큰 문맥에서 펼쳐지는 불복종과 상실, 그리고 회복이라는 광대한 내러티브의 구조 속에서 이들이 지닌 복잡한 비유와 그 의미를 이해할 필요가 있는 것이다.

5

이러한 『실낙원』의 문체에 대해 평자들은 밀턴 당시부터 최근까지 열띤 논쟁을 계속해왔는데, 20세기의 밀턴 비평은 20년대와 30년대의 파운드(Ezra Pound)와 엘리엇(T.S. Eliot), 리비스(F.R. Leavis)의 『실낙원』에 대한 공격을 시작으로 활발하게 전개되었다. 외국어에서 차용한 단어와 라틴어법을 빈번하게 사용한 밀턴의 언어가 일상적인 영어와 거리가 멀다고 강하게 비판한 사무엘 존슨(Samuel Johnson)의 성향을 이어 받은 이들은 청교도적인 이상과 가치관 때문에 더욱 밀턴에 대해 반감을 보이고 있다. 이들 중 파운드는 밀턴의 시가 지나친 장식과 수식을 사용함으로 인해 모호하고 과장된 말로 가득 차 있으며, 그의 문체 역시 영어를 라틴 구문으로 쓴 것처럼 과장되고 수사적인 것이 되어버렸다고 혹평했다. 엘리엇 역시 밀턴의 무운시(blank verse)[4]가 영시에 매우 해로운 영향을 끼쳤으며, 그의

4) 각운이 없으므로 무운이란 이름이 붙은 약강5보격의 시행들로 이루어져 있다. 모든 시형 중에서 무운시는 영어의 자연스러운 리듬에 가장 가깝지만 또한 가장 유연성이 있고 각가지 디스코스, 즉 연속된 말과 글 수준들에 알맞은 형식이다. 그러므로 이 시형이 다른 어느 형식보다 자주 그리고 다양하게 사용되어 왔다.

언어는 일상적인 언어에서 벗어난 인위적이고 왜곡된 언어이며, 청각 상상력에 비해 시각 상상력이 결핍되어 소리가 의미를 지배하는 꼴이 되었음을 집중적으로 비난하고 있다. 리비스도 이에 덧붙여 밀턴의 문체가 지나치게 틀에 박히고 양식화되고 과장되어 있음을 비판하고 있다. 밀턴의 장엄한 문체가 영시의 전통과 이질적이며 지나치게 양식화되고 과장되어 있다는 이들의 비판은 1930년대에 시작되어 60년대까지 계속된 소위 '밀턴논쟁'(Milton Controversy)이라고 알려진 비평적 논쟁에 불을 지피게 된다.

이들 공격에 대해 루이스(C.S. Lewis)나 릭스(Christopher Ricks), 라잔(B. Rajan) 같은 비평가는 『실낙원』의 문체와 내용, 서술구조 등을 옹호하고 있다. 루이스의 경우 밀턴의 의식적이고 고양된 문체는 장중한 느낌을 주는 서사시에 필수적임을 강조한다. 특히 독자가 책을 통해 읽게 되는 『실낙원』과 같은 이차 서사시(secondary epic)[5]에서 음유시인이 노래와 낭송으로 들려준 호메로스의 서사시와 같은 일차 서사시(primary epic)의 효과를 보완하기 위해 더 의식적이고 장중하고 고양된 문체를 사용한 것은 당연하다고 설명한다. 그는 아울러 밀턴의 라틴구문도 영어의 고정된 어순을 벗어나 시인이 원하는 표현을 자유롭게 선택한 결과이며, 이는 오히려 영어에 유동성을 부여했다고 긍정적으로 평가하고 있다. 릭스나 라잔도 밀턴의 문체가 판에 박히고 양식화된 것이라는 비판에 대해 반론을 제기하며, 그의 문체와 어휘, 구문이 지닌 복합적이고 다양하며 섬세한 특질들을 밝혀내고 있다.

---

5) 서사시(epic) 혹은 영웅시(heroic poem)란 용어는 일반적으로 일차적 서사시와 이차적 서사시로 구분될 수 있다. 일차적 서사시는 민속 서사시라고도 하는데, 전통적 서사시로서 문학 예술가가 영토 확장과 전쟁 기간 중에 자기 국민의 구전 속에서 발전되어 왔던 역사적, 전설적 소재를 가지고 만든 것이다. 이차적 서사시는 문학적 서사시라고도 하며 세련된 장인들이 전통적 형식을 일부러 모방하여 지은 것이다.

3. 사탄: 고전 서사시적 영웅의 모습과 그의 변모

1

서사시의 전통을 이어받은 『실낙원』에서 아킬레스(Achilles)나 오디세우스(Odysseus)와 같은 고전적인 영웅에 가장 가까운 면모를 사탄에게서 찾아볼 수 있다. 『실낙원』 전체에서 독자들로부터 가장 즐겨 읽히며 사랑 받는 부분은 아마 사탄과 반역천사들이 주로 등장하는 시의 앞부분이라고 할 수 있을 것이다. 여기에 등장하는 사탄에게서 우리는 엄청난 열정과 에너지를 가진 인물로서 타락한 천사의 무리들을 이끄는 용감하고 카리스마적인 군대지휘관과 탁월한 웅변가의 면모를 발견하게 된다. 이러한 사탄이 지닌 에너지와 숭고한 위엄에 감동한 나머지 블레이크(Blake)나 셸리(Shelley), 바이런(Byron) 같은 낭만주의 시인들은 그가 바로 『실낙원』의 주인공이며, 밀턴도 사탄을 묘사할 때 자기도 모르게 그에게 동정적으로 훌륭하게 그려내고 있다고 주장하였다. 그러나 시의 앞부분은 이러한 그의 매력적인 모습과 함께 왜곡되고 악한 속성도 동시에 보여줌으로써 사탄을 매우 복합적인 인물로 창조하고 있다. 밀턴이 그를 신과 인류의 적으로 그릴 때, 사탄의 영웅적인 주장과 과시 이면의 애매한 속성과, 군인다운 미덕과 용기, 불굴의 저항정신에 의해 나타난 공격적인 성향을 폭로하고 있다.

천국에서 일어난 전쟁(War in Heaven)에서 패하고 지옥에 떨어진 사탄이 타락한 동료 천사들 무리 앞에서 행하는 다음 연설은 탁월한 무용과 위엄과 함께 뜨거운 열정을 아울러 지닌 고전 서사시의 영웅으로서의 그의 면모를 여실히 보여주고 있다.

표면의 광채는 변해도 굳은 결심과

자존심 짓밟히고 느끼는 그 모멸감은
변치 않는다. 그것으로 감히 전능자와
싸웠던 것이고, 무장한 수많은 천사의 군대를 이끌어
격렬한 싸움에 내보냈던 것이다.
그들은 그의 통치를 싫어하고 나를 좋아하여
그 최상의 힘에 힘으로써 항거하여
하늘의 싸움터에서 승부 안 나는 싸움으로
그의 보좌 뒤흔들었다. 패배 그것이 문제인가?
다 패하는 건 아니다. 꺾이지 않는 의지,
불타는 복수심, 죽지 않는 증오심,
굽힐 줄 모르고 항복 모르는 용기
이밖에 정복될 수 없는 것 또 무엇이 있겠는가?
그의 분노와 힘이 내게서 이런 영광을
결코 빼앗지 못하리라.

Though chang'd in outward luster; that fixt mind
And high disdain, from sense of injur'd merit,
That with the mightiest rais'd me to contend,
And to the fierce contention brought along
Innumerable force of Spirits arm'd
That durst dislike his reign, and mee preferring,
His utmost power with adverse power oppos'd
In dubious Battle on the Plains of Heav'n,
And shook his throne. What though the field be lost?
All is not lost; the unconquerable Will,
And study of revenge, immortal hate,
And courage never to submit or yield:
And what is else not to be overcome?
That Glory never shall his wrath or might

Extort from me. (1. 97-111)

전쟁에서 패했으면서도 이처럼 위엄을 잃지 않고 당당한 사탄에게서 우리는 고전 영웅들에게서 보았던 용맹과 불굴의 저항정신, 그리고 역경 속에서도 잃지 않는 자부심을 느낄 수 있을 것이다. 여기서 사탄은 아킬레스와 같은 분노와 복수심, 그리고 자존심에 가득 찬 연설을 통해 이교적인 감성을 드러내고 있다. 즉 그의 공격성과 가치관은 고전 서사시의 대담무쌍하고 전투적인 영웅과 공통점을 지니고 있는 것이다. 그러나 시의 화자는 이 사탄의 대담한 연설 바로 뒤에 "고통 속에서도 자랑스럽게, 그러나 깊은 절망에 애태우며"(though in pain, / Vaunting aloud, but rackt with deep despair 1.125-26) 라고 사탄의 고통과 절망에 대해 언급함으로써 영웅적으로만 보였던 사탄의 모습을 매우 복잡하게 만들고 있다. 사탄이 엄청난 에너지와 분노를 가슴에 품은 강력하고 결단력 있는 지도자로서의 모습을 수사를 통해 극적으로 보여줄 때, 시인은 사탄의 내면의 고통에 초점을 맞춤으로써 독자로 하여금 사탄의 겉으로 드러난 영웅적인 모습과 함께 내면적인 절망을 동시에 깨닫도록 하고 있는 것이다. 이러한 사탄의 내면과 심리에 대한 묘사는 사탄의 성격에 엄청난 깊이와 다층적인 차원을 제공한다.

이어서 자신의 마음의 힘이 자신이 처한 어떤 환경도 변화시킬 수 있다고 연설하는 다음 장면은 강한 감동으로 우리에게 와 닿는다.

잘 있거라 행복한 들판이여,
기쁨 길이 깃들이는 그 곳. 오라 공포여. 환영하노라
음부여. 그리고 너 무한심의 지옥이여,
너의 새 주인을 맞아라,

장소나 때에 따라 변치 않는 마음을 가진 자를.
마음은 마음이 제 집. 스스로
지옥을 천국으로, 천국을 지옥으로 만들 수 있다.

Farewell happy Fields
Where Joy for ever dwells: Hail horrors, hail
Infernal world, and thou profoundest Hell
Receive thy new Possessor: One who brings
A mind not to be chang'd by Place or Time.
The mind is its own place, and in itself
Can make a Heav'n of Hell, a Hell of Heav'n. (1. 249-55)

어떠한 역경이 닥쳐도 이에 굴하지 않고 이겨낼 것을 다짐하는 사탄의 굳은 의지와 영웅적인 자질을 보여주는 이 구절은 그가 회개하기를 거부하는 고집스럽고 모진 성격도 아울러 지니고 있음을 보여주고 있다. 이러한 사탄의 성격은 그가 창조주에게 고집스럽게 대항하고 반항하며 자신이 "스스로 태어나고 스스로 자라났다"(self-begot, self-rais'd 5.860)고 강변하는 사실에서도 찾아 볼 수 있다. 사탄은 탑처럼 우뚝 솟은 거대한 체구로 동료들을 압도하는 외모와 대천사의 위엄과 광채를 아직 지니고 있으며, 패배한 동지들을 향한 "연민과 동정"(1.605)을 보여주고 있다. 그러나 우리는 사탄이 지닌 이런 서사시적 영웅의 자질과 가치, 그리고 영웅에 대한 이데올로기를 밀턴이 종종 전복시키고 있음에 주목해야 할 것이다.

그리고 타락한 천사들이 앞으로의 진로를 의논하는 2권의 유명한 회의 장면에서 신에게 복수하기 위해 인간이 사는 낙원을 정복하고 파괴하려고 혼돈(Chaos)을 지나 지구로 향하는 위험한 여행을 감행하기로 수락하는 연설(2.430 이하) 또한 동지들을 고통에서 해방시키려고 기꺼이 위험을 감수하는 영웅적인 면모와 함께, 자신의 야망을 달성하기 위해 교묘하게 상황을 이용하는 탁월한 정략적 웅변가로서의 사탄의 모습을 함께 보여주고 있다. 혼돈을 거쳐 신세계로 향하는 힘들고 위험한 서사시적 여행을 용감하게 수행하는 사탄에게서 우리는 "어둡고 음침한 고통의 집"(this dark and dismal house of pain 2.823)으로부터 동료를 구하고 예루살렘을 다시 찾으려는 해방자나 구원자의 면모를 발견할 수 있다. 또한 사탄은 약속의 땅으로 향하는 노정에서 광야를 지나가는 모세와 같은 인도자나, "수치스런 노예 상태"(servitude inglorious 9.141)의 동족에게 자유를 주는 정치적 혁명가, 그리고 새롭고 더 나은 땅(4.935이하)과 세계를 탐험하는 모험적인 항해자 같은 다양한 면모를 지니고 있다.

2

그러나 한편으로 밀턴은 투쟁적인 정치 지도자로서 군대를 지휘하는 동방의 전제적이고 이국적인 세계의 위대한 술탄과 같은 폭군으로 사탄을 묘사함으로써, 사탄의 영웅적이고 고상한 모습 이면에 숨겨진 복합적인 속성을 전달하고 있다. 2권의 도입부에서 그가 지옥의 옥좌에 앉아 있는 광경을 볼 수 있는데, 우리는 여기서 동양의 왕국들이 소유했던 엄청난 부와 권력을 느끼게 된다.

> 오르무스나 인도의 부보다도 찬란하고
> 이국의 진주와 황금을 아낌없이
> 그 왕들에게 뿌리는 화려한 동방의 부보다
> 찬란한 옥좌에 높이, 사탄은

의기양양하게 앉아 있었다.
제 실력으로 이렇게 출중한
악에 의해 떠받들려.

High on a Throne of Royal State, which far
Outshone the wealth of Ormus and of Ind,
Or where the gorgeous East with richest hand
Show'rs on her Kings Barbaric Pearl and Gold,
Satan exalted sat, by merit rais'd
To that bad eminence. (2. 1-6)

르네상스 시대 식민지 개척에 여념이 없었던 유럽 제국의 왕들처럼 사탄 역시 영광과 명성과 권력을 추구하고 있으며, 앞서 살펴본 2권 636행 이하에서는 당시 유럽의 상업주의적인 탐험가와 해상무역상에 비유되고 있다. 동방의 부와 권력에 대한 언급은 사탄의 위엄과 권력이 이들 부유한 이국 왕들보다 능가하는 것으로 한껏 고양시키다가, 4행에서 "Babaric"이라는 단어를 끼워 넣음으로써 그의 찬란하고 높아보이던 권위를 뒤엎고 있다. 특히 문장의 주어와 동사가 뒤늦게 5행에 가서야 나오는 것은 구문상의 긴장감을 조성하면서 사탄의 위엄과 화려함이 일순간에 무너지게 하는데 기여하고 있다. 이러한 사탄의 모습은 3권에서 곧 대하게 될 높은 보좌에 앉은 성자(the Son)의 모습과 대비가 된다. 즉 사탄은 귀족적이고 제국적인 영예에 기초한 미덕과 악에 의해 떠받들려 있는 반면, 성자는 하나님께 자원하여 섬기는 미덕으로 높임을 받고 있는 것이 다르다.

제국주의적인 고대 서사시와 많은 관련이 있는 이러한 호전적이고 위엄 있는 사탄에 대한 묘사는 당시의 정치인들과 독재군주의 권력을 철저히 분석하고 공격했던 밀턴 자신의 논문과 관련이 있다는 사실에 주목할 필요가 있다(Loewenstein 63). 군주제를 반대한 논문과 『영국민을 위한 변호』(*Defenses of the English People*)에서 밀턴은 자기 멋대로 권력을 휘두르며 수단과 방법을 가리지 않고 부와 영광을 추구하는 군주의 모습을 제시하고 있다. 『실낙원』의 사탄 역시 능란하고 모호한 말들을 사용하여 천국을 전복시키려는 정치적 시도를 도모하였다. "속임수나 기만"(fraud or guile 1.646)으로 지옥의 동료들을 부추기는 사탄에게서 우리는 마키아벨리적인 군주의 모습을 발견하게 된다. 『영국민을 위한 첫 번째 변호』(*First Defense*)에서 밀턴은 전제 군주제를 우상숭배와 연관지으면서, 신과 같이 숭배 받기를 원하는 왕들의 욕망을 강하게 비판하고 있다. 『실낙원』의 서두에서 사탄은 우상처럼 숭배를 받지만, 시인은 곧 1권의 긴 서사시적 목록(1.376-522)을 통해 사탄의 신과 같은 영웅적 힘과 영광을 여러 형태의 우상숭배와 정욕, 폭력, 그릇된 숭배 등과 연관시킴으로써 그의 신적이고 영웅적인 면모를 전복시키고 있다. 이러한 사탄의 모습은 찰스(Charles) 1세에게서 독재와 공포의 위험을 목격한 밀턴의 정치적 경험과 관계가 있는 것으로 보인다.

3

밀턴의 사탄은 햄릿(Hamlet)이나 맥베쓰(Macbeth)처럼 자신이 겪고 있는 내면적인 고통과 갈등, 슬픔 등을 여러 차례 독백을 통해 토로하고 있는데[6], 이처럼 개인의 깊은 내면 심리세계를 드러내는 점에

6) 『실낙원』에는 고뇌에 찬 사탄의 긴 독백이 다섯 번 나오는데, 여기 4.32-113과 4.358-92, 4.505-35, 9.99-178, 9.473-93 등에서 사탄은 르네상스 시대 비극의 주인공들처럼 자신의 비극적 처지에 대한 슬픔과 회한, 심적인 갈등, 증오와 복수심 등 격한 감정을 드러내고 있다.

있어서 호메로스나 베르길리우스의 서사시의 영웅들과 크게 다르다. 시인은 이 독백을 통해 사탄이 느끼는 비극적인 감정과 함께 그가 지닌 정략적이면서 영웅적인 애매모호한 속성을 깊숙이 들여다볼 수 있게 해준다. 그러면 에덴에 도착한 사탄이 자신의 복잡하고 모순된 감정의 갈등을 드러내는 니파테산(Mount Niphates)에서의 독백(4.32-113)을 들어보자. 아름다운 에덴동산을 처음 본 사탄은 형언할 수 없이 착잡하고 모순된 감정을 느끼며 한숨쉬면서 "아! 무엇 때문에!"(Ah wherefore! 4.42)라며 극적으로 감정을 표출하기 시작한다. 이러한 독백은 사탄이 내면적으로 느끼는 감정의 분열과 갈등, 고통과 절망 등을 보여주면서 독자들로 하여금 타락한 존재의 실상과 상태를 여실히 느끼게 한다. 빛나는 태양을 바라보며 과거 자신이 가졌던 영광을 회상하고 세상에 대한 증오심을 드러낸다. 그는 신의 은혜와 그에 대한 자신의 배은망덕, 유혹을 이길 수 있는 자유의지와 신의 사랑을 인정하지만, 결국 그 사랑이 자신에게 화만 더하였다며 자신의 고통을 다음과 같이 토로한다.

가여운 나여! 어느 쪽으로 피해야 하나
무한한 분노와 끝없는 절망을?
어느 쪽으로 피하든 지옥이구나. 내 자신이 지옥이니.
가장 깊은 심연에서 보다 깊은 심연이
당장 나를 집어삼킬 듯이 입을 크게 벌리니
그에 비하면 내가 고생하는 지옥은 천국이다.

Me miserable! which way shall I fly
Infinite wrath, and infinite despair?
Which way I fly is Hell; myself am Hell;
And in the lowest deep a lower deep

Still threat'ning to devour me opens wide,
To which the Hell I suffer seems a Heav'n. (4. 73-78)

그가 겪는 고통과 지옥은 "내 자신이 지옥"이라는 말처럼 심리적이고 내면적인 것이다. 사탄은 물론 회개할 수도 있었지만 순종을 싫어하고 서사시의 전사들처럼 수치를 두려워한다. 독백의 끝으로 갈수록 사탄의 마음은 더욱 강퍅해지고 신과의 어떠한 화해도 불가능하다며 복수하겠다는 결심을 굳힌다.

결국 사탄은 회개하거나 신과 화해하기를 거부하고 "악이여, 너 나의 선이 되어라"며 모질게 복수하기로 다짐한다.

희망이여 안녕, 희망과 함께 두려움이여 안녕,
회한이여 안녕. 일체의 선은 내게서 가버렸다.
악이여, 너 나의 선이 되어라. 너로써 적어도
둘로 나뉜 제국이나마 하늘의 왕과 더불어 차지하고
너로써 아마 반 이상을 다스릴 것이다.
인간도 이 신세계도 머지않아 알게 될 것이니.

So farewell Hope, and with Hope farewell Fear,
Farewell Remorse: all Good to me is lost;
Evil be thou my Good; by thee at least
Divided Empire with Heav'n's King I hold
By thee, and more than half perhaps will reign;
As Man ere long, and this new World shall know.
(4. 108-13)

이제 사탄은 후회의 감정과 갈등을 버리고 악과 제국을 다스릴 야망에 전적으로 몰두하기로 다짐하면서 이 극적인 독백을 마무리하고 있다.

9권에서 우리는 “치밀한 간계와 악의가 더하여 인간을 파멸시키기로 마음먹고”(In meditated fraud and malice, bent / On Man's destruction 9.55-6) 지구로 돌아온 사탄을 만나게 된다. 땅에 대하여 북받쳐 오르는 비통한 마음을 쏟아내는 그의 극적 독백(9.99-178)은 점점 자기중심적이고 내면적인 성향을 띠게 된다. 그러나 마지막 독백(9.473-93)에 이르면 사탄은 더 이상 갈등하지 않으며, 분노에 차서 복수와 파괴의 임무를 수행하는 쪽으로 완전히 나아간다. 뱀으로 위장하여 “맹렬한 증오”(Fierce hate 9.471)를 가지고 인류를 유혹하려는 사탄에게서는 시의 앞부분에서 보았던 영웅적인 힘과 정열을 찾아보기 힘이 든다.

4

10권에서 우리는 사탄이 신세계로 향했던 위험한 서사시적 모험에서 인류를 타락시키고 신세계를 정복한 후 의기양양하게 지옥으로 돌아오는 영웅적인 장면을 보게 된다. 그러나 자신의 위업과 영웅적인 승리에 대한 연설을 마치고 환호와 갈채를 기대하는 사탄의 귀에 “무시무시한 전체의 야유와 공공연한 비난의 소리”(A dismal universal hiss, the sound / Of public scorn 10.508-9)가 들려온다. 게다가 사탄과 반역천사들 모두 흉측한 뱀의 모습으로 변형되는 데서 우리는 이전의 영웅적인 면모와는 너무나 달라진 사탄의 퇴화(degeneration)를 목격하게 된다. 이처럼 사탄이 뱀으로 변하는 것은 뱀으로 변장하여 이브를 유혹한 것에 대한 신의 응징과 저주로서 적절해 보이면서도 아이러닉하다고 하겠다. 이어서 자신들이 낙원에서 이브로 하여금 따먹게 유혹한 나무의 열매 같은 것을 타는 갈증과 배고픔을 느끼며 따먹고 과일이 아닌 쓰디쓴 재를 씹는 장면에서는 타락할 때 죽음을 먹는 줄도 모르고 금단의 열매를 따먹던 이브를 연상하게 된다.

놀라운 육체적 힘과 용기, 적에 대항하는 불굴의 정신, 그리고 출중한 지도력 등으로 시의 앞부분에서 독자들을 매혹시켰던 사탄의 고전 서사시적 영웅의 면모는 그의 내면의 갈등과 본심을 보여주는 독백이나 10권에서 뱀으로 변형되는 장면 등을 통해 서서히 사라져간다. 사탄이 타락하고 퇴화되어 가는 과정은 장엄했던 외모가 보잘 것 없이 변형되고, 육체적 힘을 상실하고, 지력이 쇠미해지며, 이와 함께 도덕성도 타락해 가는 것으로 나타나고 있다(Verity 145; Nicolson 186-87). 시의 앞부분에서 사탄이 들고 있는 방패는 갈릴레오의 망원경을 통해 본 달에 비교되고, 그의 창에 비하면 큰 군함의 돛대로 쓸 큰 소나무도 지팡이 정도 밖에 안 되는 것으로 묘사되고 있다. 지옥에서 군대를 사열하는 사탄의 모습은 우뚝 선 탑이나 솟아오르는 아침해와 같이 장엄하다. 그러던 그가 신세계로 가는 도중 림보(Limbo)에 도착했을 때 먹이를 찾아 헤매는 독수리에, 그리고 낙원에 이르러서는 담을 넘어가는 도둑이나 양의 우리로 들어가는 늑대에 비유되고, 계속해서 가마우지나 사자, 두꺼비와 뱀의 모습을 띠거나 이에 비유된다. 이처럼 사탄의 육체적 외모가 퇴화되어 가면서 동시에 도덕성도 점점 타락해간다. 그의 도덕적 타락은 빛과 어둠에 대한 수사의 미묘한 변화를 통해 부분적으로 제시되고 있으며, 앞서 살펴본 바와 같이 자신의 심정을 토로하는 독백을 통해 분명하게 드러난다.

이처럼 독자들은 시의 앞부분에서는 사탄의 영웅적인 힘과 모습에 깊은 인상을 받고 그를 동정하고 우러러보게 된다. 그러나 3권에서 성자인 그리스도가 등장하면서 사탄이 지닌 지옥의 증오와 대조되는 천상의 사랑을 알게 되고, 4권에서는 타락하기 전 순수한 상태의 아담과 이브와 낙원을 보면서 우리의 동정은 점차 옮겨간다. 반면 사탄은 더 이상 불가항력적인 적에 대항하여 영웅적으로 투쟁하는 매력적인 패배자가 아니라 낙원의 평화를 위협하고 파괴하는 사나운 독수리나 가마우지, 두꺼비, 뱀으로 전락하게 된다. 그의 마음은 오직 질투어린 증오와 파괴적인 본능으로 가득 차 있으며, 알레고리적 인물인 죄(Sin)와 죽음(Death)과 근친상간적인 관계에 있음이 밝혀지면서 그에 대한 호감은 결정적으로 식어간다. 그래서 처음에는 훨씬 연약하고 보잘것없이 보이던 아담과 이브가 죄에 대한 유혹에 대처해 가는 과정에서 결국 사탄보다 더 우리의 관심과 동정을 끌게 되는 것이다.

4. 『실낙원』에 나타난 성: 아담과 이브

1

밀턴학자들은 최근 밀턴의 작품에 나타난 성의 문제에 지속적인 관심을 기울여왔다. 지금까지 밀턴은 가부장 중심의 가치관과 여성관을 지닌 대표적인 작가로 페미니스트들의 많은 공격을 받아왔으나, 최근에 밀턴이 과연 극단적인 가부장적 편견에 사로잡힌 시인인가 하는데 대해 의문을 던지면서 그를 재조명하려는 연구들이 속속 발표되고 있다. 결혼과 이혼을 포함하여 성 전반에 대한 밀턴의 생각은 그의 시에서뿐만 아니라, 『이혼론』(*The Doctrine and Discipline of Divorce*)과 『테트라코돈』(*Tetrachordon*), 『기독교 교리』(*De Doctrina Christina*) 등의 산문을 통해서 다양하게 나타나 있다.

밀턴은 결혼 생활을 다룬 『실낙원』과 『투사 삼손』(*Samson Agonistes*)에서 아담과 이브를 이상적이고 완전한 결혼의 모델로,

삼손(Samson)과 데릴라(Dalila)는 이혼할 수밖에 없는 불완전한 결혼의 전형적인 모델로 제시하고 있다. 또한 비평가들은 밀턴의 작품에 나타난 부부간의 관계를 대체로 합법적인 것과 부정한 것으로 나누고 있는데, 전자의 예로서 타락하기 전 에덴동산에서의 아담과 이브 사이의 관계를 들고, 후자의 대표적인 예로서 사탄과 그의 딸 죄의 근친상간적인 관계를 들고 있다. 이처럼 사탄과 죄의 근친상간은 아담과 이브의 타락 전 부부관계에 대한 부정적인 예로 등장하는데, 이는 신에 의해 규정된 합당한 관계라는 시의 보다 큰 골격 속에서 남성과 여성 사이의 올바른 관계를 정의하는데 이바지하며, 금지된 지식과 권력에 대한 욕망이라는 시의 중심 되는 주제와도 밀접한 연관을 맺고 있다(Jooma 25).

밀턴의 성에 관련한 국외의 대표적인 연구로는 결혼과 이혼에 대한 포괄적인 연구서인 꽁뜨(Le Comte)의 『밀턴과 성』(*Milton and Sex*, 1978), 최신 문학이론으로 밀턴과 그의 작품에 나타난 여성관을 조명한 논문들을 워커(Julia Walker)가 편집한 『밀턴과 여성관』(*Milton and the Idea of Woman*, 1988), 페미니스트들의 관점에서 밀턴의 성을 재조명한 위트리치(Joseph Wittreich)의 대담한 제목의 연구서 『페미니스트 밀턴』(*Feminist Milton*, 1987), 언어와 젠더(gender)와 권력에 관해 현대문학이론으로 다양하고 흥미롭게 접근한 벨지(Catherine Belsey)의 『존 밀턴』(*John Milton*, 1988), 그리고 낙원에서의 결혼과 밀턴시대의 성관계를 다룬 터너(James Turner)의 『한 육체』(*One Flesh*, 1987) 등이 있다. 이러한 밀턴의 성에 대한 연구들은 주로 여성혐오주의자로 여겨져 온 밀턴의 생애와 관련하여 이루어지거나, 결혼과 이혼을 다룬 그의 산문에 대한 이해를 바탕으로 시에 접근하며, 최근에는 페미니즘이나 정신분석학, 맑시즘 등 현대비평이론을 적용시켜 다양하고도 고무적인 연구결과들을 제시하고 있다. 그러면 먼저 『실낙원』에 나타나 있는 타락하기 전 에덴에서의 아담과 이브의 성에 대해 살펴보기로 하자.

2

4권에 묘사된 낙원에서의 최초의 남자와 여자의 삶에서 인간의 성(sexuality)과 열정이 서사시의 중심 주제로 다뤄지고 있다. 4권에서 9권까지 밀턴의 시는 타락하기 전의 남성과 여성 사이의 관계를 탐구하고 인간의 성과 부부간의 사랑의 충만함을 그려내고 있다. 『실낙원』은 감각적인 삶과 인간의 성애(eroticism)와 열정을 이상적인 낙원의 삶에서 핵심적인 것으로 다루고 있다. 그러나 시에서 남성과 여성의 성이 가부장적인 관점에서 다뤄지고 있는지, 아니면 평등하게 묘사되고 있는지를 두고 현대 독자들 사이에 많은 논란이 일고 있다. 지금까지 비평가들은 밀턴을 영문학에서 가장 가부장적인 시인 가운데 한 명으로 간주해왔으며, 그의 시에는 실지로 매우 남성중심적인 생각들이 많이 드러나 있다. 그럼에도 불구하고 이 열정적이고 감각적인 시를 쉽게 가부장적인 시로 분류하기는 힘들다. 왜냐하면 『실낙원』에서는 남녀간의 관계가 종종 가부장적인 모델과 평등한 모델 사이를 오가면서 다뤄지고 있기 때문이다. 남성과 여성 사이의 복잡한 관계를 다룰 때에 『실낙원』은 상하관계와 평등이라는 문제에 대해서 모호하고 심지어는 모순 되는 입장을 취하고 있기까지 하다.

『실낙원』에서 다루어지는 많은 내용이 그러하지만, 특히 인류의 조상 아담과 이브가 살았던 낙원과 그곳에서의 삶은 타락 이후의 세상에 살고 있는 오늘날의 독자에게는 아득한 그리움과 동시에 호기심의 대상이 되고 있다. 물론 성경을 바탕으로 하고 있으나 밀턴은 에덴을 매우 감각적이고 목가적인 즐거움이 가득한 곳으로 묘사하고 있으며, 그곳에서의 삶도 따분하거나 한가롭지 않고 늘 새로운 변화와 도전이 있는 역동적인 것으로 그리고 있다. 이곳에서 아담과 이브는 나체이지만 신과 같은 위엄과 품위를 지닌 만물의 영장으로서, 아침저녁으로 신을 찬양하며 기도하고 풍성하게 자라는 정원을 가꾸는 등 바쁘고 즐겁게 하루하루를 살아간다. 그러나 이 풍요롭고 순수한 즐거움으로 가득한 에덴의 삶이 위기와 긴장으로부터 자유롭지 않다는 것을 우리는 곧 알게 된다.

3권에서 천국에서의 신의 모습을 보여주던 『실낙원』의 초점은 4권에서 인간으로 옮겨간다. 이 4권은 에덴동산에 대해 매우 구체적이면서 사실적이고 훌륭한 묘사를 독자에게 제공하고 있다. 타락하기 전에 아담과 이브는 결코 지겹고 빈둥거리는 삶을 산 것이 아니라, "기쁨"이나 "즐거운 장소"라는 뜻의 에덴에서 즐겁고 감각적인 삶을 산 것으로 그려지고 있다. 그러나 목가적인 즐거움이 넘치는 곳이기는 하지만, 이 지상의 낙원은 아담과 이브가 끊임없이 도전을 받으면서 부단히 변화하는 역동적인 삶을 살아가는 복합적인 성격을 띤 환경이었던 것이다. 『실낙원』은 우리의 조상이 슬프게도 추방당한, 이 생기 넘치면서도 손상받기 쉬운 낙원의 풍요로운 즐거움을 우리로 하여금 소중히 느끼게 하면서 에덴에서의 삶을 매우 주의 깊고 빼어난 솜씨로 그려내고 있다.

『실낙원』에서 낙원에 대한 묘사(4.131-287)는 인간을 유혹하여 하나님을 배반하게 하려는 계획을 가지고 에덴동산에 접근하는 사탄의 시각을 통해서 처음으로 제시된다. 에덴에 있는 정원인 이 풍요로운 밀턴의 낙원은 연옥 위에 있는 단테(Dante)의 낙원과, 스펜서(Spenser)의 아도니스(Adonis), 시드니(Sidney)의 아카디아(Arcadia)를 포함한 모든 수많은 고전과 신화와 성경의 정원과 낙원을 연상시키며 이를 구현하고 있다. 시인은 "저 아름다운 엔나의 들판도 … 다프네의 아름다운 숲도 … 니사 섬도"(Not that fair field / Of Enna … nor that sweet Grove / of Daphne … Not that Nyseian Isle) 이 유쾌하고 신성한 에덴동산에 비길 바 못된다며, 희랍신화와 문학에 등장하는 아름다운 정원이나 낙원들에 대한 부정적인 목록을 들어 열거하면서 이들을 능가한다고 말하고 있다(4.268-81).

또한 이 낙원은 "고운 열매 가득하고 금빛 꽃도 피고 금빛 열매도 맺는 좋은 나무들 화려한 광택이 색색이 어울려 보인다"(Of goodliest Trees loaden with fairest Fruit, / Blossoms and Fruits at once of golden hue / Appear'd, with gay enamell'd colors mixt 4.147-49)며 아름답고도 자연미 넘치는 화려한 봄날의 이미지로 묘사되고 있다. 그러면 에덴을 흐르는 강과 낙원의 풍경이 화려하고 아름답게 그려지고 있는 다음 구절을 읽어보자.

저 사파이어의 샘에서 잔물결 이는 시내가
빛나는 진주와 황금의 모래 위를 굴러
내리덮는 그늘 아래를 빙빙 돌아다니며
감로수로 흐르면서 각 나무들을 찾아서
낙원에 어울리는 꽃들을 키운다. 이는
손재주 피운 꽃밭이나 화단의 원예가 아니고
산과 골짜기와 들판에
풍성한 자연이 아낌없이 쏟아 내는 꽃,
그곳은 아침해가 처음으로 따뜻이 들판에 비치고,
햇빛 안 드는 숲 그늘로 대낮의 정자가 어두워지는 곳,
이렇게 이곳은 여러 경치의 행복한 전원.

How from that Sapphire Fount the crisped Brooks,
Rolling on Orient Pearl and sands of Gold,

With mazy error under pendant shades
Ran Nectar, visiting each plant, and fed
Flow'rs worthy of Paradise which not nice Art
In Beds and curious Knots, but Nature boon
Pour'd forth profuse on Hill and Dale and Plain,
Both where the morning Sun first warmly smote
The open field, and where the unpierc't shade
Imbrown'd the noontide Bow'rs: Thus was this place,
A happy rural seat of various view. (4. 237-47)

"자연의 모든 부"(Nature's whole wealth 4.207)를 가진 유토피아(Utopia)처럼, 낙원은 "인간 감각의 온갖 기쁨 앞에 펼쳐져"(To all delight of human sense expos'd 4.206) 있다. 즉 시각과 후각과 감각을 만족시키는 달콤한 향기와 아름다운 풍경과 맛있는 각양의 과일로 가득 차 있는 곳이 바로 이 낙원인 것이다. 그와 동시에 낙원의 자연은 지나치게 멋대로 자라려는 왕성한 번식력과 풍요로움을 갖고 있기도 하다(5.294-97).

그러면 4권에서 가장 유명한 구절 가운데 하나인, 아담과 이브에 대해 감각적으로 묘사하고 있는 다음 부분을 읽어보자. 우리는 여기서 벌써 성적인 평등과 상하관계 사이의 긴장을 느낄 수 있다. 타락하기 전 낙원에서 살고 있는 행복한 인류의 아버지와 어머니에 대한 이 최초의 묘사에서 이들의 고귀함과 위엄, 완전함과 아울러 신성한 에덴동산을 다스리는 귀족적인 자태를 엿보게 된다. 이들의 "신처럼 똑바로 선, 위엄 있는 나체에는 타고난 존귀함이 걸쳐져 있고, 만물의 주인같이"(Godlike erect, with native Honor clad / In naked Majesty seem'd Lords of all 4.289-90) 보인다. 이어서 남성과 여성을 구별하는 다음 구절이 나온다.

두 사람은
성이 같지 않은 것처럼 동등하지 않고
남자는 사색과 용기를 위하여,
여자는 부드러움과 상냥하고 매력적인 우아함을 위하여 만들어졌다,
그는 신만을 위하여, 그녀는 그 안의 신을 위하여.

though both
Not equal, as thir sex not equal seem'd;
For contemplation hee and valor form'd,
For softness shee and sweet attractive Grace,
Hee for God only, shee for God in him. (4. 295-99)

"동등하지 않고"와 같은 구절들은 남녀관계나 성별(gender)에 있어서 가부장적인 관점을 보여주고 있다. 특히 마지막 행은 남성이 여성의 머리이며, 따라서 남성이 여성보다 우위에 있고 아내는 남편에게 복종해야 한다는 성경의 사상을 반영하고 있다. 그러나 이 장면들이 아담과 이브 부부와 이들이 에덴에서 누리는 즐거움을 질투심 어린 시선으로 바라보는 사탄의 관음증적인 시각에서 제시되고 있다는 사실에 주목할 필요가 있다. 이는 화자의 관점을 액면 그대로 받아들이는 것을 어렵게 하면서 독자들의 반응을 상당히 복잡하게 만들고 있다. 다만 위의 구절에서 우리가 짐작할 수 있는 부분은 아담과 이브가 각기 다른 자질과 미덕을 지녔다는 사실이다.

그러면 남성과 다른 자질과 신분을 지니고 있다고 하는 최초의 여성에 대해서 밀턴은 어떻게 묘사하고 있는지를 살펴보자.

그녀의 꾸미지 않은 금발은 베일처럼
날씬한 허리까지 내리 흐트러져
포도나무의 덩굴손이 말리듯이

제멋대로 동그라미 그리며 물결친다. 이는 복종을
의미하지만 점잖은 주권으로 요구되어
그녀 스스로 응하는 것이니 수줍게 따르고,
정숙하고 떳떳이, 상냥하게 주저하며
사랑스럽게 응하면 그에게 용납되는 것.

Shee as a veil down to the slender waist
Her unadorned golden tresses wore
Dishevell'd, but in wanton ringlets wav'd
As the Vine curls her tendrils, which impli'd
Subjection, but requir'd with gentle sway,
And by her yielded, by him best receiv'd,
Yielded with coy submission, modest pride,
And sweet reluctant amorous delay. (4. 304-11)

풀어서 늘어뜨린 머리를 한 이브의 모습은 매우 에로틱하고 감각적인 어휘들로 그려지고 있다. 밀턴은 "그때는 그 신비한 부분들도 가리지 않았고, 죄스런 수치감도 없었다"(Not those mysterious parts were then conceal'd / Then was not guilty shame 4.312-13)라고 덧붙임으로써 타락 이후의 시각에서 자유로운 순수한 에덴의 성을 강조하고 있다. "상냥하게 주저하며 사랑스럽게 응하면"이라고 하는 구절은 "젊음에 넘치는 희롱"(youthful dalliance 4.338)과 같은 낙원에서의 감각적인 전희(foreplay)의 모습을 완벽하게 포착해내고 있다.

3

밀턴은 밤에 아담과 이브가 은밀한 잠자리에서 나누는 부부관계의 즐거움을 묘사하면서, 성적인 행위에서의 동등하고 상호 호혜적인 관계를 강조함과 동시에 인간의 열정과 성적인 욕망을 분명하게 인정하고 있다. 나란히 누워서 사랑을 나누는 이들에 대해서 시인은 "아담이 아름다운 아내로부터 돌아눕지 않았을 것이며, 이브 또한 신비스러운 부부의 사랑을 마다하지 않았을 것이다"(nor turn'd I ween / Adam from his fair Spouse, nor Eve the Rites / Mysterious of connubial Love refus'd 4.741-43)라고 생각한다. 이처럼 그는 부부관계의 상호성을 강조하면서, "위선자"만이 이들이 나누는 성관계가 아름답고 순수하고 완전하다는 사실을 부인할 것이라고 말하고 있다. 부부 사이에 나누는 성적인 사랑이 거룩하고 아름답다는 사실은 이를 통해 많은 후손을 얻게 되고 낙원을 풍요롭게 하기에 더욱 그러하다.

> 환영하노라, 부부애여, 신비한 법칙이여,
> 인간 번영의 참된 근원이며, 다른 모든
> 공동의 것 가운데 낙원에 있는 유일한 소유권.
> 이 사랑 때문에 음욕은 인간에게서 쫓겨나
> 짐승들 사이에서 방황하게 되었고 …
>
> Hail wedded Love, mysterious Law, true source
> Of human offspring, sole propriety
> In Paradise of all things common else.
> By thee adulterous lust was driv'n from men
> Among the bestial herds to range … (4. 750-54)

또한 시의 화자는 인간의 성적인 사랑이 짐승들의 교미보다는 한층 세련되고 순수하고 높은 차원의 것임을 말하고 있다. 물론 인류가 타락한 이후의 시대를 살고 있는 시인 밀턴은 타락 이전의 에덴에서의 성생활을 묘사하는데 많은 어려움을 느꼈을 것이지만, “나는 그것을 죄나 치욕이라고 부르거나, 거룩한 장소에 맞지 않는다고는 결코 생각하지 않는다”(Far be it, that I should write thee sin or blame, / Or think thee unbefitting holiest place 4.758-59)며 이를 거룩하고 아름답게 그리고 있다. 이러한 사실은 밀턴이 아담과 이브가 나누는 순수하고 아름다운 사랑과 결혼 생활을 찬양하면서 이를 “궁중의 정사나 남녀의 혼무나 음탕한 가면극, 심야 무도회, 추위에 떠는 애인이 콧대 높은 미녀에게 부르는 멸시하여 중단해 마땅한 소야곡”(Court Amours, / Mixt Dance, or wanton Mask, or Midnight Ball, / Or Serenate, which the starv'd Lover sings / To his proud fair, best quitted with disdain 4.767-70)과 대조시키고 이러한 페트라르카식의 사랑을 비판하는 데서 더욱 분명해진다.

타락한 성애에 익숙한 오늘날의 독자에게 아담과 이브가 나누는 완전하고 순수한 사랑은 만족스럽지 못할 수도 있으나, 지금 사탄이 이들의 사랑을 훔쳐보고 있는 장면에서 이브는 매력 있고 순종적인 여성으로 그려져 있다. 우리는 이브가 아담에게 들려주는 이야기를 사탄과 함께 엿듣고, 그와 함께 관음증의 눈으로 이들이 나누는 사랑의 장면을 바라보게 된다.

나무랄 데 없이 순수한
아내로서의 애교의 눈빛과
온유한 순종으로 살며시 포옹하며
우리 최초의 아버지에게 몸 기대니, 그녀의 볼록한 맨 젖가슴은
풀어진 머리타래의 물결치는 금빛 아래 가려
그의 가슴에 반쯤 닿는다. 주피터가

오월의 꽃 피우는 구름 잉태케 하고서
주노에게 미소 짓는 것 같이,
그는 그녀의 아름다움과 순종하는 매력에 기뻐하며
보다 나은 사랑으로 웃음 짓고, 아내의 입술에
청순한 입맞춤을 한다.

with eyes
Of conjugal attraction unreprov'd,
And meek surrender, half imbracing lean'd
On our first Father, half her swelling Breast
Naked met his under the flowing Gold
Of her loose tresses hid: hee in delight
Both of her Beauty and submissive Charms
Smil'd with superior Love, as Jupiter
On Juno smiles, when he impregns the Clouds
That shed May Flowers; and press'd her Matron lip
With kisses pure. (4. 492-502)

벌거벗음과 볼록한 젖가슴, 잉태, 그리고 오월의 꽃에 대한 언급에서 독자들은 관능적이고 육욕적인 사랑을 쉽게 연상할 것이지만, "청순한 입맞춤"으로 끝나는 이 장면은 상당히 절제되고 "반쯤" 가린 듯이 묘사되고 있다. 여기서 우리는 아담과 이브의 사랑과 비교되고 있는 주피터와 주노의 사랑이 이들의 사랑과 전혀 공통점이 없다는 사실에 주목할 필요가 있다. 이에 대해 맥콜리(Diane McColley)는 서로 속이고, 간음하고, 공격하는 등 죄로 가득 찬 이들 로마신들의 사랑은 아담과 이브의 순수한 사랑을 대조적으로 부각시키는 역할을 하는 것으로 보고 있다(McColley 65-6). 밀턴은 아담과 이브의 사랑을 엿보는 관음증자의 위치에 우리를 초대해 놓고는, 이처럼 서로 상충되는 직유를 통해 우리의 타락한 본성에서 비롯된 기대를 여지없이 전복시키고 있는 것이다(Lehnhof 73).

그런데 앞서 호숫가에서는 자신의 반영을 보고 욕망하는 주체의 자리에 있었던 이브가 여기서는 순전히 아담의 관점에서 응시되는 욕망의 대상이 되고 있음은 흥미로운 변화이다. 홀스턴(James Holstun)은 이 사랑의 장면을 통하여 밀턴이 가부장적 지배에 기초한 청교도적 가정의 규범적 모델을 구축한 것으로 보고 있다. 즉 17세기 당시 상황 하에서 초기 부르주아적 윤리에 기반을 둔 청교도적이고 약간 여성화된, 그러면서 여전히 위계적이기는 하지만 비교적 민주적인 이 가정은 귀족주의적인 윤리에 기초한 이전의 가부장적 가정과는 혁신적으로 다른 새로운 가정 모델이라는 것이다. 그의 시각에 따르면 이 이브의 회상은 그 당시 레즈비언의 성애가 오직 회상을 통해서만 논의될 수 있는 과거의 한 현상으로 다루어졌다는 것과, 17세기 가정의 권력구조가 가부장적이고 귀족주의적인 모델에서 가정적이고 상대적으로 민주적인 모델로 옮겨가고 있음을 말해주고 있다는 것이다. 동시에 그는 최초의 청교도적인 에덴의 가정을 그리고 있는 밀턴의 시가 끊임없이 억압되어온 레즈비어니즘의 존재를 기록하고 있다는 점은 참으로 역설적이라고 평가하고 있다(Holstun 837, 859-60).

물론 여성독자들은 이브의 "순종하는 매력"에 대한 강조나 아담의 "보다 나은 사랑"이라는 언급에 대해 적절하지 못하다는 반응을 보일 수 있을 것이다. 그러나 우리는 17세기 사회와 문학의 가부장적인 구조와 관련하여 밀턴이 제시하는 성차를 고찰할 것을 권하는 많은 페미니스트 비평가들의 주장에 귀 기울일 필요가 있다. 즉 밀턴을 한 개인으로서만 볼 것이 아니라, 시대를 앞선 사고를 가지고 영웅적인 투쟁을 했음에도 불구하고 자신이 받은 교육이나 배경, 계급, 그리고 성의 한계를 어쩔 수 없이 지니고 있는 17세기 영국의 중산층 남성을 대표하는 인물로 보아야 한다는 것이다(Aers and Hodge 81-84). 이들의 연구는 성차가 밀턴에게 있어서 당혹스러운 것이 아니라 오히려 현대적 명성을 주장할 가장 훌륭한 근거인 것으로 밝히고 있다. 현대의 여성 지성인들은 다른 어떤 영시보다 『실낙원』이 가부장제의 전략과 가능성과 모순을 더 완전하고 엄밀하게 논의할 기회를 준다는 사실을 발견하게 된 것이다.

4

인간의 성적인 욕망과 정열에 대한 깊은 탐구를 제시하는 『실낙원』은 양성간의 관계를 때로는 가부장적인 관점에서, 때로는 여성의 아름다움과 매력이 최고라는 시각에서 다루고 있다. 따라서 시 전체에서 일관되게 흐르는 하나의 관점을 이야기하는 것은 불가능할 정도로 복잡하고 다양하게 양성관계가 그려지고 있다고 하겠다. 우리가 주의 깊게 『실낙원』을 읽을수록 더욱더 시의 상충되는 욕망들을 보게 된다. 예를 들어 이브는 사랑의 노래를 시작하기 전 아담을 "나의 창조주이며 다스리는 분"(My Author and Disposer 4.635)이라고 불러 그의 남성적인 권위를 인정하면서 다음과 같이 말한다.

> 당신의 명령엔
> 이의 없이 따르겠어요. 하나님이 그렇게 정하셨으니,
> 하나님은 당신의 법, 당신은 나의 법. 더 이상 모르는 것이
> 여자의 가장 행복한 지식이고 칭찬이지요.

what thou bidd'st
Unargu'd I obey; so God ordains,
God is thy Law, thou mine: to know no more
Is woman's happiest knowledge and her praise. (4. 635-38)

그러나 타락 이전 세계의 뛰어난 서정시라고 할 수 있는 다음 이브의 노래는 감각적이고 서정적인 목소리를 지닌 탁월한 사랑 시인으로서의 그녀의 모습을 여실히 보여주고 있다.

그대와 더불어 있으면 시간도
그 변화도 다 잊고 모두가 즐거움.
감미롭구나 아침의 숨결이여, 상쾌하다
이른 새 소리에 밝아오는 아침은. 기분 좋은 태양아,
그 찬란한 빛을 즐거운 이 땅에,
이슬로 빛나는 풀과 나무, 과실과 꽃에 처음으로
펼칠 때. 향기롭구나 포근히 비 내린 후
풍요로운 대지여, 아름다워라 다가오는
기분 좋고 온화한 저녁아. 그리고 이 밤에 우는
장엄한 새와 이 고운 달,
이 하늘의 보석, 별들이 늘어서 있는 고요한 밤이여.
그러나 이른 새들의 노랫소리에 동트는
아침 바람도, 이 즐거운 땅에 솟아오르는
태양도, 이슬에 빛나는 풀도, 과실도,
꽃도, 비 내린 후의 향기도, 기분 좋고 온화한
저녁도, 고요한 밤도, 이 밤에 우는
장엄한 새도, 달빛 아래 또는 반짝이는
별빛 아래의 산책도, 당신이 없으면 어찌 즐겁겠어요.

With thee conversing I forget all time,
All seasons and thir change, all please alike.
Sweet is the breath of morn, her rising sweet,
With charm of earliest Birds; pleasant the Sun
When first on this delightful Land he spreads
His orient Beams, on herb, tree, fruit, and flow'r,
Glist'ring with dew; fragrant the fertile earth
After soft showers; and sweet the coming on
Of grateful Ev'ning mild, then silent Night
With this her solemn Bird and thir fair Moon,
And these the Gems of Heav'n, her starry train:
But neither breath of Morn when she ascends
With charm of earliest Birds, nor rising Sun
On this delightful land, nor herb, fruit, flow'r,
Glist'ring with dew, nor fragance after showers,
Nor grateful Ev'ning mild, nor silent Night
With this her solemn Bird, nor walk by Moon,
Or glittering Star-light without thee is sweet. (4. 639-56)

더없이 해맑고 아름다운 이 사랑의 시에서도 특히 "the fertile earth / After soft showers" 이하의 구절은 연속되는 마찰음을 통해 상쾌하고 향긋한 에덴을 절묘하게 그려내고 있다. 이브는 아담을 "Author"라고 불렀지만, 이 감각적이고 정열적인 최초의 사랑의 시는 그녀야 말로 시인 밀턴과 마찬가지로 창조적인 능력을 지닌 진정한 시인임을 말해주고 있다. 이는 밤에 이들의 사랑의 보금자리 근처에서 우는 "장엄한 새"인 나이팅게일이 밀턴 자신의 예술적 능력을 상징한다는 사실을 미루어보아도 더욱 그러하다.

여성이 남성에게 복종해야 한다는 전통적인 가부장적 사고에 도전하는 분명한 예를 우리는 아담과 하나님 사이의 대화(8.357-451)에서 찾아볼 수 있다. 막 태어나서 고독한 가운데 잠 못 이루고 있는 아담은 신에게 자신과 대등한 배우자를 요구한다.

> 동등하지 않은 것에서 무슨 교제와
> 조화나 참된 기쁨을 느끼겠습니까?
> 적절히 균형 있게 주고받는
> 상호 호혜적이어야지, 불균형으로
> 한 쪽은 팽팽하고 한 쪽은 오히려 느슨해진다면
> 서로 잘 어울리지 않아서 이내
> 싫증나고 말 것입니다.

> Among unequals what society
> Can sort, what harmony or true delight?
> Which must be mutual, in proportion due
> Giv'n and receiv'd; but in disparity
> The one intense, the other still remiss
> Cannot well suit with either, but soon prove
> Tedious alike. (8. 383-89)

현악기의 여러 줄이 똑같이 팽팽하게 조율되어야 한다는 음악적 은유를 사용하여 아담은 자신과 동등한 존재와의 조화롭고 호혜적인 친교를 바라고 있다. 아담과 신이 나누는 대화 어디에서도 여성이 남성에 복종해야 한다는 언급을 찾아볼 수 없다는 사실은 주목할 만하다. 신은 이러한 아담의 요구를 무례하다고 꾸짖지 않고 오히려 그의 대담한 반응과 자유롭게 의견을 나누는 지성을 보고 기뻐한다. 결국 아담이 원하는 동등한 배우자를 신이 구해주기로 약속하는 것으로 이들의 대화는 끝나고 있다. 이처럼 밀턴의 시는 대단히 독창적이고도 확신에 찬 어조로 남성과 여성의 평등한 관계에 기초한 이상적 사랑을 말하고 있는 것이다.

그렇다면 우리는 『실낙원』을 읽을 때 남녀관계라는 문제에 있어서 이 8권의 아담과 하나님과의 대화에 나타나 있는 평등주의적 사상과 다른 부분에서 찾아볼 수 있는 가부장적이고 계층적 사상 사이의 상충되는 부분을 어떻게 조화시킬 것인가? 지금까지 독자와 비평가들은 밀턴이 가부장주의자라거나 평등주의자, 혹은 심지어 페미니스트라는 서로 엇갈린 시각에서 조명해왔다. 그러나 우리는 밀턴의 시가 하나의 일관된 성적관계의 모델이나 생각을 제시하고 있지 않으며, 매우 복합적인 시각을 동시에 담고 있다는 사실을 염두에 두어야 한다. 즉 『실낙원』과 같은 시를 읽을 때 환원주의적인 입장을 경계하면서, 복잡하고 섬세한 이 시가 담고 있는 긴장과 모호성에 특별한 주의를 기울여야 한다는 말이다.

5

그러면 여기서 잠시 인류가 타락한 후에 인간의 성관계에 어떤 변화가 일어났는지를 간단하게 살펴보자. 타락한 이후 아담과 이브는 더 이상 한 몸과 한 영혼을 가진 부부가 아니고, 오직 몸만 하나인 상태로 전락하고 만다. 타락하기까지 이들의 성적인 사랑과 정신적인 교제는 서로 매우 풍성했다. 그러나 타락할 때 먹은 금단의 열매는 이들의 육욕을 자극하여, 아담은 "이브에게 음란한 시선을 던지기 시작했고, 그녀도 그에게 음탕하게 보답하니, 그들은 정욕으로 불탔다"(on Eve / Began to cast lascivious Eyes, she him / As wantonly repaid; in Lust they burn 9.1013-15)고 밀턴은 묘사하고 있다. "거기서 그들은 사랑과 사랑의 유희에 마음껏 도취했다. 두 사람의 죄의 표지, 죄의 위안으로서"(There they thir fill of Love and Love's disport / Took largely, of thir mutual guilt the Seal, / The solace of thir sin 9.1042-44)라고 하듯이, 이제 이들의 육체적 관계는 주체할 줄 모르는 정욕에 좌우되고 있음을 볼 수 있다. 이처럼 타락한 성은 방탕하고 포르노그라피와 같은 성격을 띠게 되며, 불타는 정욕에 사로잡힐 뿐 아니라 서로를 비방하며 고통스럽게 하는 파괴적인 감정에 빠지게 된다.

5. 타락의 비극

1

『실낙원』에서 가장 극적인 부분이라고 할 수 있는 아담과 이브의 타락은 9권에서 일어난다. 그러나 우리는 앞서 이브가 자신의 시초에 대한 자전적인 이야기를 하는 호숫가 장면에서 볼 수 있었던 그녀의 나르시시즘과, 5권 서두에서 이브가 아담에게 들려주는 꿈 이야기에서 타락의 조짐을 예감할 수 있었다. 물론 9권에서 이들이 신의 금령을 어기고 선과 악을 알게 하는 나무의 열매를 따먹을 때까지는 아담과 이브가 실제적으로 타락하는 것은 아니다. 그러나 위의 두 장면들은 이브가 타락하기 쉽고 죄를 지을 수 있다는 사실을 보여주고 있다.

라파엘 천사의 이야기가 끝난 후 밀턴은 4권에 이어 9권에서 다시 타락의 이야기를 시작하면서, 다른 서사시인들과 달리 가정적인 비극을 자신의 위대한 신화적 이야기의 중심에 두고 있다. 밀턴은 창세기의 간단한 내용을 바탕으로 이별과 유혹, 타락과 그에 따른 끔찍한 인간의 심리적, 정신적 고통이라는 비극적 드라마를 탁월하게 그려내고 있다. 이브의 꿈을 통하여 인간을 유혹하던 사탄이 다시 낙원으로 돌아와 하나님의 금령을 어기도록 직접 유혹하는 장면을 다루면서, 시인은 마지막 기원의 어조를 3권에서 8권까지 지속되던 명랑한 분위기와는 달리 비극적으로 바꾸고 있다. 이 기원에서 시의 화자는 하늘의 냉담한 반응으로 인한 증폭된 거리감을 반영하듯 이전과는 달리 성스런 뮤즈에게 직접적으로 말하는 것을 피하고 있다.

나는 이제 이 어조를
비극조로 바꿔야 한다. 인간 편에서는

비열한 불신과 신의 없는 배반과
반역과 불순종. 하늘 편에선
이제 멀어진 냉담과 혐오.

I now must change
Those Notes to Tragic; foul distrust, and breach
Disloyal on the part of Man, revolt,
And disobedience: On the part of Heav'n
Now alienated, distance and distaste. (9. 5-9)

여기서 두운 관계에 있는 "distrust", "disloyal", "disobedience", 그리고 "distance and distaste"라는 단어들의 의미가 점점 강해지는 것에 주목할 필요가 있다. 타락 이전에는 천국이 지구로부터 멀리 있다는 것이 전혀 문제시되지 않았으나 이제 이 물리적 거리는 도덕적, 영적 거리가 되어 버린다. 고대 영어에서는 "distance"가 "불화"(discord)나 "다툼"(quarrel)의 의미를 지니고 있었고 1600년대 이후엔 "소원함"(estrangement)이나 "냉담"(coolness)이라는 의미로 바뀌었는데, 하나님은 이제까지 거리상으로만 멀리 있다가 지금은 냉담한 상태에 있는 것이다. 인간은 순수하던 상태에서 선악과를 "맛보는"(taste) 죄를 범함으로 인해 하나님이 "싫어하는"(distaste) 상태로 떨어지게 된 것이다. 이러한 종류의 펀은 시의 분위기를 심도 있게 비극조로 바꾸고 있다(Ricks 69-72).

"슬픈 일"(Sad task 9.13)을 강조하며 장르를 비극으로 바꾸는 듯한 이 부분에서 우리는 『실낙원』이 처음에 비극으로 구상되었다는 사실을 떠올리게 된다. 라파엘을 통해 들려주는 천국에서 일어난 신과 천사들의 전쟁의 역사와 우주 창조에 대한 설명이 삽입된 후, 이제 4권에서 중단되었던 이야기가 계속 이어진다. 9권에서부터는 사탄의 임무인 파괴적 복수가 직접적으로 다뤄지고, 그것이 초래하게 되는 엄청난 역사적 결과와 비극적 이야기가 전개된다. 그러나 이 기독교적 비극이 하늘의 “혐오, 분노와 정당한 질책”(distaste, / Anger and just rebuke 9.9-10)과 같은 냉엄한 심판을 다루면서도, 한편으로는 이브의 타락에 대해 매우 안타까워하는 개인적인 반응을 드러내며 감정적으로 동정을 표하고 있기도 하다. 최초의 어머니와 아버지의 비극적 타락은 사탄의 우주적이며 끔찍스러운 타락과는 크게 다른데, 이들의 불순종과 반역은 사탄처럼 계획된 복수나 고의적인 악의와 증오로 인한 것이 아니라는 점에서 그러하다. 자신들의 의지로 “스스로 유혹되고, 스스로 타락한” (Self-tempte, self-deprav'd 3.129-30) 반역천사들과 달리, 이들은 사탄의 유혹과 속임수로 인해 타락했다는 점에서 후에 신의 은총을 받게 되는 것이다.

2

9권은 『실낙원』의 다른 어떤 부분보다도 눈에 띄게 과도적(transitional)이다. 화자는 장면 설정을 “낮과 밤사이의 짧은 중개자인 황혼”(Twilight … short Arbitor / Twixt Day and Night 9.50-51)에 두고 있다. 황혼은 재빨리 밤에게 자리를 물려줌으로써 이동을 하고 타락의 그림자를 미리 보여준다. 황혼이 빛과 어둠 사이의 균형을 유지하지만 극히 짧은 순간에 국한된 것처럼 타락전의 불안정한 인간의 상황은 오래 지속되지 못한다.

이제 사탄은 “치밀한 간계와 악의가 더하여 인간을 파멸시킬 마음을 먹고”(In meditated fraud and malice, bent / On Man's destruction 9.55-56) 숙명의 날 전날 밤에 안개처럼 다시 낙원으로 돌아와 생명의 나무 밑에서 샘이 되어 솟아오른다. 이 샘은 에덴을 두루 적시기 때문에, 사탄이 그 물과 섞여서 생명의 나무 가까운 데서 올라온다는 것은 악이 근원적인 방식으로 에덴을 감염시킨다는 것을 암시하고 있다. 사탄은 근본적으로 에덴의 존재들과 다르기 때문에 에덴에서 있을 장소를 찾지 못하고 숨을 곳을 찾는다. 이리저리 궁리한 끝에 사탄은 "들의 온갖 짐승 중 가장 교활한 뱀을 찾아 … 들어가서, 그의 악한 유혹을 날카로운 눈으로부터 숨기는데 적절한 도구로, 속이기에 가장 알맞은 작은 귀신으로 할 것을"(Serpent subtlest Beast of all the Field … Fit Vessel, fittest Imp of fraud, in whom / To enter, and his dark suggestion hide / From sharpest sight 9.86-91) 결정한다.

여기서 우리는 지금 이곳은 타락 전 에덴이기 때문에 뱀과 모든 피조물은 순수하며, 따라서 뱀이 "속이기에 알맞은 작은 귀신"일 수 없다는 피시(Stanley Fish)의 주장에 주목할 필요가 있다(Fish 1967, 92-4). 화자는 타락 전 뱀을 자신의 타락한 관점에서 보고는 뱀이 본성적으로 남을 잘 속인다는 결론을 내린다. 그러나 아이러닉하게도 사탄 자신이 "이들 누구에게서도 살 곳, 숨을 장소를 찾지 못한다"(in none of these [the places or creatures of the unfallen world] / Find[s] place or refuge 9.118-19)는 사실을 우리에게 상기시킴으로써 이 잘못된 서술을 바로잡고 있다. 만약 우리가 거짓의 아비(the Father of Lies)인 사탄의 말을 믿는다면 화자가 뱀을 비난한 말은 잘못이었음이 드러난다. 이렇게 해서 악한 사탄의 말에 의해서 타락 전 에덴의 모든 존재가 선하다는 사실이 증명이 되고, 타락한 관점은 수정되고 타락하지 않은 관점이 보다 분명해지게 된다. 이처럼 에덴에 있는 사탄의 존재는 결코 자연스럽지가 않다. 그의 악한 의도는 타락전 에덴의 특징인 타고난 순수성과 정반대의 대조를 이룬다. 교묘함과 궤변, 그리고 어떤 변장도 그를 숨기기에는 충분하지 못하다. 왜냐하면 그는 어쩔 수 없이 에덴과는 이질적이어서 결국은 감시의 눈에 띌 것이기 때문이다.

사탄은 뱀 속에 들어가기 전에 절망을 내쫓기 위해서 독백을 하는데, 아름다운 대지를 보고 심한 비통함에 잠겨 "북받쳐 오르는 감정을 슬픔으로"(His bursting passion into plaints 9.98) 쏟는다. 아름다운 에덴의 광경이 그 자신 속에 다시 지옥을 불타오르게 하기 때문에 이 모든 사랑스러운 것들을 파괴시킴으로써만 그의 잔인한 생각이 완화될 수 있다고 주장한다. 따라서 그는 자신의 반역과 상실에 대해서 깨우쳐주는 이 세상의 아름다움에서 억지로 주의를 돌려, 앞으로 거둘 승리와 그에 따른 명성에 생각을 쏟으려고 애쓴다(9.135-43). 사탄은 복수가 헛되다는 것을 알고도 "원한은 원한으로 보복함이 제일"(spite then with spite is best repaid 9.178)이라며 계속 복수를 감행하기로 작정하고 뱀 속으로 들어간다.

또 다른 과도적 장면이 죄를 범하는 날 아침에 전개된다. 화자는 사탄이 잠자는 뱀 속으로 들어가는 수화(imbrutement)를 묘사하고 나서 아담과 이브가 나누는 타락 전의 마지막 대화에 대해 이야기한다. 동트기 시작할 때 만물은 창조주를 찬양하고 아담과 이브도 아침 예배를 드린다. 시의 화자는 "오늘 어떻게 늘어나는 일을 가장 잘 감당할 것인가에 대해 의논한다. 일이 너무 커져서 그렇게 넓은 원예를 두 사람 손으론 어렵다"(commune how that day they best may ply/ hir growing work: for much thir work outgrew/The hands' dispatch of two Gard'ning so wide 9.201-3)고 하는데, 에덴의 성장이 아담과 이브가 가꿀 수 있는 능력을 앞지른다는 이러한 관찰은 타락한 관점에서만 나오는 부정적인 주장이라고 할 수 있을 것이다. 아담과 이브의 성장이 그러하듯이 동산의 무성한 성장은 절대적으로 자연스럽고 선한 것이다. 이 에덴동산의 성장은 아담과 이브로 하여금 자신들이 하는 일의 성격을 보다 잘 이해하도록 해준다. 지식의 나무(The Tree of Knowledge)를 제외한 전 지구에 대한 지배권을 부여받은 아담과 이브의 할 일은 다스리는 것이며, 그 하나를 제외한 에덴의 모든 기호들을 이해하는 것이다. 이브는 동산이 "억제로써 더 번식"(grows, / Luxurious by restraint 9.209)할 뿐 한두 밤 동안에 자신들의 정성들인 손질을 비웃듯이 제멋대로 자라 야생이 될 지경이라고 한다. 그러나 이들은 동산의 식물을 자르고 베고 떠받치고 묶는 정성스런 손질을 통해 에덴에 대한 한층 더 깊은 이해에 도달하게 되는 것이다. 서술은 정성들인 손질과 보살핌을 요구할 뿐만 아니라, 특정한 자질을 이해하기 위해 기호의 부분적인 의미를 제거하는 일종의 전지를 요구한다. 이리하여 이해와 성장의 잠재성은 늘 아담과 이브가 당장에 갖고 있는 능력을 앞지르지만, 이 불균형은 중압감을 주는 것이라기보다는 자극적이고 즐거운 것이라고 볼 수 있다.

아담은 그가 창조된 날 선악과를 따먹지 말라는 경고를 듣는다(8.323-30). 선과 악에 대한 지식은 과일의 어떤 신비한 힘에 의해서가 아니라 먹는 행위에서 생긴다. 따라서 비록 사탄(뱀)의 유혹이 있다 하더라도 타락 여부는 인간에게 달려 있는 것이다. 악을 아는 지식은 타락한 인간이 자신의 불순종을 이해하는 데서 생긴다. 선악을 알게 하는 나무는 동산의 중앙과 9권의 중간에 위치해 있으며, 이 나무는 어떤 한계를 표시하고 있다(Entzminger 1985, 33). 그 한계를 넘음으로써 인간은 타락하고 악과 비존재와 죽음으로 나아간다. 타락 전 관점에서 볼 때 나무는 인식론적, 언어학적 한계를 의미한다. 타락 전 아담과 이브는 비록 죽음의 의미를 이론적으로 밖에 모르지만 금단의 열매를 먹는 것이 죽음을 의미한다는 것을 이해하고 있으며, 타락 행위는 죽음에 대한 경험적 지식을 갖게 해준다. 이리하여 나무는 비존재로 가는 길을 막기도 하고 드러내기도 한다. 즉 나무는 죽음으로 가는 문과 그리스도에 의해 구원으로 가는 문 둘 모두를 나타낸다. 죄를 범하는 피조물들은 비존재를 향해서 고의적으로 나아가고 악에 대한 경험적인 지식을 얻게 되는 것이다. 불순종의 극한에 있는 죽음으로 향하는 성향을 지닌 피조물들 중의 하나인 사탄은 아담과 이브가 자기와 같이 되려면 그들이 불순종해야 한다는 것을 깨닫고, 그들의 말을 몰래 엿들음으로써 선악을 알게 하는 나무가 유혹과 불순종의 유일한 방편임을 알게 된다.

3

밀턴은 아담과 이브 사이의 홈드라마에서 이들 사이의 감정적인 긴장을 섬세하게 기록하고 있다. 이브는 자신들이 감당할 수 없을 만큼 번성하는 에덴의 상황을 아담에게 상기시키면서 서로 일을 나누어 하자고 제안한다. 여기서 이브가 보여주는 약간의 성급함은 그녀가 개인적인 한계를 적절히 이해하지 못하고 있음을 보여주고 있다. 아담과 이브는 하나님의 계획에 따라 머지않아 "젊은 손"(younger hands)이 자신들의 일을 도우리라는 것을 알고 있으나(9.246-47), 이브는 그 가능성이 충족될 때까지 기다리지 못한다. 이브는 "그러니 당신 이제 조언해 주세요, 아니면 우선 내 마음의 생각을 들어주세요"(Thou therefore now advise / Or hear what to my mind first thoughts present 9.212-13)라며, 남편의 대답을 기다리지 않고 경제적인 효율성을 앞세운 자신의 의견을 제시한다. 즉 동산을 가꾸는 일이 자기들의 힘에 너무 벅찬데다가 가까이서 일하게 되면

수시로 대화를 하게 되어 일에 방해가 되므로 떨어져서 일하자고 주장하는 것이다. 물론 아담은 그녀의 제의를 거부하고 일에 지나치게 우선순위를 둔 아내의 잘못을 지적한다.

> 그러나 주님은 우리가 휴식을 원할 때
> 음식이든, 마음의 양식인 대화이든,
> 표정과 미소의 달콤한 교환이든
> 그것을 방해하실 만큼 그렇게 엄격히
> 노동을 강요하시진 않는다오.

> Yet not so strictly hath our Lord impos'd
> Labor, as to debar us when we need
> Refreshment, whether food, or talk between,
> Food of the mind, or this sweet intercourse
> Of looks and smiles. (9. 235-39)

아담은 아직도 대화가 기운을 소생케 하고 여가를 즐겁게 하고 마음을 풍요롭게 하는 수단이라고 생각하고 있다. 그러나 이브는 앞서 아담과 라파엘이 대화하는 것을 듣지 않고 물러날 때 그녀의 남편이 "유쾌한 딴 얘기를 섞고, 부부의 애무로써 고상한 문제를 해결해주기를"(intermix / Grateful digressions, and solve high dispute / With conjugal Caresses 8.54-56) 바랐던 때와는 많이 달라진 태도를 보이고 있다.

아담은 이브가 불쾌하게 생각할까 두려워서, 남편으로서의 권위를 포기하고 그녀가 머물기를 바라면서도 "가시오. 억지로 머무르는 것보다 가는 것이 나으니"(Go; for thy stay, not free, absents thee more 9.372)라며 마지못해 그녀를 가도록 허락한다. 이에 대해 화자는 "인류의 조상은 이같이 말했으나, 이브는 고집하며, 그러나 순종적으로, 마지막 대답을 한다"(So spake the Patriarch of Mankind, but Eve / Persisted, yet submiss, though last, repli'd 9.376-77)라며 주의 깊게 배열된 단어를 통해, 자기주장을 견지하면서도 순종하는 태도를 보인 이브의 모순된 충동을 암시하며 그 순간의 심리적·정서적 긴장을 강조하고 있다. 잠시 후 화자가 다시 개입할 때 고뇌에 찬 한탄을 통해, 타락의 이야기를 하면서 느끼는 자신의 깊은 동정과 개인적인 감정은 물론이고 이 사건의 비극성을 강조하고 있다(9.404-7). 이처럼 헤어지기 전 아담과 이브가 나누는 대화는 이들의 관계가 이전처럼 조화를 이루지 못하고 놀랄만한 변화가 일어나고 있음을 보여준다. 아내에 대한 아담의 정욕과 이브의 혼자 있고 싶어 하는 욕망은 앞으로 시가 비극적으로 진행될 것을 예고하고 있다. 아담과 이브는 상호간의 대화를 통해 서로에 대해 알 뿐만 아니라 자신에 대해서도 더 잘 알게 되며, 이 대화가 그들을 지탱시켜주고 자기 망상에 빠질 가능성도 줄여준다. 그런데 그들을 지탱시켜주는 이 상호간의 대화가 없다는 것은 불순종할 전제 조건을 마련해 주는 것이나 다름없다. 아담을 떠난 후 이브는 "생각 없이"(mindless 9.431) 꽃을 가꾸고 떠받치는 일을 하지만 그녀의 이런 자세는 서로 주의를 해야 한다는 아담의 결론과 상반되는 것이다.

밀턴은 유혹의 장면에 앞서 "남편의 손에서 자기 손을 살며시 빼"(from her Husband's hand her hand / Soft she withdrew 9.385-86)고 홀로 숲으로 향하는 이브를 매력적이면서도 유혹에 넘어가기 쉬운 존재로 묘사하고 있다. 손을 마주 잡는다는 것은 결혼과 서로에 대한 믿음과 화합을 상징하는데, 이 장면이 우리가 타락하기 전 부부로서 아담과 이브가 손잡은 것을 보는 마지막 순간이다. 밀턴은 타락 이전의 이브가 원예도구를 가지고 떠날 때 그녀의 아름다움이 숲과 자연의 여신인 델리아(Delia)라고도 불리는 다이아나(Diana)의 아름다움을 능가하는 것으로 묘사하고 있다(9.386 이하). 그러나 시인이 이브를 또한 베르툼누스(Vertumnus)의 유혹을 피하는 과실의 여신 포모나(Pomona)나, 뱀으로 변장한 오누이 죠브(Jove)에 의해 근친상간의 유혹을 받고 딸 프로세르피나(Proserpina)를 낳기 전의 아름다운 농업의 여신 케레스(Ceres)에 비유할 때, 독자는 위협 당하는 여성의 아름다움에 대한 한층 불길한 느낌을 갖게 된다. 이와 마찬가지로 시인은 사탄이 이브가 혼자 있는 것을 발견할 때에도 목가적이고 애가적인 어조를 통해 그녀의 매력과 연약함을 암시하고 있다(9.423-33). 사탄을 삭막한 도시생활에 찌들려 있다가 상쾌한 시골로 나들이하는 도시인에 비한 복잡한 비유는 이브의 목가적 순수성과 사탄의 활동적인 악의 사이의 대조를 더한층 강화하고 있다. 그의 이런 악한 속성은 뱀의 모습을 하고 이브를 유혹을 하기 전 그가 행하는 여성혐오적인 극적 독백에도 분명하게 나타나있다.

사탄은 아담과 떨어져서 꽃을 가꾸며 꽃대를 세우고 있는 이 이브의 너무나 아름답고 순진한 모습에 매혹되어 잠시 압도당한다.

> 그 때 이 악한 자는 매혹되어 자신의 악에서
> 빠져나와 서서, 잠시 동안 적의와
> 간계, 증오나 시기와 복수심도 잊고서
> 멍하니 선한 상태로 있었다.

> That space the Evil one abstracted stood
> From his own evil, and for the time remain'd
> Stupidly good, of enmity disarm'd,

Of guile, of hate, of envy, of revenge. (9. 463-66)

여기서 사탄의 의식상의 변화는 회개할 또 다른 기회를 표시한다. 그는 매혹되어(abstracted) 서있는데 이는 사탄이 자신의 외부에, 다시 말하면 자신의 악으로부터 떨어져 나와 있음을 의미한다.[7] 이 매혹은 악한 존재인 사탄과 잘못을 뉘우치는 사탄 사이의 틈(split)을 보여주는 것이다. 이 틈이 존재하는 동안에 사탄은 자신의 악에서 빠져나와 잠시 동안 적의와 흉계, 증오, 시기, 그리고 복수심도 잊고 멍하니 선한 상태에 있다. 그러나 "항상 심중에 타는 뜨거운 지옥"(hot Hell that always in him burns 9.467)이 곧 그를 매혹에서 벗어나게 해서 흉악한 증오심을 회복시켜 자신이 해야 할 일을 기억나게 한다.

화자는 뱀이 이브에게 다가갈 때 "그리고선 숨었다 나타났다, 사리고 대담하게"(Then voluble and bold, now hid, now seen 9.436) 움직인다고 묘사하는데, 릭스는 이 말이 뱀의 꾸불꾸불하게 나아가는 동작을 나타낼 뿐만 아니라 도덕적인 간교함도 나타낸다고 지적하고 있다. "voluble"이라는 단어는 뱀의 사리는 동작과 움직이는 모습을 표현하기도 하지만, 수다스럽고 변하기 쉬운 도덕적 간악성을 나타내는 것이기도 하다(Ricks 108). 곧 이어지는 유혹의 장면에서 볼 때 릭스의 견해는 설득력 있고 중요한 의미를 지닌다. 왜냐하면 이 표현은 사탄이 이브를 유혹하기 위해 사용하는 말과 행동을 적절하게 나타내고 있기 때문이다. 뱀의 움직임과 아름다운 모습은 그가 지니고 있는 진실로 탁월한 능력인, 인간의 말을 할 수 있는 능력의 서주일 따름이다.

---

7) "abstract"는 라틴 어원으로 "drawn off" 혹은 "separate"를 의미하는 단어에서 유래되었다.

4

이브의 아름다움에 빠져 그녀를 해치려는 마음이 사라지려는 것을 의지력으로 극복하고 나서, 사탄은 점점 그녀가 알고 있는 세계로부터 그의 언어에만 존재하는 세계로 이끌면서 그녀를 기만하게 된다. 뱀/사탄은 이브에게 가까이 다가와 아양을 떨어서 그녀의 관심을 끈다. 그는 이브가 놀라지 않게 자신의 눈에 띄는 차이를 전략적으로 드러낸다. 자신이 지닌 차이점에 대해 별로 놀라지 않는 이브의 반응에 용기를 얻어서 뱀은 그녀의 시선을 끄는 말로 현란한 수사를 사용하여 “기만적인 유혹”(fraudulent temptation 9.531)을 시작한다. 그러나 여기서 구사하는 사탄의 수사는 시의 전편에서 볼 수 있었던 그의 인상적인 연설의 특징이었던 용감한 군인의 웅변과는 상당히 다르다. 그는 유혹자의 역할을 수행하면서 르네상스시대의 연애시와 같은 언어로 이브에게 다음과 같이 접근한다.

놀라지 마세요 여왕이여. 내가 이렇게
다가와서 이렇게 혼자서 싫증 없이 바라보고,
혼자 있으므로 더 위엄 있는 그 위엄스런 이마를
두려워하지 않는 것을 불쾌히 여겨서
유일한 경이이신 그대 혹시라도 놀라지 마시기를.
상냥한 하늘인 그 얼굴에 경멸의 표정 띠지 마세요.
아름다운 창조주를 가장 닮은 고운 분이여.

Wonder not, sovran Mistress, if perhaps
Thou canst, who are sole Wonder, much less arm
Thy looks, the Heav'n of mildness, with disdain,
Displeas'd that I approach thee thus, and gaze

Insatiate, I thus single, nor have fear'd
Thy awful brow, more awful thus retir'd.
Fairest resemblance of thy Maker fair. (9. 532-38)

사탄은 이브가 마치 페트라르카 풍의 소네트 전통에 등장하는 아름답지만 경멸적인 여인인 것처럼 그녀의 "경멸"과 "위엄스런 이마," 그리고 "천상의 아름다움"(Celestial Beauty 9.540)에 대해 언급한다(Loewenstein 113). 사탄은 유혹을 시작하며 축어적으로는 정확하지만 다양한 의미를 내포하는 "여왕"이라는 말로 시작하여 점점 정당성은 줄어들고 아첨의 정도를 더해 가는 호칭들을 계속 사용하는 등 기만적인 수사를 전형적으로 구사하고 있다. "유일한 경이"에 이어 사용한 "아름다운 창조주를 가장 닮은 고운 분"이라는 호칭을 통해 사탄은 그녀를 아담보다 높은 위치로 올려놓고 있다. 여기서 하나님에게는 원급을 사용하고 이브에게는 최상급을 사용함으로써 잘못된 것은 아니지만 다소 미심쩍게 "fair"를 사용하고 있다. 이는 그녀를 "신들 중의 여신"(A Goddess among Gods 9.547)의 위치에 두고 하나님께만 경배하는 천사들이 그녀를 찬양하고 섬긴다고 하여 이브를 신들보다 우월한 존재로 일컫기 위함이다. 여기서 그가 사용한 첫 단어들은 대중 연설에서 흔히 사용하던 아첨과 격식을 차린 예절을 담고 있다. 뱀은 세계의 "유일한 경이"(sole Wonder)인 이브에게 자신이 다가가는 것에 "놀라지 말라"(Wonder not)며 주의를 준다. 그는 펀을 통해 "Wonder"의 의미를 낮익으나 경고하는 의미로 재빨리 옮기고 있다. 여기서 뱀은 "아, 내 마음의 안식처인 단 한사람이여, 내 영광이여, 나의 완전한 자여"(O Sole in whom my thoughts find all repose, / My glory, my perfection 5.28-29)라고 한 아담의 말을 흉내 내고 있는 것이다. 이브가 꿈에서 유혹자의 목소리를 아담의 것으로 착각한 것처럼, 그는 아담이 한 과찬의 말을 모방하여 이브에게 아담의 칭찬을 기억하도록 원용한다. 이처럼 사탄은 5권에서 이브를 유혹한 내용을 발전시키고 있으나 이브를 여신이라고 아첨하는 내용을 첨가시켰는데, 이런 아첨은 르네상스 시대의 인간의 타락을 다룬 시에서는 공통적인 것이었다(Fowler 470). 사탄은 대담한 모순어법[8]을 구사하며 이브를 심지어 "인간 여신"(Goddess humane 9.732)이라고 부르는데, 이 엄청난 칭호는 연약한 이브를 자극하여 인간의 조건을 넘어서서 신이 되고자 하는 열망을 갖게 한다.

인간의 말을 하는 뱀을 만난 이브에게 무엇이 그녀로 하여금 뱀이 말할 수 있을지도 모른다는 의심이 들게 한 것일까? 첫째, 경험적 증거와 이성이 모순되고 외양과 실제가 상충될 때, 이브는 최종적인 판단은 보류하고 있으나 경험적 증거를 이성보다 우위에 두고 따르기 때문이라고 할 수 있다. 둘째, 화자가 암시하고 있듯이 뱀은 벌써 자신의 생각으로 이브의 마음을 사로잡기 시작했으며(9.550), 이브가 피조물들 중에서 가장 아름다운 최상의 존재이며 "신중의 여신"이라는 뱀의 과찬을 듣고 이성보다는 감정의 지배를 받기 시작했기 때문이라고 할 수 있을 것이다. 그러나 뱀의 이러한 과찬은 아담이 그녀보다 우월하게 창조되었기 때문에 사실과는 상충되는 것이다. 사탄은 이브에게 선악과를 따먹도록 유혹하면서 선악과를 먹지 못하도록 금한 것은 혹시 아담이나 하나님이 그녀를 "낮고 우매한"(low and ignorant 9.704) 상태로 계속 머물도록 하기 위함일지도 모른다는 의심을 불러일으킨다. 이브는 이 말을 들었을 때 사탄이 반역을 도모

---

8) 그리스어로 이루어진 이 단어의 어원(oxymoron, oxus=sharp, moros=foolish)에서 볼 수 있듯이 효과적인 표현을 하기 위하여 서로 모순되는 어구를 나열하는 표현법으로, 반대가 되거나 의미가 상치하는 두 어구를 조합하여 독특한 표현효과를 노리는 표현상의 기교이다.

할 때 느꼈던 것과 같은 일종의 모멸감을 느끼면서 이성의 목소리를 거부하게 된다.

그러나 아직 이브는 결코 타락한 것이 아니며, 여전히 유혹에 대해서 충분히 저항할 수 있고 뱀을 제대로 판단할 수 있는 상태에 있다는 사실에 주목하는 것이 중요하다. 그러나 그녀가 한번 의심을 받아들이자 뱀은 이성을 버리고 정욕과 식욕을 따라 자신에게 말하는 기적을 가져다준 "거룩하고, 슬기롭고, 지혜를 주는 나무"(Sacred, Wise, and Wisdom-giving Plant 9.679)의 열매를 따먹도록 유혹한다. 뱀의 아첨은 이브에게 의심을 불러일으키게는 하지만 그의 이야기에 전적으로 의심을 품게 할 정도는 아니다. 오히려 그녀는 직접 그 나무를 보고 싶어한다. 뱀이 금지된 나무를 말하고 있다는 사실을 거의 짐작하면서도 이브는 "자, 인도하라"(Lead then 9.631)고 말하면서 그의 유혹에 굴복한다. 그러나 이브는 선악과를 따먹을 때까지는 죄 없는 상태에 있으며 그녀가 올바른 선택을 한다면 이전의 잘못된 선택을 바로잡을 수도 있다.

금지된 나무 앞에 선 이브의 마음은 신의 명령과 사탄의 유혹의 말 사이에서 싸움이 일어나는 전장이다. 금단의 나무를 직접 보는 순간 하나님의 금령을 기억하며 오지 않을 것을, 시간만 낭비했다고 말한다. 그러나 여기서 이브는 하나님의 금령을 "외동딸"(Sole Daughter 9.653)이라고 표현함으로써 본래 명령의 엄한 성격을 약화시켜 버리고는, "이성이 우리의 율법"(our Reason is our Law 9.654)이라는 말로 이성과 율법을 혼합시키고 있다.

이브의 미온적인 거부에 더욱 대담해진 뱀은 인간에 대한 자신의 사랑을 가장하고 동시에 하나님이 그가 창조한 인간을 부당하게 취급한데 대해 분개하는 척하면서, 아름다운 말로 아첨하던 예비단계를 벗어나 하나님은 복종할만한 분이 아님을 주저 없이 이야기한다. 선한 하나님이 무엇 때문에 그의 피조물 중의 하나가 보다 큰 선(지식)에 이르는 것을 금하겠느냐고 이의를 제기한다. 더구나 그런 "사소한 죄"(petty Trespass 9.693)에 대해 "죽음이 무엇이든지 간에"(whatever thing Death be 9.695) 죽음의 고통으로 벌을 주겠는가 라며 신의 금령과 죽음 자체를 사소한 것으로 평가절하하고 있다.

> 선에 대한 지식이라면 금하는 것이 어찌 정당할까요? 악이란 것도
> 만일 악이 실재한다면 피하기 쉬울 것이니 알아서 무방할 것입니다.
> 그러니 하나님이 그대들을 해하고 의로울 수는 없지요.
> 불의하다면 하나님이 아니죠. 그러니 두려워말고 복종도 하지 마세요.
> 죽음의 공포가 도리어 공포를 없애줄 테니까요.
>
> Of good, how just? of evil, if what is evil
> Be real, why not known, since easier shunn'd?
> God therefore cannot hurt ye, and be just;
> Not just, not God; not fear'd then, nor obey'd:
> Your fear itself of Death removes the fear.   (9. 698-702)

사탄은 신의 금령이 질투 때문일 수도 있다는 주장을 하여 이브로 하여금 신이 되고자 하는 열망을 부추기고 있다. 지옥에서 낙원으로 향하던 도중 지옥문에서 죽음을 본 적이 있는 사탄은 불순종, 즉 죄와 죽음 사이의 관련성을 흐리게 하여 이를 그릇되게 서술한다. 밀턴에게 있어서 악은 부정성(negativity)의 선택 즉 죽음의 선택을 의미하는데, 사탄은 죽음을 선택함으로써 이브 자신이 죽음을 이긴다는 것을 입증할 수 있다고 주장하고 있다. 그리고 나서 사탄은 자신의 주장을 강화하여 하나님은 하나님이라는 동의어 반복을 부정적인 점층법으로 전환시킴으로써 금령의 능력에 의심을 품도록 한다.

이어서 사탄은 신이 이브에게 선악과를 먹지 못하게 금한 것은 그녀를 "낮고 우매한" 상태로 계속 머물도록 하기 위함이라고 주장하며, 혹시 죽게 되더라도 이는 신이 되기 위해 인간의 형상을 벗게 되는 것이라고 강하게 유혹한다. 즉 이브가 죽음에 대해서 품고 있는 무서운 의미를 제거하고 "그러니 당신들은 아마 죽을 거예요, 신을 입기 위하여 인간을 벗고. 무섭지만 소망하는 죽음, 그것이 나쁜 것 가져오지는 않으니"(So ye shall die perhaps, by putting off / Human, to put on Gods, death to be wisht, / Though threat'n'd, which no worse than this can bring 9.713-15)라고 새로운 의미를 제시하면서 죽음을 재정의 한다.

이처럼 사탄이 주로 사용하는 설득의 방법은 개념을 자신에게 편리한 방식으로 해석하고 재정의 하는 것이지만, 그는 반복이라는 수사적 기법을 사용함으로써 성공할 가능성을 증가시킨다. 이브가 사탄의 말을 믿기 위해서는 현실 대신에 사탄의 말이 창조한 환영적인 현재를 선호하여 과거의 경험에서 알게 된 것을 잊어버려야 한다. 그래서 사탄은 반복이라는 수사법을 사용하여 최면과 같은 효과를 거두고 그 결과 비판 능력을 마비시키려고 하는 것이다. 아담과 이브는 이미 하늘에서의 전쟁에 대한 라파엘의 이야기로부터 기호들이 악한 목적으로 조작될 수 있다는 것뿐만 아니라 그 결과 생겨나는 애매성을 어떻게 다루어야 하는지에 대해서 알고 있다. 그리고 압디엘이 사탄의 기만적인 말에 대해 올바르게 대응한 것처럼 말은 대상에 비추어, 그리고 외양은 실재에 비추어 측정되어야 한다는 사실에 대해서도 가르침을 받았다. 그러나 인간이 사탄의 기만을 알아차리게 된 때조차도 사탄의 기만을 물리치지 못할 수도 있다.

이브는 사탄의 연설에서 이 같은 모순점을 눈치 채지 못하며, 가브리엘과는 달리 그가 내리는 정의와 말씨에 대해 의심을 품지도 않는다. 사탄은 주제넘고 교묘하게 하나님을 이교적 다신주의를 암시하는 “신들”과 혼란시켜 놓고서 그들의 능력의 근원에 대하여 의문을 제기한다.

그런데 신들이 무엇이기에 인간이 그들의 음식을
나누어 먹고 그들같이 될 수 없단 말인가?
신들이 최초에 있어 그 이점을 이용하여
만물이 그들에게서 나왔다고 우리에게 믿게 하지만
나는 그것을 의심한다. 이 아름다운 대지가
태양열을 받아 만물을 생성할 뿐, 그들은
아무 것도 창조하지 않는다.

And what are Gods that Man may not become
As they, participating God-like food?
The Gods are first, and that advantage use
On our belief, that all from them proceeds;
I question it, for this fair Earth I see,
Warm'd by the Sun, producing every kind,
Them nothing. (9. 716-22)

사탄은 이브를 유혹하기 위해서 모순 어법, 잘못된 추론, 의미상 일관성이 없는 말 등을 사용하지만 이브는 이에 대해 의문을 제기하지도 않고 남편과 상의도 하지 않는다. 사탄은 단 한번의 지적인 도전도 받지 않은 채 이브를 유혹하는데 성공하며, 그녀는 그의 말에 전적으로 따른다. 이와 같이 이브가 불순종하기로 결심하는 데는 사탄의 비상한 수사적 능력이 크게 작용하며, 사탄이 아담과 이브, 그리고 그의 후손의 언어에 지워버릴 수 없는 영향을 끼쳤다는 것은 그의 수사적 승리라고 할 수 있다.

5

사탄의 설득력 있는 "간계에 찬 말"(words replete with guile 9.733)에 영향을 받아, 이브는 그릇된 의지를 보여줌으로써 내적 타락을 드러내는 말을 금단의 나무에게 한다.

네 힘 위대하구나, 과연 최선의 과실이여,
인간과 상관없지만 찬양할 만하다.
오랫동안 금했던 그 맛을 처음 볼 때에
말못하던 자를 유창하게 말하게 하고, 언어 없는
혀에 그대를 찬미하는 말하도록 가르쳤네.

Great are thy Virtues, doubtless, best of Fruits,
Though kept from Man, and worthy to be admir'd,
Whose taste, too long forborne, at first assay
Gave elocution to the mute, and taught
The Tongue not made for Speech to speak thy praise.
(9. 745-49)

여기서 이브의 말은 앞서 살펴본 사탄의 말과 너무나 유사하다. 그녀는 사탄이 과실에 대해서 한 말을 믿었으며, 그 결과 과실이 지닌 마력적인 힘을 그릇되게 믿고 그 가정에서 비롯된 주장을 하고 있다. 사탄의 논조에 넘어가 사탄이 한 말과 하나님의 말을 동등한 위치에 놓고 봄으로써 하나님의 초월성에 이의를 제기하고 있다. 즉 하나님이 나무의 이름을 지식의 나무, 선악의 나무라고 명한 것은 비록 인간에게는 열매를 먹지 말라고 금했으나 나무에 대한 찬미를 숨기지 못한 증거라고 보고, 선악을 아는 것이 죄가 될 수 없다고 합리화하면서 열매를 따먹는다. 밀턴은 인류에게 엄청난 결과를 가져온 중대한 행동을 묘사하는데 단 2행만을 할애하여, "이렇게 말하며 그녀는 악의 시간에 경솔하게 손을 과실에 뻗쳐 따먹는다"(So saying, her rash hand in evil hour/Forth reaching to the Fruit, she pluck'd, she eat 9.780-1)라고 이브의 행동이 신중하지 못하고 성급했음을 강조하고 있다.

여기서 이브가 하는 독백은 또 다른 점에서 타락한 발화의 형태로 볼 수 있다. 왜냐하면 이는 아담과 이브 사이의 대화의 분열로 인해 두 사람 사이의 대화(duologue)가 독백(monologue)의 형태로 옮아간 것을 보여주기 때문이다(9.745-79, 896-916). 이브의 독백은 구조적으로도 앞서 사탄이 보여주는 독백과 상당히 유사하다. 이후 아담과 이브는 서로에게서 멀어지며 하나님에게서도 멀어져서 사탄을 닮은 독백을 하는 경향이 점점 강해지고, 자신의 내부로 향하려는 경향이 강해짐에 따라 대화의 고리가 끊어지게 된다. 이처럼 아담과 이브는 그들이 이전에는 몰랐던 분열된 의식을 보여주는 행위인 독백을 함으로써 죄를 짓기 시작한다. 이브가 타락한 사실은 "만물을 통하여 탄식하는"(through all her Works gave signs of woe 9.783) 자연의 반응에 의해 즉시 드러나는데, 이처럼 이브의 타락은 자연현상에도 변화를 초래하고 있다.

타락하고 있는 이브는 "지금 그 맛에만 정신을 쏟고"(intent now wholly on her taste 9.787) 있다. 그녀의 상상력은 일시적으로 억제되지 않은 욕망의 결과로 신성(God-head 9.790)을 얻는 듯한 타락한 이미지(fallen images)를 만들어 낸다. 이브는 지식에 대한 기대와 신성에 대한 희망을 품고 육체적인 쾌락을 즐기며 열매를 탐욕스럽게 먹지만, "그녀는 한없이 탐식하면서도, 죽음을 먹고 있는 줄 몰랐다"(Greedily she ingorg'd without restraint,/And knew not eating Death 9.791-92)라고 시의 화자는 침통하게 반어적으로 말하고 있다. 이제 죽음이 이브와 그녀의 후손을 먹게 될 것이라는 사실은 이브가 깨닫지 못하고 있는 끔직한 아이러니 가운데 하나라고 할 수 있다(10.603-9).

이처럼 에덴에서 신이 금한 열매를 먹는 것은 불순종과 하나님으로부터 벗어난 욕망의 기표라고 할 수 있다(Belsey 74). 선악과를 따먹은 결과 나타나는 효과는 술 취한 듯한(hight'n'd as with Wine 9.793) 기분인데 이 술 취함은 타락 결과 나타나는 이성의 상실을 상징한다(Burden 145). 그러나 만족은 순간적이며 그 맛은 치명적이다. 밀턴은 아름다운 낙원의 나무를 찬양하며 독백하는 이브의 모습을 제시하며 타락의 이야기를 매우 비통한 감정으로 다루고 있다. 이 독백에서 이브는 사탄의 주장을 그대로 답습하여 하나님을 지칭할 때 "신들"(gods 9.804)이라는 말을 사용함으로써 그의 모호한 이교적 사상을 따르고 있으며, 또한 하나님을 "다른 자들"(others 9.805)이라고 한 것은 이브의 언어가 논리에서 완전히 멀어졌음을 보여주고 있다(Fowler 485). 이브는 아담에 대한 자신의 역할에 대해 새로운 관심을 표하면서, "열등하고서야 어찌 자유롭다 하겠는가?"(for inferior who is free? 9.825)라며 사탄식의 논리에 빠졌음을 드러내고 있다. 여전히 자만심에 가득 찬 상태에서 이브는 아담과 자신의 관계에 대해 생각한다.

> 그러나 혹시 하나님이 보셨다면,
> 그래서 죽게 된다면? 그 땐 나는 없어지고
> 아담은 다른 이브와 결혼하여
> 그녀와 즐겁게 살겠지, 나는 사라지고.
> 생각만 해도 죽음이다. 그러니 단단히 결심하고

아담에게 화든 복이든 나와 나누어 갖게 해야지.
그를 지극히 사랑하니 그와 함께 어떤 죽음도
견딜 수 있겠지. 그가 없으면 살아도 죽음이다.

but what if God have seen,
And Death ensue? then I shall be no more,
And Adam wedded to another Eve,
Shall live with her enjoying, I extinct;
A death to think. Confirm'd then I resolve,
Adam shall share with me in bliss or woe:
So dear I love him, that with him all deaths
I could endure, without him live no life. (9. 826-33)

이 같은 말은 이브의 지력이 약해졌음을 분명히 보여준다. 그녀는 "유일하게 전지한"(Only Omniscient 7.123) 분이 그녀가 타락하는 것을 보았을지도 모른다는 안이하고 어리석은 생각을 한다. 여기서 주목할 만한 사실은 이브가 죽음이 의미하는 바를 이제 이해하고 자신의 운명을 아담과 나누기로 결심을 한다는 점이다. 이 독백은 사랑에 대한 이브의 최초의 분명한 표현으로 끝을 맺고 있으나, 사실은 자신의 마음을 가볍게 하기 위해 아담을 죽일 계획을 한 것이기에 이는 또한 최초의 거짓 표현이다. 이처럼 이브의 독백은 모든 것을 아는 신과 같은 존재가 되겠다는 열망으로 시작해서, 죽음과 하나님을 두려워하는 자신의 처지에 대한 보다 실제적인 깨달음으로 옮아간다.

그동안 아담은 이브를 위해 화환을 짜고 있었으며, 그녀가 오래 지체하는 데 대해 불길한 예감을 갖고 찾아 나서서 지식의 나무 옆에 있는 그녀를 발견한다. 이브는 아담과 헤어진 후 그를 매우 그리워했다고 거짓말을 하며 가슴속의 불안과 욕정을 부드러운 말에 숨기고, 진정한 사랑과 이성에 의해서가 아니라 두려움과 시기에서 선악과를 따먹도록 권한다. 이브는 열매를 따먹음으로써 죽게 될지도 모른다는 것에 대해 한 번 더 생각한 후에 열매를 아담과 함께 나누기로 결정했음에도 불구하고, 사탄이 사랑을 가장한 것처럼 "그것을 내가 구한 것은 주로 당신을 위해서"(for thee / Chiefly I sought 9.877-78) 였다고 말하면서 사심이 없음을 가장한다. 더욱이 자신들의 지위가 역전되기를 바라면서 죄를 지었음에도 불구하고 평등의 선물을 받아먹으라고 한다. 이브는 혐오감을 불러 일으킬만한 형용사를 반복하여 사용하면서 "그러니 동등한 사랑과 함께 동등한 운명, 동등한 기쁨이 우리를 결합하도록 당신도 맛 보세요"(Thou therefore also taste, that equal Lot / May join us, equal Joy, as equal Love 9.881-82)라는 말로 아담에게 권한다. 아담은 이브의 거짓말을 다 듣고 그녀가 불순종했음을 확신하고는 놀라서 화환을 떨어뜨린다. 그러나 아내 앞에서 사족을 못 쓰는 아담에게 이브 없는 인생은 생각하기 힘든 것이다. 아담은 이브에게 "죽음이 정해진"(to Death devote 9.901) 것을 알고, 그로부터 그녀가 상실됨을 확실히 깨닫는다. 이렇게 풀이 죽어 독백하는 아담의 모습은 동정적이지만 독백 그 자체가 사탄과 이브의 경우에 그랬던 것처럼 불길한 징조를 지니고 있다. 왜냐하면 이들 독백은 모두 어느 정도 도덕적으로 악한 행동을 수행하려는 결심을 확고히 하고, 또한 자신이 선택한 행동이 필요하고 유익하며 편리한 것이라고 자기 자신을 설득하고 그 행위의 악함을 얼버무리기 위해 의도되었기 때문이다.

이브가 뱀과 이야기하고 죄를 범할 동안에 한번도 아담을 생각하지 않았던 것처럼, 아담도 신에게 도움을 청할 생각을 하지 않고 자기 아내를 다른 모든 고려보다 우위에 두고 있으며 주체할 수 없는 사랑이 지혜를 지배하고 있다. 필요를 내세워 악마적 행위를 변명한 사탄(4.393-94)과 같이, 아담은 욕망이 지혜 위에 군림하도록 허용함으로써 사탄의 길을 답습한다. 결국 아담은 이브의 타락으로 인해서 생긴 공허를 성자가 메워줄 수 없다는 말로 이브를 과대평가하고는 그녀와 운명을 같이 하기로 결심한다. 아담은 하나님보다 이브를, 생명보다 죽음을 선택한 자신의 행위를 "만일 죽음이 그대와 짝짓는다면 죽음은 내게 생명"(if Death / Consort with thee, Death is to mee as Life 9.953-54)이라며 합리화한다.

이렇게 고의적으로 차이(difference)를 없애려는 행위는 주체(subject)를 상징계 너머, 욕망 너머에 두고 개인의 선택이 어떤 것이든 그것을 합법화하면서 상상계의 풍요(imaginary plenitude)를 회복하려는 시도라고 할 수 있다(Belsey 75). 아담은 그녀의 주장 때문이 아니라, "자연의 유대가 나를 내 것으로 끎을, / 당신의 존재는 내 것이니 그대 안의 내 자신으로. / 우리의 몸은 가를 수가 없으니, 우리는 하나, 한 육체. 당신을 잃는 것은 내 자신을 잃는 것"(The Bond of Nature draw me to my own, / My own in thee, for what thou art is mine; / Our State cannot be sever'd, we are one, / One Flesh; to lose thee were to lose myself 9.956-59)이라는 말에서 드러나듯이 이브라는 인간에 대한 매력 때문에 열매를 따먹게 된다. 보기에 따라서 아담의 감정적인 반응은 성자(Son)의 영웅적이고 기사도적이며, "위대한 사랑"(exceeding Love 9.961)의 표본 같이 생각될 수 있다. 그러나 자발적인 복종 없는 희생적 사랑이라는 것이 이들 사이의 결정적인 차이라고 볼 수 있다. 더욱이 주목할 만한 사실은 지금 아담이 결혼에 대해 다시 정의 내리고 있다는 점이다. 앞서 아담은 이브를 처음 만났을 때 결혼이 "한 몸, 한 마음, 한 영혼"(one Flesh, one Heart, one Soul 8.499)으로 되는 것이라고 말하였지만, 여기서는 정신적인 교류는 상실되고 오직 육체적 결합만이 중요시되고 있다.

아담은 욕망이 상충되는 대상 가운데 하나를 선택해야 하는 상황에 직면하여, 하나님이 아니라 자신의 타자이며 자신을 구별시켜주는 자기(differentiating self)인 이브를 선택함으로써 타락으로 나아간다. 다시 말해서 이브가 언어를 교묘히 조작하는 사탄의 능력에 대한 라파엘의 가르침을 무시하듯이, 아담은 밖으로 보이는 외양이 내부의 실재를 가장할 수 있으며 인내와 복종이 곤경에 처했을 때 당연히 보여야 할 반응이라는 사실을 잊어버리기를 선택하는 것이다. 타락하지 않은 인간이 죽기를 바라는 것보다 더 부자연스러운 것이 없음에도 불구하고 "그[아담]는 자신의 한층 선한 지식을 어기고, 속은 것은 아니지만, 어리석게도 여성의 매력에 넘어가 거리낌 없이 먹는다"(he scrupl'd not to eat / Against his better knowledge, not deceived, / But fondly overcome with Female charm 9.997-99). 시인은 아내를 분별없이 지나치게 사랑한 아담에 대해 경멸적인 묘사를 하고 있는 것이다.

아담과 이브가 타락한 이유에는 분명한 차이가 있다. 이브는 "손대고 맛보았으나 살아있는 나를 보세요"(look on mee, / Mee who have touch'd and tasted, yet both live 9.687-88)라며 경험에 기초하여 뛰어난 설득력으로 유혹한 사탄의 거짓말 때문에 타락했다. 더욱이 "그리고 어디 죄가 있단 말이에요, 인간이 이렇게 알게 된다고 해서? 그대들의 지식이 어째서 그에게 해가 된단 말인가요?"(and wherein lies / Th' offence, that Man should thus attain to know? / What can your knowledge hurt him 9.725-27)라는 사탄의 주장은 분명히 이성에 호소하고 있다. 이브에게는 의심할 나위 없이 뱀의 말이 합리적이고 진실 된 것으로 여겨진다(9.738). 이에 반해서 아담은 관심(interest)에 근거하여 타락한다. 그는 진리를 의심하거나 논박하는 것이 아니라, 하나님과의 연합보다 인간사회를 더 좋아하여 "속은 것이 아니라 한층 선한 지식을 어겨"(Against his better knowledge, not deceiv'd 9.998) 알면서도 하나님 아닌 이브를 선택하는 것이다(9.908-13).

타락할 때 아담과 이브는 라파엘과 자신들의 이전 경험이 그들에게 가르쳐준 바를 거부하며, 사탄의 뜻을 따를 때는 사탄이 사용하는 언어의 용례를 전용하고 있다. 그들은 점점 타산적이고 진실에서 멀어져 가서, 그 결과 인간의 담론에 말과 의미 사이의 긴장을 끌어들이게 된다. 아담이 하나님의 명령을 어길 때 본질적으로 타락하게 된 언어는 이후에 바벨(Babel)에서 사회적 혼란과 지적 타락으로 분명하게 나타나게 된다. 아담과 이브가 불순종하기로 한 결심은 자신들의 죄를 정당화하기 위해 타락한 수사를 채택한 결과다. 이브를 유혹할 때 사탄은 동시에 그녀에게 자기기만을 행하는 방법을 가르친다. 이브는 사탄에게서 배운 이것을 열매와 함께 아담에게 전해주며, 아담은 이브의 주장을 받아들여서가 아니라 그녀 없이 살 수 없다고 자신을 설득하기 때문에 타락하는 것으로 볼 수 있다.

6

타락 후 아담의 총명은 쇠퇴되고 아내에 대해 공손하던 태도가 바뀌어 자제력을 상실하고 정욕에 휩싸인다. 그는 세속적이며 말장난을 좋아하는 건달 같은 자로 변해서 시에서 가장 중심적인 주제 중의 하나인 "맛보기"(tasting)와 "분별"(discerning)에 관해 펀을 한다(Lewis 123).

이브여 이젠 알겠소. 당신의 미각이

정확하고 훌륭하고 지혜도 적지 않음을.
맛을 두 가지 뜻에 적용하여
미각도 현명하다고 하는 것이오.

Eve, now I see thou are exact of taste,
And elegant, of Sapience no small part,
Since to each meaning savor we apply,
And Palate call judicious. (9. 1017-20)

미각이 정확하고 훌륭하다고 한 것은 이브가 라파엘을 위해 저녁을 준비할 때 "품위 없는"(inelegant) 맛을 섞지 않으려고 구별한 것(5.332-6)을 희화화한 것이다. 동시에 "exact of taste"는 한층 수사적인 의미를 지닌다. 즉 타락 전 아담은 이브를 일컬어 "장식을 지나치게 해서 겉으로 보이기는 정교하지만, 내면은 충실치 못한 듯"(Too much of Ornament, in outward show / Elaborate, of inward less exact[perfect; refined] 8.539-40)하다며 마음과 내적인 능력에서는 그녀가 자기보다 열등하다고 말한 것에 반해, 지금은 그녀의 판단이 완벽하다고 말함으로써 그의 지성이 이제는 저급한 인식능력과 전혀 구별되지 않는다. 비록 펀은 에덴에서의 언어에도 흔한 것이지만, 타락 전에는 언어와 대상의 조화를 강조하는 것이었다. 그러나 타락 이후의 언어에서 펀은 대상과 언어 사이에 사탄이 끌어들인 거리를 보여주며 이중적인 의미 사이에 긴장을 끌어들이고 있다.

아담과 이브는 상호 사랑의 표현에서가 아니라 "죄에 대한 위로로"(the solace of thir sin 9.1044) 서로의 육체를 탐하기 시작한다. 타락한 이들에게 일어난 변화 가운데서 언어에 일어난 변화가 가장 두드러지게 눈에 띈다. 이브는 죄의 결과를 아담과 같이 받기 위해 그에게 죄에 동참하도록 위협을 가하며, 또한 아담은 자신의 불타는 정욕을 채우기 위해 희롱하는 말을 한다. 더욱이 음탕한 사랑의 유희를 즐기고 난 뒤 괴로운 잠에서 깨어난 후, 서로 말다툼하고 비난하고 책망하며 자기에게 유리한 쪽으로 말을 한다. 즉 그들의 눈은 밝아졌으나 역설적으로 마음은 오히려 어두워진 혼란된 상태에서 서로를 비방하게 된 것이다. 밀턴은 사랑을 나눈 후 자신들의 무절제한 방종에 대해 느끼는 극심한 수치심과 함께, 아담과 이브의 심리적 벌거벗음과 불안을 강조하고 있다.

아담은 타락 전의 유창함과 뚜렷이 대조를 이루는 "마지못한 말"(words constrain'd 9.1066)로써 다음과 같이 이브를 나무란다.

> 아, 이브여, 불행히도 당신은 그 거짓된 벌레에게
> 귀 기울였구나. 누구의 가르침인가를 듣고
> 인간의 목소리 흉내 내는, 우리의 타락엔 옳고
> 우리의 향상엔 거짓된 그 소리에.

> O Eve, in evil hour thou didst give ear
> To that false Worm, of whomsoever taught
> To counterfeit Man's voice, true in our Fall,
> False in our promis'd Rising. (9. 1067-70)

크리스토퍼 릭스는 "Eve"와 "evil" 사이의 발음의 유사성과 타락(Fall)이 거짓(false)의 근원이라는 주장에 주목하면서, 여기에 "조종"(knell)이 울린다고 말한다(Ricks 103). 이 조종은 아담이 하고 있는 말의 아이러니와 페이소스를 증가시키며, 순수와 축복 그리고 하나님과 고별하게 되는 길을 예비하고 있다. 타락으로 인하여 이제 의미가 불확실해지고 시니피에 내에 차이(difference)가 존재하게 됨으로써 텍스트에는 이와 같은 편이 가득 차게 된다. 시니피앙은 "evil"이 "Eve"와 연결되고 "Fall"이 "false"와 연결되는 것처럼 음성 차원에서 관련성을 만들어 내며 미끄러지는 것이다(Belsey 42-43).

밀턴은 타락한 이후 "우리의 얼굴엔 부정한 음욕의 기색이 분명하다"(in our Faces evident the signs / Of foul concupiscence 9.1077-79)는 아담의 말과 같이 생식기보다 얼굴에 초점을 맞추어 이들에게 일어난 변화를 말하고 있다. 이는 타락 이후 아담과 이브의 심리상태를 수치와 절망으로 가득 찬 마음속의 풍경으로 제시하고 있는 다음 구절과 맥을 같이 한다.

> 그들의 눈에만 눈물이
> 흐르는 것이 아니라, 속엔 더 사나운 폭풍이
> 일기 시작했다. 분노와 증오, 불신,
> 의심, 불화 등의 격정이 전엔
> 평화로 넘치는 고요한 영역이던 심중을
> 이제 심하게 뒤흔들어 요동치게 했다.

> nor only Tears
> Rain'd at thir Eyes, but high Winds worse within
> Began to rise, high Passions, Anger, Hate,
> Mistrust, Suspicion, Discord, and shook sore
> Thir inward State of Mind, calm Region once
> And full of Peace, now toss't and turbulent. (9. 1121-26)

이어서 화자는 이들의 마음속에서 일어난 변화를 육욕이 이성의 자리를 강탈하였다고 정치적 은유를 사용하여 표현하고 있다.

이성은 다스리지 못하고, 그 가르침을
의지가 듣지 않고, 둘이 모두 이제
육욕에 굴복하니, 육욕은 아래로부터
지위를 빼앗아 지존한 이성에 군림하고
주권의 우위를 주장했다.

For Understanding rul'd not, and the Will
Heard not her lore, both in subjection now
To sensual Appetite, who from beneath
Usurping over sovran Reason claim'd
Superior sway. (9. 1127-31)

이러한 정치적 은유는 시의 마지막 두 권에서 주로 다뤄질 폭정으로 가득한 인류의 역사를 예시하고 있다고 하겠다(Loewenstein 117).

9권은 우리의 첫 조상들이 "모습도 변하고 어조도 변하여"(estrang'd in look and alter'd style 9.1132) "그렇게 그들은 서로 비난하면서 무익한 시간을 보낸다, 아무도 자책은 않고, 그러니 그 헛된 언쟁이 여간해선 끝날 것 같지도 않다"(Thus they in mutual accusation spent / The fruitless hours, but neither self-condemning, / And of thir vain contest appear'd no end 9.1187-89)라고 심리적 미궁에 빠져들어 서로를 비난하는 타락한 인간의 상태에 대해 결론을 내린다. 아담과 이브의 대화는 서로의 잘못을 인정하려는 것이 아니라, 그 목적이 헛된 논쟁과 서로에 대한 공격, 자기변호를 하기 위한 데 있다. 일찍이 본 적이 없는 이런 말들은 인간의 치명적인 죄와 그에 따른 타락을 극명하게 보여주고 있다. 아담과 이브는 서로를 비난하며 상처를 주지만 그들의 잘못의 근원을 바로 인식하여 정죄하지는 못한다.

악에 의해서 선을 아는 타락한 인간의 인식형태를 고려할 때,

"영원의 섭리를 내가 증명하여 인간에 대한 하나님의 길이 옳음을 밝히기를"(assert Eternal Providence, / And justify the ways of God to men 1.25-26) 원하는 밀턴의 임무에 있어서 타락은 결정적으로 중요한 의미를 띤다. 타락성을 이해함으로써만 비타락성(unfalllenness)에 대한 이해가 싹틀 수 있으며, 따라서 밀턴은 이들 둘을 마치 쌍둥이가 붙어 있듯이 서로 짝짓는다. 이런 체계는 밀턴의 일원론적 세계관과 전적으로 일치한다. 타락성과 비타락성, 악과 선의 속성들이 연속체 위에 존재하며, 그 중심에는 "불순종하는 배반"(breach / disloyal 9.6-7)이 존재한다. 이를 가리켜 마르츠(Louis Martz)는 "타락하지 않은 상태와 타락한 상태 사이에는 어떤 틈도 존재하지 않는다. 하나님의 선함이 불가항력적으로 발산되는 가운데 함축적으로 존재하는 연속이 있을 뿐이다"라고 말하고 있다(Martz 1986, 140).

그래서 타락은 상이한 관점에서 다르게 보이는 이중적인 성격을 띤다. 한 관점에서 보면 타락은 에덴의 동쪽 문(12.638)처럼 타락한 인간이 넘을 수 없는 장애물 같이 낙원의 경계를 분명히 긋는 것이다. 반면 다른 관점에서 보면 타락은 타락성과 비타락성, 선과 악을 융합하는 듯하다. 밀턴은 재생(regeneration)으로 가는 길을 표시하기 위해 의식적으로 이 관점을 도입한다. 타락한 관점에서 보면 인간은 타락을 파괴나 위반(breach)으로 보지만, 하나님의 관점에서 보면 타락은 전체 속에서 각 부분들을 재조정하는, 태도의 변화 이상을 의미하지 않는다. 그래서 타락은 위반이며 동시에 문지방(threshold)이다. 9권은 이처럼 타락과 비타락을 연결짓는 문지방 즉 "내면의 낙원"(paradise within 12.587))으로 가는 길을 탐구하고 있다.

시의 주제와 줄거리를 요약해서 제시한 시의 첫 구절에서 밝히고 있는 바와 같이, 『실낙원』은 천국과 지상 사이의 한 전환점을 기록하고 있다. 인간에게 죽음과 재앙과 상실을 가져다준 것은 바로 타락이며, 열매의 치명적인 맛은 인간의 불멸성을 깨뜨려 인간과 천사 사이의 유사성을 극도로 줄어들게 한다. 그리고 타락의 결과 아담과 이브는 천국의 지상적 모형이라고 할 수 있는 에덴에 살 자격을 박탈당하게 된다. 이처럼 그릇된 대상에 대한 추구는 죽을 수 없는 천사들의 경우에는 영원한 지옥의 결핍 속에서 살도록 한 반면, 인간의 경우에는 죽음의 공허(emptiness)로 이끌고 있다. 비극의 근원은 신의 권위에 대한 인간의 불순종이며, 그 결과로 인간의 삶은 돌이킬 수 없을 정도로 변하게 된다. 인간과 신 사이를 분열시키는 계기인 타락은 의미화와 진리, 지상과 천국 사이에 이전에는 없었던 틈(gap)을 만들어 놓게 되는 것이다. 하나님은 여전히 변하지 않은 상태로 존재하지만, 불순종하여 열매를 맛보고 죽음을 끌어들이는 자는 바로 시의 주인공이라 할 수 있는 인간이다.

7

하나님의 유일한 금령에 불순종함으로써 타락하게 된 인간은 그 존재와 지력에 엄청난 변화를 겪으며, 그들이 사용하는 언어도 이전의 순수함과 명징성을 더 이상 보여주지 않는다. 그러나 시의 서두에서 제시된 주제처럼 인간을 타락에서 회복시키고 구원을 약속하는 두 번째 전환점이 "한 위대한 인간"(one greater Man 1.4)의 개입을 통하여 일어나게 된다. 아담과 이브는 잘못을 바로 깨달아 돌이키는 자아인식에 도달함으로써 자신들의 타락성에서 벗어날 수 있는데, 시의 남은 10권에서 12권은 바로 이 자아 발견과 갱생의 과정을 탐구하고 있다. 이러한 『실낙원』의 플롯 때문에, 그리고 러브조이(Lovejoy)가

1937년에 발표한 「밀턴과 다행스러운 타락의 역설」("Milton and the Paradox of the Fortunate Fall")이라는 논문으로 인해서 타락을 펠릭스 쿨파(felix culpa [fortunate fall])로 보는 견해가 일반적으로 받아들여지게 되었다. 타락은 분명한 재앙이고 인간이 겪는 모든 불행의 원인이었으나, 한편으로는 인류를 구원하여 축복으로 이끄는 근원인 성육신(Incarnation)과 대속(Atonement)이라는 하나님의 사랑이 표현되게 하는 다행스러운 사건이기도 하다.

이브가 아담을 먼저 유혹했듯이, 진정한 회개에 앞서는 화해와 용서의 첫발을 먼저 내딛는 자도 그녀라는 사실은 의미심장하다(Rajan 1947, 77). 아담을 어둡고 미궁 같은 심리적 고통에서 구해주는 자는 바로 이브다. 그녀는 자신의 잘못을 보상하는 부드러움으로 아담의 강렬한 고통과 여성혐오적인 비난을 극복하고 있다.

> 나를 버리지 마세요. 아담, 살펴주소서 하늘이여.
> 내 마음속에 얼마나 진실한 사랑과 존경을 당신 위하여
> 품었던가, 그러나 불행히도 속아서
> 부지중에 죄 범하였음을! 당신의 애원자로서
> 당신의 무릎을 껴안고 빕니다.

> Forsake me not thus, Adam, witness Heav'n
> What love sincere, and reverence in my heart
> I bear thee, and unweeting have offended,
> Unhappily deceiv'd; thy suppliant
> I beg, and clasp thy knees. (10. 914-18)

이브의 이 말은 시에서 중요한 전환점이 된다. 왜냐하면 타락한 세계에서 새로운 영웅주의를 확립한 이브의 개입이 없었다면 죄를 지은

남자와 여자 사이의 상호 비난은 끝없이 계속되었을 것이기 때문이다. 이브의 뉘우침과 사심 없이 용서를 비는 감동적인 말에 아담은 이내 "무장 푼 사람처럼 노여움 모두 잊고"(As one disarm'd, his anger all he lost 10.945) "부드러운 말"(peaceful words 10.946)로써 그녀를 달랜다. 여기서 아담은 재생으로 나아가는 두 번째 단계인 참회에 이르게 된다. 평화롭고 사랑이 넘치는 이 화해 장면은 타락 전 주고받던 말을 생각나게 하며 미가엘이 일러줄 "마음 속의 천국"의 도래를 암시하고 있다. 이제 이들은 서로간의 언쟁을 그치게 되며, 아담은 자신의 죄를 인정하고 아내와 하나님에 대하여 화해하는 길로 나아감으로써 시에 새로운 전기를 마련해주고 있다.

『실낙원』에는 하나님과 타락한 인간 사이의 거리가 언어적 간격으로 제시된다(Entzminger 1985, 72). 앞서 타락을 다루고 있는 10권의 서두에서 천국과 지구 사이의 물리적 거리가 도덕적, 영적 거리로 변하여 타락한 인간에게 내려지는 신의 심판과 함께 인간과 하나님 사이의 냉담해진 관계를 상징하게 된 것과 마찬가지로, 이제 인간의 타락으로 말미암아 언어도 타락 전 신의 언어를 닮았던 모습과는 거리가 있는 엄청난 변화를 보여주고 있다. 즉 죄로 말미암아 아담과 이브는 자신들이 사용한 에덴에서의 언어가 보여주던 신의 말씀(Word)의 인각인 창조주의 내적 형상을 잃어버린다. 따라서 이들은 직관적으로 사물의 본성을 인식하는 명석한 지력과, 그 사물들에 합당한 이름을 짓고 힘들이지 않고도 유창하게 자신의 생각을 다양하게 표현하는 언어 능력과, 아울러 정직과 순수성도 상실하게 된다. 그 결과 아담과 이브가 나누는 대화는 독설적이며 부정확하게 되고 기도 역시 서투르게 되어버린다. 밀턴에게 있어서 타락으로 인해 인간이 입은 이러한 손상은 철저하고 근본적인 것이어서 신의 도움 없이 그 영향을 극복할 수가 없다. 한숨만 쉬던 아담과 이브는 이제 성자가 그들의 기도를 중재해주기를 지혜롭게 요청한다. 그러나 하나님께 다가가려는 이 연약한 시도조차도 "회개로 이끄는 은총"(Prevenient Grace 11.3)의 뜻에 달려 있다. 그러나 이 새로운 은총의 역할은 타락 전 언어의 유창함과 명징성을 회복시키려는 것이 아니다. 아담과 이브가 사용했던 다양한 시적인 문체는 자신들의 죄가 초래한 세계의 복잡성과 다의성에는 적합하지 않다. 따라서 하나님과 대화하고 그를 섬기는 언어의 능력인 인간 언어의 공정성이 회복되기 위해서는 에덴에서의 조건과는 근본적으로 다른 조건에서 실현되어야 하는데, 이 임무를 미가엘이 수행하게 된다.

8

미가엘의 가르침을 듣고 시의 거의 끝부분에서 "복종이 최선"이라며 다짐하는 아담에게서 우리는 타락하기 전의 순수함과 신에 대한 사랑이 회복되고, 악에서 떠나 선으로 돌아선 새로운 모습을 찾아 볼 수 있다.

> 나 이제 알겠습니다 복종이 최선임을.
> 두려운 마음으로 유일하신 하나님을 사랑하고
> 그 분 앞에 있는 듯이 걷고, 그 분의 섭리를 항상 지키고
> 하시는 모든 일에 자비로우신
> 그 분만 의지하고,
> 선으로 언제나 악을 정복하고
> 작은 일로써 큰 일을 이루고
> 약해 보이는 것으로 세상에서 강한 것을,

어리석은 온유함으로 세상에서 지혜로운 것을 파멸시킬 것을,
진리 위해 받는 고난은 최고의 승리에 이르는 용기임을,
그리고 믿는 자에겐 죽음이 생명의 문임을
내가 이제 영원히 축복 받은 나의 구원자라고 인정하는
성자의 모범에서 이것을 배웠습니다.

Henceforth I learn, that to obey is best,
And love with fear the only God, to walk
As in his presence, ever to observe
His providence, and on him sole depend,
Merciful over all his works, with good
Still overcoming evil, and by small
Accomplishing great things, by things deem'd weak
Subverting worldly strong, and worldly wise
By simply meek; that suffering for Truth's sake
Is fortitude to highest victory,
And to the faithful Death the Gate of Life;
Taught this by his example whom I now
Acknowledge my redeemer ever blest. (12. 561-73)

이렇게 신의 능력과 섭리, 그리고 구원의 방법과 인간의 선이 어떠한 것인지에 대해 깨달아 "지혜의 정점"(12.575-76)에 도달한 아담은 "훨씬 행복한 내면의 천국"을 소유하게 된다.

미가엘이 들려준 인간의 타락 결과와 인류의 미래사를 듣고 아담은 타락의 의미를 알게 되고, 자신이 뒤에 두고 떠난 외적인 낙원보다 "훨씬 행복한" 자기 속의 천국을 소유하기 위해서 이제 새롭게 알게 된 지식에 따라 합당하게 살려고 다짐하게 된다. 이들은 비록 밀턴이 시의 앞에서 묘사했던, 이제는 잃어버린 풍요롭고 다채로운 타락 이

전의 삶보다는 못하다 할지라도 뒤에 두고 떠나온 파괴된 타락 후의 에덴보다는 더 행복한 낙원을 소유하게 된다. 『실낙원』의 마지막 부분에서 낙원은 하나의 장소의 의미보다는 원래의 낙원에서 쫓겨난 자로 살아가는 프로테스탄트 신앙인 각자의 마음속에 있는 하나의 상징으로서의 의미를 지닌다고 보아야 할 것이다. 마치 사탄이 어디를 가든지 그 속에 지옥을 가지고 다니듯, 진실한 신자는 자기 마음속에 낙원을 소유하게 될 것이다. 이 내면의 낙원은 우리의 죄와 추방을 상징하면서, 동시에 인간이 역사의 위기와 시련에 직면하여 내적으로 새로워질 가능성을 상징하는 것이기도 하다.

타락은 인간으로 하여금 참된 존재가 되게 하고, 참된 자율을 누리게 하며, 이성과 진리를 온전하게 소유한 인간 주체를 탄생시킨 사건이라고 할 수 있다. 시의 마지막 행들은 이러한 새로운 조건을 지닌 인간의 모험의 시작이기도 한 비극의 끝을 기록하고 있다. 둘은 묵묵히 그들이 발견한 내적 평안을 간직하고서 낙원을 떠나 쓸쓸히 길을 걸어간다.

> 눈물이 저절로 흘렀으나 곧 닦았다.
> 세계는 온통 그들 앞에 있었다. 그 중에서 안주할
> 땅을 택해야 했다, 섭리를 그들의 안내자로 삼아.
> 그들은 손에 손을 잡고 방랑하는 걸음으로 천천히
> 에덴을 통과하여 외로운 길을 갔다.

> Some natural tears they dropp'd, but wip'd them soon;
> The World was all before them, where to choose
> Thir place of rest, and Providence thir guide:
> They hand in hand with wand'ring steps and slow,
> Through Eden took thir solitary way. (12. 645-49)

이렇게 우리의 "머뭇거리는 부모"가 낙원을 떠날 때, 시인은 우리에게 다시 한번 낙원 추방에 대한 미가엘의 예언과 앞으로의 전망이 불러일으키는 상실과 위로라는 복합된 감정을 강조하면서 "눈물이 저절로 흘렀으나 곧 닦았다"라고 묘사하고 있다. 함께 손을 잡고 외롭게 독립적으로 선택의 자유를 갖고, 비록 그들 옆에 하나님의 섭리의 인도를 받으며 살게 되지만 더 이상 임의적이며 유일한 하나님의 명령에 종속되지 않고 자유로운 상태에서 아담과 이브는 그들 앞에 널려 있는 세계를 향해서 출발하는 것이다. 아담은 미가엘이 들려준 이야기로부터 하나님에 대한 사랑과 복종이 최선의 길이라는『실낙원』이 목적으로 하는 진리에 도달하게 된다.

이 시의 마지막 행들은 타락 후 역사에서 인간의 가능성과 선택, 그리고 개인의 책임을 강조하고 있다. 타락한 세계에서 아담과 이브의 후손들은 엄청난 정치적 격변과 종교적 박해를 겪게 될 것인데, 그 순간마다 자신들이 택하는 선택이 그들의 운명을 결정할 것이기 때문이다. 밀턴은 자신의 위대한 서사시를 사탄과 그의 악마들로 시작했다. 그리고 이제 그는 조용히 감동적으로 인간인 우리의 최초의 아버지와 어머니로 시를 마무리하고 있다. 9권에서 우리는 이브가 자기 손을 아담에게서 빼는 것을 보았다. 지금 아담과 이브는 불확실한 미래와 새로운 시작에 직면하기 위해, 신의 약속을 기억하면서 다시 "손에 손을 잡고" 추방자로서의 걸음을 걷기 시작하는 것이다.

참고문헌

제2장 튜더왕조 초기의 궁정 시인들 - 와이어트와 서리

Barber, Charles. *Poetry in English: An Introduction*. London: Macmillan, 1983.

Greenblatt, Stephen. *Renaissance Self-Fashioning: From More to Shakespeare*. Chicago: U of Chicago P, 1980.

Heale, Elizabeth. *Wyatt, Surrey and Early Tudor Poetry*. London: Longman, 1998.

Innes, Paul. *Shakespeare and the English Renaissance Sonnet*. London: Macmillan, 1997.

Muir, Kenneth, ed. *Life and Letters of Sir Thomas Wyatt*. Liverpool: Liverpool UP, 1963.

제3장 엘리자베스 시대 소네트 시인들 - 시드니와 스펜서

Garrett, John. *British Poetry since the Sixteenth Century*. London: Macmillan, 1986.

Waller, Gary. *English Poetry of the Sixteenth Century*. Longman: New York, 1986.

제4장 사랑에 빠진 목동의 초대와 아가씨의 대답 - 말로와 롤리

이상엽. 「패러디를 통한 엘리지베스 시대의 연애시의 탈중심화: 존 단의 경우」. 『밀턴과 근세영문학』 14.1. 2004. 43-74.

제5장 성과 사랑, 시간과 죽음에 대하여 - 셰익스피어의 소네트

Booth, Stephen. *Shakespeare's Sonnets*. New Haven: Yale UP, 1977.

Felperin, Howard. *Beyond Deconstruction: The Uses and Abuses of Literary Theory*. Oxford: Clarendon P, 1985.

Garrett, John. *British Poetry since the Sixteenth Century*. London: Macmillan, 1986.

Hyland, Peter. *An Introduction to Shakespeare's Poems*. New York: Macmillan, 2003.

Shakespeare, William. *William Shakespeare: The Complete Sonnets and Poems*. Ed. Colin Burrow. Oxford: Oxford UP, 2002.

Waller, Gary. *English Poetry of the Sixteenth Century*. Longman 1986.

제6장 기지에 찬 성(聖)과 속(俗)의 시인 - 존 던

1. 『노래와 소네트』: 욕망의 정치학

Belsey, Catherine. "John Donne's Worlds of Desire." Mousley 63-80.

Brown, Meg Lota. "'In that the World's Contracted Thus':

Casuistical Politics in Donne's 'The Sunne Rising'." Summers and Pebworth 22-33.

Carey, John. *John Donne: Life, Mind, and Art*. New York: Oxford UP, 1990.

Corns, Thomas N., ed. *The Cambridge Companion to English Poetry: Donne to Marvell*. Cambridge: Cambridge UP, 1993.

Docherty, Thomas. *John Donne, Undone*. London: Methuen, 1986.

Donne, John. *John Donne: The Complete English Poems*. Ed. A. J. Smith. London: Penguin, 1996.

Guibbory, Achsah. "John Donne." Corns 123-47.

Halpern, Richard. "The Lyric in the Field of Information: Autopoesis and History in Donne's *Songs and Sonnets*." Mousley 104-21.

Harvey, Elizabeth D. *Ventriloquized Voices: Feminist Theory and English Renaissance Texts*. London: Routledge, 1992.

Hobby, Elaine. "The Politics of Gender." Corns 31-51.

Loewenstein, David. "Politics and Religion." Corns 3-30.

Marotti, Arthur F. *John Donne, Coterie Poet*. Madison: U of Wisconsin P, 1986.

Mousley, Andrew, ed. *John Donne*. New York: St. Martin's, 1999.

Mousley, Andrew. "Introduction." Mousley 1-24.

Nutt, Joe. *John Donne: The Poems*. London: Macmillan, 1999.

Summers, Claude J. and Ted-Larry Pebworth, ed. "*The Muses Common-Weale*": *Poetry and Politics in the Seventeenth Century*. Columbia: U of Missouri P, 1988.

Summers, Claude J. and Ted-Larry Pebworth. "Introduction." Summers and Pebworth 1-8.

2. 『엘레지』: 젠더와 식민주의

Abrams, M. H. *A Glossary of Literary Terms*. Orlando: Harcourt Brace, 1999.

Belsey, Catherine. *Desire: Love Stories in Western Culture*. Oxford: Oxford UP, 1994.

Carey, John. *John Donne: Life, Mind, and Art*. New York: Oxford UP, 1981.

Corns, Thomas N., ed. *The Cambridge Companion to English Poetry: Donne to Marvell*. Cambridge: Cambridge UP, 1993.

Davies, Stevie. *John Donne*. Plymouth: Northcote House, 1994.

Docherty, Thomas. *John Donne, Undone*. London: Methuen, 1986.

Donne, John. *John Donne: The Complete English Poems*. Ed. A. J. Smith. London: Penguin, 1996.

Guibbory, Achsah. "'Oh, Let Mee Not Serve So': The Politics of Love in Donne's *Elegies*." Mousley 25-44.

Marotti, Arthur F. *John Donne, Coterie Poet*. Madison: U of Wisconsin P, 1986.

Mousley, Andrew, ed. *John Donne*. New York: St. Martin's, 1999.

Nutt, Joe. *John Donne: The Poems*. London: Macmillan, 1999.

Patterson, Annabel. *Censorship and Interpretation*. Madison: U of Wisconsin P, 1984.

Raman, Shankar. "Can't Buy Me Love: Money, Gender, and Colonialism in Donne's Erotic Verse." *Criticism* 43 (2001): 135-68.

Young, R. V. "'O My America, My New-found-land.' Pornography and Imperial Politics in Donne's *Elegies*." *South Central Review* 4 (1987): 35-48.

3. 「사포가 필레니스에게」: 영국 르네상스 텍스트의 여성의 목소리

Blank, Paular. "Comparing Sappho to Philaenis: John Donne's 'Homeopoetics.'" *PMLA* 110.3 (1995): 358-68.

Carey, John. *John Donne: Life, Mind, and Art*. New York: Oxford UP, 1981.

Correll, Barbara. "Symbolic Economies and Zero-Sum Erotics: Donne's 'Sapho to Philaenis.'" *ELH* 62.3 (1995): 487-507.

Donne, John. *John Donne: The Complete English Poems*. Ed. A. J. Smith. London: Penguin, 1996.

Gardner, Helen, ed. *John Donne: The Elegies and The Songs and Sonnets*. Oxford: Clarendon P, 1965.

Harvey, Elizabeth. *Ventriloquized Voices: Feminist Theory and English Renaissance Texts*. London: Routledge, 1992.

Holstun, James. "'Will You Rent Our Ancient Love Sunder?': Lesbian Elegy in Donne, Marvell, and Milton." *ELH* 54.4 (1987): 835-67.

Infante, Cecilia. "Donne's Incarnate Muse and His Claim to Poetic Control in 'Sapho to Philaenis.'" Summers and Pebworth 93-106.

Mueller, Janel. "Lesbian Erotics: The Utopian Trope of Donne: 'Sapho to Philaenis.'" Summers 103-34.

Stringer, Gary A., ed. *The Variorum Edition of the Poetry of John Donne*. Vol 2. Indianapolis: Indiana UP, 2000.

Summers, Claude J, ed. *Homosexuality in Renaissance and Enlightenment England: Literary Representations in Historical Context*. New York: Haworth, 1992.

Summers, Claude J and Ted-Larry Pebworth, ed. *Representing Women in Renaissance England*. Columbia: U of Missouri, 1997.

4. 『풍자시』: 종교와 정치

Carey, John. *John Donne: Life, Mind, and Art*. New York: Oxford UP, 1981.

Corns, Thomas N., ed. *The Cambridge Companion to English Poetry: Donne to Marvell*. Cambridge: Cambridge UP, 1993.

Docherty, Thomas. *John Donne, Undone*. London: Methuen, 1986.

Donne, John. *John Donne: The Complete English Poems*. Ed. A. J. Smith. London: Penguin, 1996.

Gross, Kenneth. "John Donne's Lyric Skepticism: In Strange Way." *Modern Philology* 101.3 (2004): 371-99.

Guibbory, Achsah. "'Oh, Let Mee Not Serve So': The Politics of Love in Donne's *Elegies*." Mousley 25-44.

_____. "John Donne." Corns 123-47.

Herek, Bryan Thomas. "Donne's *Satyre III*." *Explicator* 60.4 (2002): 193-96.

Hester, M. Thomas. "'All Our Soules Devotion': Satire as Religion in Donne's *Satyre III*." *Studies in English Literature, 1500-1900* 18.1 (1978): 35-55.

Mousley, Andrew, ed. *John Donne*. New York: St. Martin's, 1999.

Nutt, Joe. *John Donne: The Poems*. London: Macmillan, 1999.

Parfitt, George. *English Poetry of the Seventeenth Century*. London: Longman, 1992.

Scodel, Joshua. *Excess and the Mean in Early Modern English Literature*. Princeton: Princeton UP, 2002.

_____. "The Medium Is the Message: Donne's 'Satire 3,' 'To Sir Henry Wotton'(Sir, more than kisses), and the Ideologies of the Mean." *Modern Philology* 90.4 (1993): 479-511.

Sloan, Thomas O. "The Persona as Rhetor: An Interpretation of

Donne's *Satyre III.*" *Quarterly Journal of Speech* 51 (1965): 14-27.

Strier, Richard. "Radical Donne: 'Satyre III.'" *ELH* 60 (1993): 283-321.

Wiggins, Peter DeSa. *Donne, Castiglione, and the Poetry of Courtliness.* Bloomington: Indiana UP, 2000.

5. 『거룩한 소네트』: 내면의 갈등과 신과의 대화

Beaston, Lawrence. "Talking to a Silent God: Donne's Holy Sonnets and the Via Negativa." *Renaissance* 51. 2 (1999): 95-109.

Carey, John. *John Donne: Life, Mind, and Art.* New York: Oxford UP, 1981.

Donne, John. *John Donne: The Complete English Poems.* Ed. A. J. Smith. London: Penguin, 1996.

Garrett, John. *British Poetry since the Sixteenth Century.* London: Macmillan, 1986.

Kerrigan, William W. "The Fearful Accommodations of John Donne." *English Literary Renaissance* 4 (1974): 337-63.

Nutt, Joe. *John Donne: The Poems.* London: Macmillan, 1999.

Stachniewski, John. *The Persecutory Imagination: English Puritanism and the Literature of Religious Despair.* Oxford: Clarendon P, 1991.

제8장 형이상학파 시인들 - 종교시인 허버트와 세속시인 마벨

Abrams, M. H. *A Glossary of Literary Terms.* Orlando: Harcourt

Brace, 1999.
Garrett, John. *British Poetry since the Sixteenth Century*. London: Macmillan, 1986.

제9장 인간의 타락과 낙원 상실을 다룬 서사시 -밀턴의 『실낙원』

서홍원. 「최근 국외의 밀턴 연구」. 『안과밖』 13. 2002. 280-97.
조신권. 『존 밀턴의 문학과 사상: 서사시로 가는 길』. 서울: 동인. 2002.
최재헌. 『다시 읽는 존 밀턴의 「실낙원」』. 대구: 경북대학교출판부. 2004.
_____. 「『실락원』: 인간의 타락과 언어」. 『영어영문학』 40.3. 1994. 441-60.
최재헌 외. 『밀턴 이해를 위한 준비되고 쉬운 길』. 서울: 월인. 2002.
Abrams, M. H. *A Glossary of Literary Terms*. Orlando: Hartcourt Brace, 1999.
Aers, David and Bob Hodge. "'Rational Burning': Milton on Sex and Marriage." *Paradise Lost: John Milton*. Ed. William Zunder. New York: St. Martin's P, 1999. 67-87.
Aristotle. *Rhetoric*. Trans. W. Rhys Roberts. New York: Modern Library, 1954.
Belsey, Catherine. *John Milton: Language, Gender, Power*. Oxford: Basil Blackwell, 1988.
Burden, Dennis H. *The Logical Epic: A Study of the Argument of "Paradise Lost."* Cambridge: Harvard UP, 1967.
Cicero, Marcus Tullius. *De Inventione; De Optimo Genere Oratorum; Topica*. Trans. H. M. Hubbell. Cambridge: Harvard UP, 1949.
Entzminger, Robert L. *Divine Word: Milton and the Redemption of*

Language. Pittsburgh: Duquesne UP, 1985.

Fish, Stanley Eugene. *Surprised by Sin: The Reader in Paradise Lost*. London: Macmillan, 1967.

_____. "Rhetoric." *Critical Terms for Literary Study*. Eds. Frank Lentricchia and Thomas McLaughlin. Chicago: U of Chicago P, 1990. 203-22.

Frye, Northrop. *The Return of Eden: Five Essays on Milton's Epic*. Toronto: U of Toronto P, 1965.

Hanford, James Holly. *A Milton Handbook*. New York: F. S. Crofts.

Hartman, Geoffrey. *Beyond Formalism*. New Haven: Yale UP, 1978.

Hunter, G. K. *Paradise Lost*. London: George Allen & Unwin, 1980.

Holstun, James. "'Will You Rent Our Ancient Love Asunder?': Lesbian Elegy in Donne, Marvell, and Milton." *ELH* 54.4 (1987): 835-67.

Jooma, Minaz. "The Alimentary Structures of Incest in *Paradise Lost*." *ELH* 63 (1996): 25-43.

Lentricchia Frank and Thomas McLaughlin, eds. *Critical Terms for Literary Study*. Chicago: U of Chicago P, 1990.

Lewis, C. S. *A Preface to Paradise Lost*. London: Oxford UP, 1956.

Lehnhof, Kent R. "'Nor Turnd I Weene': *Paradise Lost* and Pre-Lapsarian Sexuality." *Milton Quarterly* 34.3 (2000): 67-83.

Loewenstein, David. *Milton: Paradise Lost*. Cambridge: Cambridge UP, 1993.

_____, ed. *Milton: Paradise Lost: A Collection of Critical Essays*. Englewood Cliffs: Prentice-Hall, 1966.

Martz, Louis. *Milton: Poet of Exile*. New Haven: Yale UP, 1986.

McColley, Diane. *Milton's Eve*. Urbana: U of Illinois P, 1983.

Milton, John. *John Milton: Paradise Lost*. Ed. Alastair Fowler. London: Longman, 1971.

_____. *Paradise Lost: A Poem in Twelve Books*. Ed. Merritt Y. Hughes. New York: Odyssey P, 1962.

_____. *The Complete Prose Works of John Milton*. Ed. Don M. Wolfe et al. 8 vols. New Haven: Yale UP, 1953-82.

Nicolson, Marjorie Hope. *John Milton: A Reader's Guide to His Poetry*. New York: Farrar, Straus and Gironx, 1971.

Northrop, Doglas A. "The Double Structure of *Paradise Lost*." *Milton Studies* 12 (1979): 75-90.

Rajan, Balachandra. *Paradise Lost and the Seventeenth Century Reader*. London: Chatto & Windus, 1947.

Ricks, Christopher. *Milton's Grand Style*. Oxford: Clarendon P, 1963.

Tillyard, E. M. W. *The English Epic and Its Background*. London: Chatto & Windus, 1954.

Walker, Julia M, ed. *Milton and the Idea of Woman*. Urbana: U of Illinois P, 1988.

Wittreich, Joseph. *Feminist Milton*. Ithaca: Cornwell UP, 1987.

찾아보기

(ㄹ)

(ㅁ)

(ㅇ)

(ㅈ)